REBECCA Z. SHAFIR

ZEN IN DER KUNST
DES ZUHÖRENS

REBECCA Z. SHAFIR

ZEN
IN DER KUNST DES ZUHÖRENS

VERSTEHEN
UND VERSTANDEN
WERDEN

Aus dem
Amerikanischen von
Ursula Bischoff

ARISTON

Die amerikanische Originalausgabe erschien unter dem Titel
Zen of Listening. Mindful communication in the age of distruction
bei Quest Books

Die Deutsche Bibliothek – CIP-Einheitsaufnahme
Shafir, Rebecca Z.:
Zen in der Kunst des Zuhörens : verstehen und verstanden werden /
Rebecca Z. Shafir.
Aus dem Amerikan. von Ursula Bischoff. – Kreuzlingen ;
München : Hugendubel, 2001
(Ariston)
Einheitssacht.: Zen of Listening <dt.>
ISBN 3-7205-2207-5

Umschlaggestaltung: Zembsch' Werkstatt, München
Produktion: Maximiliane Seidl
Satz: EDV-Fotosatz Huber/Verlagsservice G. Pfeifer, Germering
Druck und Bindung: Druckerei Huber, Dießen
Printed in Germany

ISBN 3-7205-2207-5

INHALT

ÜBER DIE AUTORIN

Rebecca Shafir ist Leiterin der Sektion Sprach-Pathologie an der Lahey Clinic in Burlington. Zudem arbeitet Sie als Sprach- und Stimmberaterin für Medienmitarbeiter, Manager und Politiker. Seit vielen Jahren widmet sich Shafir der Zen-Meditation und bietet Lesungen und Workshops über Zen und Zuhören an.

EINFÜHRUNG

Willkommen im Zeitalter der Ablenkungen! Nie war es schwerer, am Ende einen ganz normalen Tages rundum zufrieden zu sein, weil man etwas geleistet hat. Nach einem Artikel von Kirsten Downey Grimsely in der *Washington Post* über den Tribut, den die Informationsüberfrachtung von uns fordert, werden Arbeitnehmer im Durchschnitt sechs Mal in der Stunde bei ihrer jeweiligen Tätigkeit unterbrochen. Davis Shenk, Autor von *Data Smog* und *Why You Feel the Way You do,* berichtet, dass die Amerikaner 1991 im Vergleich zu 1971 mit der sechsfachen Menge an Werbebotschaften bombardiert wurden. Shenk erklärt: »Die Informationsschwemme hat den Informationsmangel als ein großes emotionales, soziales und politisches Problem abgelöst.«

Wenn wir keine Möglichkeit haben, uns wie in grauer Vorzeit in eine Höhle zurückzuziehen, können wir nicht viel tun, um der Flut der Außenreize zu entkommen. Fairerweise muss man einräumen, dass es sowohl spannend als auch bequem ist, sich mit ein paar Tastenkombinationen riesige Datenmengen auf den Computerbildschirm zu holen; und dass manche Fernsehsendungen lehrreich sind, lässt sich ebenfalls nicht leugnen. Unsere Fähigkeit zuzuhören wird aber nicht nur durch unsere geräuschvolle Umgebung, die Mega-Wahlmöglichkeiten in Einkaufszentren, den »Mehrprogramm-Betrieb«, die wachsende Informationsflut oder die unerschrockenen Fernwirksysteme auf eine harte Probe gestellt. Auch die inneren Ablenkungen bedrohen unsere Existenz und die Hoffnungen auf eine bessere Welt – unser zwanghaftes Verhältnis zur Zeit, die ungesunde

Gier nach Geschwindigkeit und materiellem Besitz, Vorurteile und Abneigung gegen Menschen und Veränderungen, Befangenheit, Egotrip, negative innere Dialoge, extreme Vorlieben, nostalgisches Schwelgen in der Vergangenheit mit gleichzeitiger Besessenheit von der Zukunft und harte Arbeit, um diese Überzeugungen zu bewahren. Derartige Selbsttäuschungen gefährden unsere Fähigkeit, zwischenmenschliche Kontakte herzustellen, andere zu verstehen und in Harmonie miteinander zu leben.

Der Lärm und die Ablenkungen, die Medienrummel und Technologie mit sich bringen, verblassen im Vergleich zu unserem inneren Geräuschpegel. Wenn wir einen Lautsprecher an das Gehirn der Menschen anschließen könnten, denen wir jeden Tag begegnen, wären wir entsetzt über den ohrenbetäubenden Krach, das Chaos und die unterschwelligen negativen Signale, die von ihrem Bewusstsein ausgehen, während sie bemüht sind, uns zuzuhören: Kritik, visuelle Werturteile, subjektive Bemerkungen, Gedanken an die Vergangenheit oder Zukunft und Angst vor bestimmten Themen. Wenn wir wüssten, was im Kopf des Betreffenden vorgeht, würde uns seine Gesellschaft vermutlich keinen Spaß mehr machen.

Der Hauptgrund dafür, dass wir nicht richtig zuhören, ist der innere Geräuschpegel. Er ist so turbulent und penetrant, dass er einen Großteil dessen, was andere zu sagen haben, überlagert. Ihre Botschaften gelangen nur in Splittern und Bruchstücken durch den mentalen Sperrfeuergürtel zu uns. Da wir gelernt haben, äußere Störungen durch »Abschalten« in den Griff zu bekommen, sollten wir auch in der Lage sein, innere Ruhe zu finden, um uns in Botschaften »einzuschalten«, die wir hören *müssen* – Botschaften von der Familie, Kollegen und Kunden. Missverständnisse, die Unfähigkeit, sich Gehör zu verschaffen, und das Fehlen wichtiger Informationen sind Folgen des unaufmerksamen Zuhörens und ein Symptom, das zeigt, woran unsere Gesellschaft krankt. Die traditionellen Methoden zur Verbesserung der Konzentrationsfähigkeit haben sich in aller Regel als unwirksam erwiesen, weil sie darauf abzielen, oberflächliche Prozesse zu verändern, ohne das Fundament neu zu errichten. Wenn wir den Problemen ein Ende setzen wollen, die mit dem Mangel an Aufmerksamkeit verbunden sind, müssen wir tiefer schürfen, um an die Wurzel zu gelangen und einen grundlegenden Wandel herbeizuführen.

In vielen Ratgebern zum Thema persönliche Beziehungen, Verhandlungs- und Verkaufstechniken oder Kundendienst heißt es, gutes Zuhören sei das A und O für den Erfolg im Berufs- und Privatleben; sie erklären jedoch nicht, *wie* man richtig zuhört. Die bekannten »Wie man ...«-Lösungsansätze listen neue Verhaltensweisen auf, als ob man wie über Nacht in der Lage sei, die damit verbundenen Techniken zu beherrschen und zu beherzigen. Ähnlich wie man bei vielen Seminaren, die neue, bessere Methoden und Verhaltensweisen lehren, schon nach wenigen Tagen in den alten Trott zurückfällt, weil die Grundlagen für diese radikalen Veränderungen fehlen, schleicht sich auch hier wieder die Gewohnheit ein, die Ohren zu verschließen und die früheren Fehler zu wiederholen.

Bevor Sie noch mehr Zeit und Geld in solche Projekte investieren, sollten Sie sich fragen, was Sie sich von diesem Buch erhoffen. Hier sind einige realistische Erwartungen:

1. Sie können davon ausgehen, Ihre Fähigkeit zuzuhören umgehend zu verbessern, weil Sie Veränderungen einleiten, die dauerhafter sind als Ihre guten Vorsätze in der Silvesternacht und auch auf andere verbesserungsbedürftige Lebensaspekte abfärben.
2. Sie können ohne professionelle »Tiefenanalyse« herausfinden, warum Sie in einigen Situationen Kommunikationsprobleme haben und was sich dagegen unternehmen lässt.
3. Sie können feststellen, dass diese Veränderung Ihrer Achtsamkeit im Gespräch nicht nur Ihnen, sondern auch anderen zugute kommt.

Diese Erwartungen mögen übertrieben erscheinen, sind aber einleuchtend, denn Sie halten *Zen und die Kunst des Zuhörens* in Ihren Händen, eine praktische Anleitung auf dem Weg, Ihre innere Einstellung zum achtsamen Zuhören von Grund auf zu verwandeln.

Es gibt viele Gründe, die mich bewogen haben dieses Buch zu schreiben, und eine Kette von Ereignissen, die zur Entdeckung des Zusammenhangs zwischen Körper, Seele und Geist geführt haben – eine unabdingbare Voraussetzung für aufmerksames Zuhören. Die Namen der meisten Personen, deren Geschichte in diesem Buch beschrieben wird, wurden der Vertraulichkeit wegen geändert. Andere haben mir gestattet, ihre Identität zu offenbaren. Und alle tauchten wie von Zauberhand in meinem Leben auf, um mich die wahre Bedeutung des Zuhörens zu lehren.

In meiner zwanzigjährigen Tätigkeit als Sprachtherapeutin habe ich mit vielen Erwachsenen gearbeitet, die nach einem Schlaganfall, durch Gehirntumor und Kehlkopfskrebs, Schädelverletzungen oder Degenerationserkrankungen unter Kommunikationsstörungen litten. Dadurch gelangte ich zu der Überzeugung, dass ich im Grunde *Kommunikationsspezialistin* war und folglich meine Kommunikationsfähigkeit ständig verbessern musste. Ich nahm also jede Gelegenheit wahr, an Workshops zum Thema Zuhören und Reden teilzunehmen. Da es sich dabei um die gleichen teuren Kommunikationsseminare handelte, in die Firmen und große Konzerne ihre Mitarbeiter schickten, dachte ich, dass sie wirksam sein müssten. Bedauerlicherweise ging es hier lediglich um den mechanischen Prozess des Zuhörens, sodass ich als gewissenhafte Schülerin eine Liste mit Ideen sammelte, die mir ermöglichten, mich nach außen hin wie eine bessere Zuhörerin zu *verhalten*. Ob ich wirklich konzentriert zuhörte stand auf einem anderen Blatt. Meine Mitstreiter hatten am Ende der Workshops ein ähnliches Gefühl. Trotz der Notizen und Rollenspiele waren nur wenige der Meinung, dass sich ihre Fähigkeit, aufmerksam zuzuhören, merklich verändert hatte. Der Wunsch, eine wirksamere Möglichkeit für das Konzentrationsproblem beim Zuhören zu finden, fiel zeitlich mit einer Kette von Ereignissen zusammen, die auf eine potenzielle Lösung hindeuteten.

In der Klinik, in der ich tätig war, wurden detaillierte Pflegepläne eingeführt; sie schränkten die mit Patienten verbrachte Zeit erheblich ein, um Kosten im Gesundheitswesen zu senken. Man ging beispielsweise davon aus, dass jemand nach einem Schlaganfall in der Lage sein müsste, innerhalb von sechzig Therapietagen seine Kommunikationsfähigkeit wiederzuerlangen. Außerdem wuchs der Druck, mehr Patienten am Tag zu behandeln, und das bedeutete mehr Schreibarbeit.

Positiv daran war, dass mich diese Sparmaßnahmen zu der Überlegung zwangen, wie ich in kürzerer Zeit mit weniger Mitteln größere Fortschritte erzielen könnte. Es war eine Herausforderung, flexibel zu denken und einen Weg zu finden, der einerseits die Qualität meiner Arbeit gewährleistete und andererseits den ökonomischen Zielsetzungen der Klinik entsprach.

Ich hatte jedoch wie die meisten meiner Kollegen keine Lust, eine Strategie einzuführen, die Patienten nur noch wie statistisches Zahlenmaterial behandelte. Erschwerend kam hinzu, dass die Kluft zwischen Patienten und Ärzten wuchs. Wie konnten sie jemandem vertrauen, der dafür bezahlt wurde, ihre Betreuung auf ein Mindestmaß zu reduzieren? Und was war aus Sicht der Ärzte (die mehrheitlich an eine Pflege-Philosophie ohne bürokratische Gängelei gewöhnt waren) unter einer *angemessenen* medizinischen Versorgung zu verstehen? Die Folgen dieses notwendigen Übels waren verärgerte Patienten, deren Genesung noch länger dauerte, gestresste Ärzte und ein Rückgang der Arbeitsmoral beim gesamten Personal.

Die drastischen Sparmaßnahmen waren der Hauptgrund dafür, dass ich meinen Enthusiasmus bei der Behandlung meiner Patienten allmählich verlor. Mein anfänglicher Elan hatte durch den Papierwust und den Zeitdruck während der Therapie einen Dämpfer bekommen. Die Neuerungen im Gesundheitswesen erforderten, ständig den Rotstift anzusetzen. Deshalb zögerte ich, mit neuartigen Behandlungsmethoden zu experimentieren, und fühlte mich in meiner Kreativität beschnitten. Es war kräfteschonender, sich an die althergebrachten konservativen Therapieformen zu halten und den Rest zu vergessen. Ich spürte, dass meine Reaktionen vorhersehbar wurden, und wenn ich mir die Aufzeichnung einer Therapiesitzung anhörte, kam ich mir oft wie ein Roboter vor. Um genug Energie für die übrigen Aufgaben zu bewahren, die gemäß der neuen Arbeitsplatzbeschreibung zu meinen Pflichten gehörten, war es leichter, auf Sparflamme zu kochen und die Patienten nach Alter, medizinischer Vorgeschichte und Diagnose in »Schubladen« einzuordnen. Abgesehen von den wenigen Personen, die nicht in diese Schablonen passten – und eine willkommene Herausforderung für mich darstellten –, war das Barometer der Zufriedenheit mit meinem Arbeitsleben, das früher Spitzenwerte erreicht hatte, auf ein bloßes »so lala« zurückgegangen.

Die Bemühungen, mit der aktuellen Forschung in meinem Fachbereich Schritt zu halten und gelegentlich weniger kostenaufwändige neue Therapieverfahren zu erproben, stellten zeitweilige Glanzlichter im grauen Einerlei meines Alltags dar. Aber sie konnten nicht darüber hinwegtäuschen, dass ich mich am Ende der Arbeitswoche frustriert, in einer Sackgasse und unausgefüllt fühlte. Dadurch kam die unbeugsame, selbstbezogene Seite meines Ichs zum Vorschein. Sie kämpfte ums Überleben inmitten von Signalen, die den unabdingbaren Wechsel zu einem einfacheren Weg ankündigten.

Mit Ende dreißig machten sich bei mir die klassischen *Burnout*-Symptome bemerkbar. Auch die Beziehungen zu meiner Familie litten unter diesem Gefühl. Aktivitäten mit Unterhaltungswert, die nach außen gerichtet waren oder im Trend lagen wie *Shopping*, Investitionen, mit denen man auf die Schnelle eine Menge Geld verdienen konnte, und wettbewerbsorientierte Sportarten hatten plötzlich großen Reiz für mich. Ich neigte dazu, impulsiv zu reagieren, mir ständig neue Ziele zu setzen, materielle Güter anzuhäufen, im Sport einen ungesunden Ehrgeiz zu entwickeln und meinen Geschwistern ungebetene Ratschläge zu erteilen, statt einfach eine nette Schwester zu sein – kurzum, ich entwickelte Einstellungen und Verhaltensweisen, die mich immer mehr von meinem wahren Selbst und anderen trennten. Trotz aller guten Vorsätze und Versuche, mich zu bessern, fühlte ich mich erschöpft und unzufrieden.

Beruflich neue Wege zu gehen war ein viel versprechendes Heilmittel gegen mein allgemeines Unwohlsein, aber ich hatte Bedenken. Wie einige von Ihnen vielleicht aus eigener Erfahrung wissen, dämpften finanzielle Einschränkungen meinen Impuls, drastische Veränderungen anzugehen. Meine Intuition riet mir, zuerst einmal mein Innenleben und meine Kommunikation mit anderen unter die Lupe zu nehmen, bevor ich *umsattelte* und einen Beruf aufgab, den ich zeitlebens ausgeübt hatte und für den ich die Begabung wie auch die richtige Persönlichkeitsstruktur mitbrachte. Ich musste also lernen *umzudenken*. Ich gelangte zu der Schlussfolgerung, dass es sich lohnte, mich auf eine persönliche, archäologische Expedition zu begeben, um herauszufinden, was ich an meiner Situation ändern könnte.

Während der siebziger Jahre, als ich am College studierte, war die transzendentale Meditation ein weit verbreitetes Mittel zur Selbstentdeckung und eine Disziplin, die nach 18 anrechenbaren Vorlesungsstunden für Graduierte und zwei Teilzeitjobs willkommene Klarheit brachte. Nun begann ich erneut, täglich zu meditieren. Dadurch gelang es mir, meine Gedanken zur Ruhe zu bringen und die inneren Barrieren zu erkennen, die mich daran hinderten, *mit* dem System zu arbeiten statt mich dagegen zu stemmen.

Während dieser Erneuerungsphase lernte ich meinen Mann Sasha kennen. Er ist nicht nur Computeringenieur, sondern auch Budo-Lehrer, ein Meister des dritten Dan und Träger des schwarzen Gürtels. Als ich ihn, seine Schüler und andere Lehrer beim Training verschiedener Budo-Sportarten beobachtete, war ich verblüfft über ihre Konzentration und Körperkontrolle. Ich bewunderte ihre Ausgeglichenheit und fehlende Selbstbezogenheit in alltäglichen Situationen. Diese Leute waren weder Mönche noch Anhänger eines spirituellen Kults, und ihre Kampfkünste hatten nichts Gewalttätiges oder Zerstörerisches. Es waren ganz normale Menschen, Geschäftsinhaber oder führende Persönlichkeiten in ihrer Gemeinde. Sie waren mit den gleichen Problemen konfrontiert wie viele andere, die im Arbeitsprozess stehen – Personalabbau, Überstunden, die zwingen, Raubbau mit der eigenen Gesundheit zu treiben, und dem Zwang, an allen Ecken und Enden zu sparen, um mit dem knappen Budget über die Runden zu kommen. Und doch hatten sie ihren Frieden mit den Veränderungen geschlossen und ihre Ressourcen für kreative Problemlösungen genutzt.

Als ich diese Leute näher kennen lernte, fragte ich mich: *Ist die physische Ausführung von Karate oder Kung-Fu die Quelle dieser Konzentration und inneren Gelassenheit? Oder verbessert die Qualität der Bewegung, die verinnerlicht und ins Zentrum gerückt wird, die Fähigkeit, anstehende Aufgaben mit ungeteilter Aufmerksamkeit und Freude zu erledigen?* Ich dachte, es müsse an Letzterem liegen, denn diese Ausgewogenheit zwischen Körper, Seele und Geist war mir schon bei Malern, Musikern, Chirurgen und Spitzensportlern aufgefallen. Sie zeichnen sich durch die Fähigkeit aus, beim Malen, Musizieren, Operieren oder Tauchen bewusst in den *Fluss* ihrer Aktivitäten einzutauchen.

Rückblickend erinnerte ich mich an verschiedene Phasen vor meinem *Burnout*, in denen ich meine Energie auf positive Weise zu bündeln vermochte. In vielen Fällen handelte es sich um Situationen, in denen ich aufmerksam zugehört hatte. Im College gab es bestimmte Vorlesungen, bei denen ich körperlich und mental völlig so gebannt war, dass ich die Welt ringsum vergaß; ebenso bei Visiten in der Klinik während meiner Ausbildung, oder wenn jemand meine Leistungen beurteilte, an dessen Meinung mir viel lag. Diese Momente physischer und mentaler Reaktionsbereitschaft waren mir als Zustand entspannter, harmonischer Verbundenheit von Körper, Seele und Geist in Erinnerung geblieben. Meine nächste Frage lautete daher: *Was wäre, wenn sich dieses Streben nach mehr Qualität und Konzentrationstiefe auf eines unserer größten Bedürfnisse anwenden ließe, eine Gabe, die unscheinbar ist und oft für selbstverständlich gehalten wird – die Fähigkeit, zuzuhören?*

Im Zuge meiner Bemühungen, dieses Gefühl des »Einsseins« wiederzugewinnen und zu bewahren, meldete ich mich zu einem Budo-Kurs an und las alles, was mir über den Zusammenhang zwischen Körper, Seele und Geist in die Finger geriet. Während ich durch die Impulse meiner Lehrer den schmerzvollen Prozess der Selbsterkenntnis durchlief, wurde mir klar, warum ich mich von der Welt isoliert fühlte. Ich beschloss, noch einmal von vorne anzufangen, ohne mit jedem Schritt die Folgen oder Ergebnisse meines Handelns zu bedenken, sondern ganz im Hier und Jetzt zu sein und die Qualität in jeder Interaktion zu entdecken.

Ich fing an, dieses neue Bewusstsein in die Tätigkeit einzubringen, die den Löwenanteil meiner Zeit beanspruchte – *meine Arbeit als Therapeutin.* In dieser Periode der erhöhten Selbstwahrnehmung merkte ich zuerst, dass ich mich im Umgang mit Patienten und Kollegen von meinen eigenen heimlichen Zielsetzungen ablenken ließ. Mutmaßungen und selektives Zuhören bewirkten, dass mir wichtige Informationen entgingen. Die Routineverfahren waren eine Fluchtburg geworden, in der ich mich verschanzen konnte. In meinem Eifer, Patienten zu behandeln, war ich oft über das Ziel hinausgeschossen, indem ich sie und ihre Angehörigen ständig belehrte und mit meinen Fragen ins Kreuzverhör nahm. Wenn sie sich nicht an meine Empfehlungen oder den Rat ihres Hausarztes hielten, war ich vorschnell mit Werturteilen bei der Hand und tat die Gründe für ihren Mangel an Kooperation als unerheblich ab. Plötzlich wurde mir klar, wie viel Zeit ich damit vergeudete, Übungen zu intensivieren, Erklärungen zu wiederholen und Therapiepläne laufend zu revidieren. Warum waren diese ständigen Wiederholungen erforderlich? Ich stellte fest: Wenn ich meinen Patienten nicht richtig zuhörte oder meinen eigenen Worten zu wenig Achtsamkeit schenkte, machte ich mir zusätzliche Arbeit und verzögerte die Behandlungsfortschritte.

Kein Wunder, dass ich mich bei dieser ichbezogenen Art meinen Patienten zu helfen, wie viele meiner Kollegen, nach Feierabend ausgelaugt und frustriert fühlte. Ich erinnere mich an die Worte eines meiner Lieblingsprofessoren am College, der uns darauf hinwies, wie wichtig aufmerksames Zuhören in einer Lernsituationen ist: »Wenn Sie nicht in Erfahrung bringen, wer der Patient ist (biografischer Hintergrund, Erwartungshaltungen, usw.), können Sie ihn weder verstehen noch damit rechnen, dass er Ihrem Rat vertraut.«

Ich hätte nie gedacht, dass mein nächster Schritt auf dem Weg zur Erkenntnis von einem Patienten ausgelöst werden würde. Just als ich Feierabend machen und die Tür meines Büros abschließen wollte, sprach mich ein Mann an, 69 Jahre alt, der müde wirkte und älter aussah. Er erklärte mir mit angespanntem, verzerrtem Gesicht, dass er keinen Termin habe, aber eine kurze Frage. »Kommen Sie«, erwiderte ich und ging mit ihm in mein Büro. Er stellte sich linkisch als Mr. Hennman vor; meinen Namen kannte er bereits. Mr. Hennman nahm Platz auf der Stuhlkante, sichtlich erschöpft von den Terminen bei anderen Spezialisten, die er an jenem Tag bereits aufgesucht hatte. In jenem Augenblick hatte ich die seltsame Vorahnung, dass sich dieses Patientengespräch von den üblichen unterscheiden würde.

Mr. Hennman erzählte mir von seinen medizinischen Problemen und seiner Unfähigkeit, sich verständlich auszudrücken. Er hoffte, dass eine Kommunikationsspezialistin einfach »nur zuhören« würde. Seine Bitte brachte mich aus der Fassung. Tat ich das nicht immer? Ich stellte meinen Aktenkoffer ab, zog meine Jacke aus, setzte mich, legte die Hände in den Schoß und sah Mr. Hennman in die Augen. Er sprach zögernd, stotterte und wich meinem Blick zunächst aus, während er berichtete, dass die Ärzte sich sehr für seine medizinischen Probleme interessierten, aber nichts über *seine* größte Sorge wissen wollten – seine Sprachstörung. Da sie ihn einschüchterten (er spürte, wie unwohl sie sich fühlten, wenn er seinen Redefluss mehrfach unterbrechen musste), hatte er sich angewöhnt, ihre Fragen mit möglichst wenig Worten zu beantworten. Er brauchte so lange für einen vollständigen Satz, dass die Ärzte ihn oft an seiner Stelle beendeten oder ihn unterbrachen. Mr. Hennman war überzeugt, dass die Nervosität und Angst beim Sprechen beträchtlich zu seinen jahrelangen Verdauungs- und Schlafproblemen beitrugen.

Mr. Hennman hatte die Hauptschule abgeschlossen, war zeitlebens Junggeselle gewesen und hatte 47 Jahre lang alleine als Kunstschmied gearbeitet. Nun war es seiner Meinung nach an der Zeit, sein Leben zu leben und trotz des Stotterns zu lernen, mit anderen zu kommunizieren. Interessanterweise wurde seine Aussprache allmählich besser, während ich mir seine Geschichte anhörte, und am Ende wiederholte er nur noch gelegentlich ein Wort oder einen Laut. Er schnitt beim Sprechen nicht mehr ständig Grimassen. Er wirkte erleichtert und verdutzt, als er merkte, dass er sich endlich ungehindert ausdrücken konnte. Obwohl ich mit Hennman nicht länger als eine Viertelstunde redete, fühlte ich mich in sein Leben und in seine wundersame Verwandlung einbezogen. Ich tauchte aus der Versenkung auf, wie von Zauberhand, und fand mich auf meinen Stuhl wieder. Er dankte mir überschwänglich fürs Zuhören. Er erklärte, nun sei er sicher, endlich einmal wieder gut schlafen zu können, weil sich jemand die Zeit genommen hatte, ihm zuzuhören. Sie können sich vielleicht vorstellen, wie gut ich in jener Nacht geschlafen habe!

Ein paar Tage später rief mich Hennmans Internist an, der in einem anderen Institut arbeitete, um mir zu berichten, der Zustand seines Patienten habe sich nach dem Besuch bei mir erheblich gebessert. Er wollte wissen, was ich nach seiner eigenen jahrelangen erfolglosen Behandlung mit ihm angestellt habe. Als ich ihm sagte, dass ich ihm lediglich zugehört habe, »hörte« ich zum ersten Mal jemanden am Telefon erröten.

Patienten wie Hennman ermutigen mich jeden Tag aufs Neue, diese Erfahrung auf andere Situationen anzuwenden, ihre Wirkung zu beobachten und meine Erkenntnisse an andere weiterzugeben. Ich hatte das Privileg, mit vielen Ärzten zusammenzuarbeiten, die mich die wahre Bedeutung einer »effektiven Kommunikation mit Patienten« gelehrt haben. Ich habe aber auch mit eigenen Augen gesehen, wie negativ sich mangelndes Zuhören auf die Genauigkeit der Diagnose und die anschließende Behandlung auswirkt. Oft erhält der Patient keine Gelegenheit zu sagen, was ihm durch den Kopf geht oder wie sich die Gesundheitsprobleme aus seiner eigenen Sicht darstellen. Und genauso oft verhindern bestimmte Kommunikationsbarrieren ein echtes Verstehen der Worte, mit denen der Arztes ihn über seine Krankheit aufklärt.

Aufmerksames Zuhören ist nicht nur im Verhältnis Arzt–Patient, sondern in *jedem* erfolgreichen Unternehmen wesentlich, und zwar seitens aller Beteiligten. In sämtlichen Branchen und besonders in den häuslichen vier Wänden ist eine effektive Kommunikation die beste Medizin, Konflikte beizulegen und gut mit anderen auszukommen. Egal ob Sie im Außendienst tätig sind, Kinder großziehen oder eine Serviceleistung anbieten – man erwartet von Ihnen, dass Sie Bedürfnisse erfüllen. Die Menschen, die zu Ihnen kommen, brauchen oft Hilfe oder Unterstützung in Stresssituationen, ähnlich einem Kranken oder Sterbenden. Sie wenden sich vertrauensvoll an Sie, genauso wie ein Patient sich vertrauensvoll an einen Arzt wendet. Deshalb können wir alle von einer besseren Kommunikation profitieren. Das erfordert nicht zwangsläufig mehr Zeit, wohl aber *die Bereitschaft, eine Situation durch die Brille des Sprechers zu betrachten.* Wie können wir ein positives Ergebnis erreichen und in Kontakt kommen, wenn unsere »Sicht« durch Eigeninteressen eingeschränkt ist?

Meine Erfahrungen als Sprachtherapeutin und meine intensive Beschäftigung mit Psychologie, Kommunikationsstörungen, Religion und fernöstlicher Philosophie haben das mentale Fundament für eine Art des Zuhörens geschaffen, das ich gerne an meine Schüler weitergebe. Ihre Reaktionen zeigen, dass dieses Fundament ungeheuer wichtig ist für die Entwicklung einer offeneren Einstellung gegenüber anderen Menschen und zur Ver-

besserung der Fähigkeit, das Gehörte zu verstehen und zu erinnern. Die meisten bestätigen, dass sie seither in ihrem Beruf und
in ihren privaten Beziehungen zufriedener sind.

Aus der spirituellen und gesellschaftlichen Perspektive kann
Zuhören ein hochwirksames Instrument des Wandels sein. Lehrer und Berater aus verschiedenen Bereichen berichten, dass sie
vor dem Besuch meiner Kurse ihre Arbeit als wachsende Belastung empfanden, weil sie dem Bedürfnis ihrer Klienten nach einem aufmerksamen Zuhörer nicht mehr gerecht werden konnten. Wenn Kinder kein Gehör bei den Eltern finden und ihre
emotionalen Probleme nicht ernst genommen werden, machen
sich früher oder später Verhaltensauffälligkeiten zu Hause und in
der Schule bemerkbar. Die zahlreichen vor dem Fernseher oder
mit Videospielen verbrachten Stunden zerstreuen auch noch den
Rest von Aufmerksamkeit und Konzentration bei Haus- und
Schulaufgaben, und die Noten leiden. Der Mangel an geeigneten
Vorbildern für gutes Zuhören kann Frustration, Gewaltbereit-
schaft und Minderwertigkeitskomplexe begünstigen. Wenn das
Selbstwertgefühl lange Zeit im Argen liegt, sind Leistungsdefizite
am Arbeitsplatz und zerrüttete Familienverhältnisse die Folge,
während die Unfähigkeit, aufmerksam zuzuhören, an die nächste Generation weitergegeben wird.

Wer seine Meinung ohne Angst vor Werturteilen oder unerwünschten Ratschlägen äußern kann, trägt zur Entstehung eines guten Gefühls auf beiden Seiten bei, selbst wenn der Zuhörer
nicht mit ihm übereinstimmt. Die Offenheit aller Beteiligten lässt
Raum für einen echten Dialog und Problemlösungen. Die Achtung, die mit dem Wissen einhergeht, angehört zu werden, verbessert das Selbstwertgefühl. Kinder und Erwachsene können
sich aktiver in den Schulunterricht, in Projekte und die täglichen
Aktivitäten am Arbeitsplatz einbringen, wenn grundlegende
emotionale Bedürfnisse, wie der Wunsch, verstanden zu werden,
befriedigt sind. Der naturverbundene amerikanische Schriftsteller Henry David Thoreau hat einmal gesagt: »Das größte Kompliment habe ich erhalten, als mich jemand nach meiner Meinung

gefragt und aufmerksam zugehört hat.« Mit dem Selbstvertrauen wächst auch unsere Fähigkeit, unser Potenzial zu entdecken und andere positiv zu beeinflussen. *Achtsames Zuhören* hat die Macht, unserem Leben und dem Leben der Menschen, mit denen wir in Kontakt kommen, eine neue Richtung zu geben.

Zuhören ist darüber hinaus eine gesunde Tätigkeit. Studien zeigen, dass Herzfrequenz, Sauerstoffverbrauch und Blutdruck dabei sinken. Der Kontakt mit anderen fördert das Wohlbefinden und den Ausdruck der eigenen Persönlichkeit; beides ist unerlässlich für eine gute physische Gesundheit. Durch gutes Zuhören fördern wir auch die Gesundheit anderer, denn wir ermöglichen unseren Gesprächspartnern, Stress abzubauen und die eigenen Konflikte zu lösen. Ein einfühlsamer Zuhörer liefert wichtige Rückmeldungen, die dem Sprecher das Gefühl der Wertschätzung verleihen. Das ist ein großes Geschenk in einer Welt, in der die menschliche »Berührung« als Mangelware gilt.

Viele von uns wünschen sich ein Ende der Diskriminierung aller Art, ein intaktes Familienleben und eine sichere, harmonische Zukunft für unsere Kinder. Aber was können wir als Einzelne schon bewirken? Sehr viel, denn wir können damit anfangen, *achtsam* zuzuhören. Zuhören ist der erste Schritt, dem anderen Wertschätzung zu erweisen. Achtsames Zuhören ist mehr als Worte aufnehmen: Wir verstehen besser, wie und warum sie zu ihrer Sichtweise gelangt sind. Und wenn wir einander besser verstehen, kehrt mehr Ruhe und Gelassenheit ein, selbst wenn sich keine Übereinstimmung erzielen lässt. Dieses Verstehen befähigt zu gegenseitiger Achtung und Vertrauen; wir fühlen uns frei, unser Bewusstsein zu öffnen und die Skala der möglichen Problemlösungen zu erweitern. Zuhören ist außerdem der erste Schritt in jeder Verhandlung, egal ob Sie Ihren heranwachsenden Sohn dazu bewegen wollen, die Garage aufzuräumen oder als Unterhändler einen Waffenstillstand in Nahost anstreben.

Am Silvesterabend 1999 hatte der amerikanische Fernsehmoderator Larry King in seiner allabendlichen Talkshow herausragende spirituelle Führer eingeladen und sie gebeten, über ihre Hoffnungen für das dritte Millennium zu sprechen. Der Dalai Lama freut sich auf das 21. Jahrhundert, das er als »Jahrhundert des Dialogs« betrachtet. Der Baptistenprediger Billy Graham erklärte, dass »der Weltfriede allein aus dem menschlichen Herzen kommen kann. Etwas muss im Innern des Menschen geschehen, um *unsere Einstellung zu verändern.*«

Wie fangen wir an, unsere Einstellung zu verändern? Indem wir aufmerksam zuhören und uns bewusst machen, welche Gewohnheiten wir heute verändern können und welche wir im Laufe der Zeit verändern müssen. Manchmal reicht die Begegnung mit einem Menschen oder eine bestimmte Situation aus, um innezuhalten und über das Bedürfnis nachzudenken, gehört zu werden. Die Ideen in diesem Buch zeigen Ihnen, wie Sie durch eine effektivere Kommunikation mehr erreichen und jeden Tag einen kleinen persönlichen Beitrag zum Weltfrieden leisten.

1

DIE RICHTIGEN MENTALEN VORAUSSETZUNGEN FÜR AUFMERKSAMES ZUHÖREN

Jedes Mal, wenn wir jemandem begegnen und ihm vier Minuten lang unsere volle, uneingeschränkte Aufmerksamkeit widmen, komme, was da wolle, könnte sich unser Leben verändern.

LEONARD UND NATALIE ZUNIN

Unser Ziel besteht darin, achtsame Zuhörer zu werden, indem wir unsere lauten inneren Stimmen zum Schweigen bringen, damit wir die gesamte Botschaft und den Übermittler verstehen. Außerdem helfen wir anderen dadurch, den Lärm in ihrem Innern zu dämpfen. Wenn sie merken, dass wir ganz Ohr sind, haben sie vielleicht eher den Mut, die Maske fallen zu lassen und zu sagen, was sie wirklich beschäftigt. Auf den nachfolgenden Seiten werden Sie sehen, dass achtsames Zuhören eine Gabe ist, von der nicht nur Sie selbst, sondern auch andere profitieren.

Es ist schade um das Wissen, das zum einen Ohr hinein- und zum anderen Ohr hinausgegangen ist, oder um die Beziehungen, die in die Brüche gegangen sind, oder um die Chancen, die wir verpasst haben, weil wir keine besseren Zuhörer waren. Im Laufe der Jahrzehnte hat sich unsere Fähigkeit zu reden weit spektakulärer entwickelt als die Fähigkeit, anderen zuzuhören. Es ist ein Kinderspiel, andere an unseren Gedanken teilhaben zu lassen, aber uns in die Lage anderer zu versetzen fällt uns schwer. Wir können endlose Monologe über ein beliebiges Thema halten, aber von der Vorlesung eines Professors behalten wir nur einen winzigen Bruchteil. Es ist wissenschaftlich erwiesen, dass wir mindestens vierzig Prozent unserer Zeit mit Zuhören verbringen. Doch schon wenige Minuten nach einem Gespräch kann sich der durchschnittliche Zuhörer nur noch an fünfundzwanzig Prozent des Gehörten erinnern. Und im Verlauf des Tages schrumpft dieser ohnehin geringe Prozentsatz noch beträchtlich.

Auf Unternehmensebene ist unaufmerksames Zuhören für Milliardenverluste verantwortlich als Folge unnötiger Fehler, verpasster Chancen und minimaler Effektivität. Unkonzentriertes Zuhören ist oft der Grund dafür, dass ein Brief mehrmals getippt werden muss, ein Team keine Ergebnisse zustande bringt oder ein Arzt einem Kunstfehler-Prozess entgegen sieht. Im privaten Bereich kann die Unfähigkeit zuzuhören zu geringem Selbstwertgefühl, Scheidungen oder Konflikten innerhalb der Familie beitragen. Wenn die Notwendigkeit, besser zuzuhören, auch in Ihrem Berufs- und Privatleben ein ständig wiederkehrendes Thema ist, sollten Sie dieses Buch aufmerksam durchlesen!

Achtsames Zuhören ist ein mentaler Prozess mit dem Ziel, eine Verbindung zu Menschen und Informationen herzustellen, die den Kommunikationsanforderungen im 21. Jahrhundert entspricht. Sie erreichen dadurch:

- befriedigendere Beziehungen auf der persönlichen, gesellschaftlichen und beruflichen Ebene
- eine höhere Aufmerksamkeit
- besseres Abschneiden bei Vorstellungsgesprächen
- mehr Kooperation von anderen
- eine Steigerung der persönlichen Leistungen

- effektive Teamarbeit
- bessere Leistungsbeurteilungen in der Schule oder am Arbeitsplatz
- fundiertes Wissen
- mehr Selbstvertrauen
- Verhandlungskompetenz

Vielleicht haben Sie sich dieses Buch gekauft, weil alle Versuche, Ihre persönlichen und beruflichen Ziele auf der Schnellspur zu verwirklichen, erfolglos geblieben sind. Oder jemand hat es *für Sie* ausgewählt! Einige Kursteilnehmer kommen zu mir, nicht weil ihre eigene Aufmerksamkeit zu wünschen übrig lässt, sondern weil sie regelmäßig mit schlechten Zuhörern zu tun haben. Sie möchten mit ihrer Botschaft auch diejenigen erreichen, die ihre eingefleischten Gewohnheiten nicht ändern. Kommunikation ist keine Einbahnstraße – der schlechte Zuhörer *und* der Sprecher leiden unter den Folgen des Defizits – also Manager *und* Mitarbeiter, Ehemann *und* Ehefrau, Eltern *und* Kinder. In diesem Buch lernen Sie Mittel und Methoden kennen, wie Sie als Zuhörer Vorbild für den Kommunikationspartner sein können. Wenn Sie es als *Ihre* Verantwortung betrachten, eine Beziehung durch besseres Zuhören zu verbessern, spürt der unverbesserliche Gesprächspartner vielleicht intuitiv Ihren Wunsch, ihn besser zu verstehen. Durch Fairness beim Zuhören ermutigen wir andere, uns ebenfalls die Chance zu geben, unseren Standpunkt zu erläutern. Oft erreichen wir wesentlich mehr, wenn wir uns selber in gute Zuhörer verwandeln, als wenn wir auf Biegen und Brechen versuchen, andere zu ändern.

Unaufmerksames Zuhören verhindert die persönliche Effektivität. Wir sind nahezu besessen von dem Bestreben, unser tägliches »Pflichtprogramm« immer wirksamer zu erledigen. Es ist wichtig, Zeit mit der Familie zu verbringen, sich körperlich und geistig fit zu halten und am Arbeitsplatz produktiv zu sein. Aber statt Erfüllung durch alle diese Aktivitäten zu finden, tritt häufig genau das Gegenteil ein: Viele spüren eine wachsende innere

Distanz zu Familienangehörigen, Freunden und Kunden. Dieser Widerspruch macht sich am Arbeitsplatz besonders stark bemerkbar. Der drastische Personalabbau hat viele Unternehmen gezwungen, Kunden als bloßes Zahlenmaterial für die Statistik zu betrachten – eine Nummer im Terminkalender des Außendienstmitarbeiters, auf der Warteliste für ein medizinisches Verfahren, in der Praxis des Arztes. »Die Zufriedenheit unserer Kunden hat bei uns Vorrang«, heißt es. »Aber denkt auch an die Bilanzen, an die Teamarbeit und den Erhalt des Qualitätsstandards!« Wie Sie diese widersprüchlichen Forderungen auf einen Nenner bringen, bleibt Ihnen überlassen!

Wenn wir die Kräfte des achtsamen Zuhörens wecken, die in jedem von uns schlummern, können wir sowohl Kontakt mit anderen herstellen als auch effizient sein. Wir müssen nur unsere innere Einstellung zum Zuhören ändern, und schon wird jede Interaktion erinnerungswürdig und jeder Tag zum Abenteuer. Und das Beste ist, dass wir anderen mit gutem Beispiel vorangehen, wenn wir unser Potenzial als Zuhörer voll nutzen. Das gilt vor allem für unsere Kinder: Ihr Leben wird enorm bereichert, wenn sie schon in jungen Jahren die Kunst des achtsamen Zuhörens lernen. Viele Menschen der älteren Generationen wurden darauf geeicht zu glauben, Zuhören sei ein passiver Prozess und der Klügere besorge das Reden.

Viele Experten stimmen überein, dass Kindern mit Lernstörungen im Elternhaus keine Vorbilder hatten, wie man aufmerksam zuhört. 1995 beendete der *Carnegie Council on Adolescent Development* (eine Organisation, die sich mit der Entwicklung Heranwachsender beschäftigt) nach zehnjähriger Forschungsarbeit eine Studie, aus der hervorging, dass Jugendliche nicht genug Interaktionsmöglichkeiten mit den Eltern oder anderen Erwachsenen haben. Wie können unsere Kinder lernen, wenn wir ihnen nicht einmal beigebracht haben, wie man zuhört? Der Stellenwert, den das computergestützte Lernen inzwischen einnimmt, ist in so mancher Hinsicht ein Segen für die Schulpädagogik. Gleichwohl haben die Lehrer festgestellt, dass die Schüler durch extremen Kontakt mit Fernsehen, Videospielen und Computern (die eine extreme Reaktions- oder Verarbeitungsgeschwindigkeit erfordern, worunter Aufmerksamkeit, Zuhören und Konzentrationsfähigkeit leiden) schwerer zu unterrichten sind. Eine der zahlreichen Herausforderungen, denen sich Lehrer heute gegenüber sehen, ist die Entwicklung neuer pädagogischer Strategien, damit Computergebrauch und verbale Interaktion nahtlos ineinander übergehen. Ohne eine ausbalancierte Herangehensweise geraten die zwischenmenschlichen Fähigkeiten ins Hintertreffen, die unabdingbar sind, um im Leben Erfolg zu haben. Durch die persönliche Interaktionen mit Lehrern und anderen Mentoren entstehen im Laufe der Jahre die Grundstrukturen, die uns befähigen, außer mit den Eltern auch mit anderen Erwachsenen auszukommen. Im Klassenzimmer lernen die Schüler das Geben und Nehmen, das unerlässlich ist, um Freunde zu gewinnen und zu halten oder um erfolgreich im Team zusammenzuarbeiten – mit anderen Worten: soziales Rollenverhalten. Der Einbruch der Technologie in diese wertvollen Lerninhalte verstärkt noch den wachsenden Trend zur Vereinzelung.

In den fünfziger Jahren waren »Tischgespräche« ein absolutes Muss für amerikanische Mittelklasse-Familien mit heranwachsenden Kindern. TV-Serien wie *Father Knows Best* (dt. Vater ist der Beste) und *Leave it to Beaver* (dt. Mein lieber Biber) zeigten Eltern, wie man Diskussionen über die typischen Themen von Heranwachsenden fördert, zum Beispiel Gruppendruck in der Schule oder Geschwisterneid. Die Jugendlichen lernten, wie sie ihre Gefühle adäquat zum Ausdruck bringen konnten, während die Eltern interessiert lauschten (sie hörten sogar auf zu essen!). In solchen Sendungen wurde anschaulich dargestellt, dass solche Tischgespräche ein charakterbildendes Forum für die ganze Familie waren. Sie gingen auf Gefühle und mögliche Lösungen ein, und alle nahmen aktiv daran teil. Natürlich waren am Ende sämtliche Probleme vom Tisch und der Familienfriede wiederhergestellt. Die Moral dieser Sendungen war, Gelegenheiten für liebevolle, konstruktive Gespräche aufzuzeigen und darauf hinzuweisen, dass kleine Feuer beizeiten gelöscht werden sollten, bevor sie außer Kontrolle geraten.

Könnte die Gewalt auf dem Schulhof und in der Familie durch besseres Zuhören gemindert werden? Forscher der University of Minnesota und der University of North Carolina haben festgestellt, dass Drogen, Sex, Gewalt und emotionaler Stress bei Heranwachsenden erheblich geringer waren, wenn ein Elternteil zum Abendessen zu Hause war. Könnten Sie sich vorstellen, dass sich ein Junge wie »Beaver« eine Waffe besorgt und den fiesen Eddie über den Haufen schießt, nur weil dieser ihn nicht in seinem neuen Sportwagen mitnehmen will?

Im Gegensatz zu den meisten Fernsehfamilien der damaligen Zeit waren meine Eltern beide berufstätig und meine Geschwister mit außerschulischen Aktivitäten ausgelastet, genau wie es heute in vielen Familien die Norm ist. Die Freunde meiner Eltern hätten uns damals als hochdynamisch eingestuft – alle waren ständig auf dem Sprung. Aber irgendwie schafften es meine Eltern, dass die Familie jeden Abend mindestens eine halbe Stunde lang am Esstisch beisammen saß. Es herrschte ein ständiges Kommen und Gehen, aber jeder brachte mindestens ein Thema zur Sprache, das ihn interessierte, oder schilderte zwei oder mehr Familienangehörigen, was er an diesem Tag erlebt hatte. In dieser abendlichen Tischrunde entwickelten wir die Fähigkeiten, uns verbal auszudrücken und logisch zu denken, zu argumentieren, Ideen im Team zu entwickeln, offen über unsere Stärken und Schwächen zu sprechen und aufmerksam zuzuhören. Heute sind alle längst flügge, aber ich glaube, dass unser Leben durch den Zauber geprägt wurde, der jeden Abend um Punkt sechs von dieser Tischrunde ausging.

Viele sind der Meinung, dass wir nur dann als klug und dynamisch wahrgenommen werden, wenn wir den Löwenanteil des Gesprächs bestreiten. Trotzdem meiden wir nach Möglichkeit Situationen, in der eine Person endlose Monologe hält – die Bedürfnisse der anderen ignorierend. Ein guter Zuhörer ist leicht auszumachen – wir unterhalten uns gerne mit ihm und fühlen uns in seiner Gesellschaft wohl. Er versteht es nicht nur, das gesprochene Wort und die dahinter liegende Bedeutung richtig zu verarbeiten, sondern gibt dem Sprecher auch das Gefühl der Wertschätzung, weil er ihn ermuntert, seine Ideen und Gefühle zu schildern. Er berührt das Leben derjenigen, denen er zuhört.

Talkshow-Stars wie Barbara Walters, Charlie Rose, Oprah Winfrey und Larry King sind ausgezeichnete Zuhörer. Von Ernest Hemingway heißt es, er sei ein dermaßen aufmerksamer Zuhörer gewesen, dass sich der Sprecher ungemein geschmeichelt gefühlt habe. Aufmerksames Zuhören ist, selbst wenn es nur eine Minute dauert, das schönste Geschenk, das wir einem anderen Menschen machen können.

Das Versäumnis, *uns selbst zuzuhören*, ist häufig die Ursache für den Zusammenbruch der Kommunikation. Wenn wir unsere Worte und Bemerkungen mit den Ohren unserer Zuhörer aufnehmen könnten, wären wir entsetzt über die unzulässigen Verallgemeinerungen, die Ungenauigkeiten und die gefühllosen, negativen Kommentare, die wir über uns selbst und andere abgeben. Zu lernen, unsere Worte sorgfältig zu wählen, spielt eine wichtige Rolle, wenn wir uns selbst in einem vorteilhaften Licht präsentieren, einträchtig mit anderen leben und unsere Arbeit effektiv verrichten wollen. Wenn wir unser Aussehen, unsere Intelligenz oder unsere berufliche Kompetenz abwerten, offenbaren wir eine ungesunde Denkweise, zerstören Stück für Stück unser Selbstvertrauen, schaffen falsche Eindrücke und sorgen dafür, dass man uns nicht ernst nimmt.

Wir müssen uns selbst zuhören, damit wir die Worte wählen, die zum Ausdruck bringen, was wir wirklich meinen. Sind unsere Erklärungen kurz und prägnant? Wir benutzen vielleicht Formulierungen oder einen Tonfall, der andere kränkt oder bewirkt, dass sie ihre Ohren vor unserer Botschaft verschließen. Dieses zerstörerische Kommunikationsverhalten überfordert die Geduld des Zuhörers und verhindert künftige Interaktionen.

Kein Wunder, dass wir dann verwirrt sind und uns ärgern, wenn die Reaktionen des anderen nicht unseren Erwartungen entspricht.

Die innere Einstellung, die Sie entwickeln werden, führt dazu, sich selbst und die Motive besser wahrzunehmen, die Ihr Handeln bestimmen.

Unsere Fähigkeit zuzuhören wird besonders in Stresssituationen gefordert. Zu den stressreichen Interaktionen kann die Bitte um eine Wegbeschreibung, das erste Rendezvous oder ein wichtiges Vorstellungsgespräch gehören. Der Stressfaktor erhöht sich, wenn wir es mit Kunden oder Kollegen zu tun haben, die uns feindselig begegnen. Eine weitere Eskalation der Gefühle erfolgt, wenn unser Gesprächspartner übertrieben geltungsbedürftig oder potenziell gewalttätig ist. Wie gut verarbeiten wir die Botschaft, ohne unsere Abwehrmechanismen zu aktivieren, wenn Ideen und konträre Ansichten aufeinander prallen? Ein Griff in die Trickkiste ist keine Hilfe, wenn wir unter Stress zuhören. Der Erfolg in solchen Situationen hängt von der Stärke unseres Fundaments als Zuhörer ab – das schließt Atemkontrolle, Konzentrationsfähigkeit, Wahrnehmung unserer inneren Barrieren und den Umgang mit ihnen ein. Das Wissen, wie man optimal zuhört unter Bedingungen, die alles andere als optimal sind, ist eine nützliche und lebensnotwendige Fähigkeit.

Um die Vorteile des Zuhörens zu nutzen, müssen wir unsere Konzentrationsfähigkeit entwickeln und erweitern. Es gilt, unsere Aufmerksamkeit mehrere Minuten oder länger zu fokussieren, je nach Beschaffenheit der Aufgabe, die wir als Zuhörer bewältigen müssen. Wenn das Gesprächsthema einfach und vertraut ist, fällt uns die Konzentration wesentlich leichter, als wenn das Informationsmaterial trocken und im Fachjargon dargeboten wird. Zweckdienlichkeit und Interesse am Thema spielen ebenfalls eine Rolle für unsere Konzentrationsbereitschaft. Stress, Niedergeschlagenheit und Selbstzweifel beeinträchtigen unsere

Fähigkeit, den Worten unseres Gesprächspartners Gehör zu schenken, geschweige denn, uns darauf zu konzentrieren.

Zu meinen Kursteilnehmern gehören viele Leute zwischen 40 und 50, die befürchten, dass ihr Gedächtnis nachlässt: Sie vergessen Namen, büßen ihre Konzentrationsfähigkeit ein oder überhören Einzelheiten. In Folge dieser Sorge zögern sie, neue anspruchsvolle Aufgaben in Angriff zu nehmen, zum Beispiel den Umgang mit dem Computer oder die berufliche Weiterbildung. In den meisten Fällen befinden sie sich nicht am Rande der »Verblödung«, sondern haben lediglich den Kontakt zu ihrer Fähigkeit verloren, ihre Aufmerksamkeit über eine längere Zeitspanne auf ein bestimmtes Ziel zu richten. Andere Teilnehmer fragen sich, ob sie an einer vorübergehenden oder anhaltenden Schwäche der Erinnerungs- oder Merkfähigkeit leiden. Solche Gedächtnis- und Konzentrationsstörungen können das Vertrauen in die eigene Lernfähigkeit untergraben. Die Beziehung zwischen Zuhören und Gedächtnisleistung ist komplex und würde den Rahmen des Buches sprengen. Dass jedoch ein solcher Zusammenhang besteht, motiviert umso besser, die nachfolgenden Strategien nicht nur aufmerksam zu lesen, sondern auch praktisch umzusetzen.

Das Gedächtnis hat drei grundlegende Aufgaben zu bewältigen: das Kodieren, Abspeichern und Abrufen von Informationen. Das Kodieren erfordert unsere volle Aufmerksamkeit. Während des Kodierungsprozesses werden Sinneseindrücke (Worte, Bilder, Musik usw.) wahrgenommen. Sie gelangen in unser *sensorisches* oder *Ultrakurzzeitgedächtnis*, wo sie ungefähr eine Sekunde lang aufbewahrt werden. (Diese Stufe kann man sich wie einen Speicher an der Oberfläche unseres Gedächtnisses vorstellen oder eine Art grober Filter.) Wenn wir eine Information länger speichern möchten – beispielsweise den Weg zu einem neuen Restaurant –, muss sie zur nächsten Verarbeitungsstufe, an das *Kurzzeitgedächtnis* weitergeleitet werden. Damit die Information »Hauptstraße entlang bis zur Ampel, dann erste Querstraße links« in unser Kurzzeitgedächtnis aufgenommen wird, müssen wir sie ungefähr fünfzehn Sekunden laut oder stumm wiederholen. Unser Kurzzeitgedächtnis ist in der Lage, sich plus/minus sieben Bits gleichzeitig zu merken, die gleiche Anzahl Informationseinheiten wie bei den meisten Telefonnummern. Wenn wir unsere Wegbeschreibung zur künftigen Verwendung aufbewahren wollen, wird sie dauerhaft im *Langzeitgedächtnis* eingespeichert. Es gibt verschiedene Methoden für die Informationsübertragung zum Langzeitgedächtnis: Den Weg aufzeichnen, sich vertraute Wahrzeichen einprägen (auf der rechten Seite befindet sich ein McDonald's) oder die gedankliche Verknüpfung der Straßennamen mit den Namen von Bekannten oder bekannten Persönlichkeiten sind Hilfsmittel, die den Informationstransfer in das Langzeitgedächtnis erleichtern.

Wenn wir uns eine Telefonnummer *merken* oder im Langzeitgedächtnis einspeichern wollen, sind unter Umständen Assoziationen mit anderen vertrauten Zahlenfolgen erforderlich. Bestimmte Zahlenkombinationen erinnern an historisch wichtige Daten (020/99 19 39 = Ausbruch des Zweiten Weltkriegs) oder fallen durch ihr visuelles Muster ins Auge (030/12 34 56). Die gedankliche Verbindung einer bestimmten Interaktion mit einer Telefonnummer ist eine gute Gedächtnisstütze. Ist das Gespräch mit dieser Person beispielweise sehr turbulent verlaufen, wäre 1939 eine natürliche »Eselsbrücke«. Dieser Prozess, neue Informationen mit dem vorhandenen Wissen durch Assoziation zu verknüpfen, ermöglicht uns, sie auch noch Monate oder Jahre später abzurufen. Es dauert nicht lange, Informationen wirksam zu kodieren, zu speichern und abzurufen (die Verarbeitung der Wegbeschreibung zum Restaurant und die Übermittlung vom Ultrakurzzeit- zum Langzeitgedächtnis ist in weniger als sechzig Sekunden abgeschlossen), vorausgesetzt, Sie können sich konzentrieren.

Die Konzentration gleicht einem Fluss. Der Reiz oder Sinneseindruck vom Objekt einer Wahrnehmung sucht sich wie ein schmales Rinnsal den Weg in unser Bewusstsein. Unser Interesse erhöht sich und zieht weitere Ideen (Assoziationen) an wie ein Fluss, in den andere Gewässer münden. Ungeachtet der Hindernisse, die sich ihr in den Weg stellen, wird die Strömung des Flusses stärker und schneller, in dem Maße, wie unser Enthusiasmus sich in ungeteilter Aufmerksamkeit auf das Thema richtet. Während der Fluss zu einem breiten Strom wird, bleibt das Bewusstsein an die Entwicklung des Gedankens oder der Idee gebunden. Diese mentale Energie kann genauso stark und tragend sein wie die Unterströmung eines reißenden Flusses. Wenn jemand zu uns spricht, können wir die Botschaft ignorieren, lediglich die Oberfläche abschöpfen oder dem Fluss folgen und uns konzentrieren.

Das Fernsehen mit seinen regelmäßigen Unterbrechungen durch Werbung, den zahlreichen Wahlmöglichkeiten (dank – oder vielmehr undank – der Fernbedienung) und seiner »Politik der offenen Tür« und der hektische, facettenreiche Lebensstil haben unsere Aufmerksamkeitsspanne verkürzt und unsere Konzentrationschance begrenzt. Da das Gehirn bei den meisten Menschen zum Glück noch funktioniert, können wir die verschüttete Fähigkeit, unsere Aufmerksamkeit zu bündeln, uns zu konzentrieren und unser Lernvermögen zu steigern, jedoch wieder freilegen (oder zum ersten Mal entdecken).

Effektives Zuhören ist keine Eigenschaft, die schauspielerisches Talent erfordert, keine Technik, die man erlernen muss. Dazu besteht kein Grund, denn die Fähigkeit, sich auf verbale Botschaften zu konzentrieren und Informationen auf einer tiefen Ebene des Bewusstseins zu verarbeiten, ist dem Menschen angeboren. Zuhören gehört zu den wichtigsten persönlichen Ressourcen, die uns in die Wiege gelegt wurden, aber auch zu den am wenigsten entwickelten. Unsere Erziehung und Ausbildung in Schule und Elternhaus hat Sprechen, Lesen und Schreiben in den Mittelpunkt gestellt, während das Zuhören, das einen großen Teil unseres Tages beansprucht, durch mangelnde Übung verkümmert ist.

Zuhören wird in diesem Buch nicht als Technik oder als ein Bündel von Fähigkeiten behandelt, das man *sich aneignen* kann. Selbst der Begriff *aktives Zuhören* widerstrebt mir. Wenn wir uns an eine Liste von Anweisungen klammern, die wir nacheinander abhaken, um aufmerksam zuzuhören, kann uns die Botschaft des Sprechers unter Umständen völlig entgehen. Wir sollten andere weder manipulieren, indem wir uns den Anschein geben, als hörten wir zu, noch Schwerstarbeit im Gespräch leisten. Das wäre vorgetäuschte Aufmerksamkeit. Lassen Sie uns nun einen Blick darauf werfen, was geschieht, wenn uns die angeborene Fähigkeit zuzuhören, »eiskalt erwischt«.

Denken Sie an Situationen, in denen Sie besonderes Interesse an einem Thema hatten oder durch eine alarmierende Nachricht im Fernsehen oder Rundfunk aufgeschreckt wurden, zum Beispiel die Ermordung Kennedys oder das Zugunglück in Eschede. Vielleicht erinnern Sie sich noch daran, wie gebannt Sie der Schilderung des tragischen Geschehens gelauscht haben; und manchen fällt auch auf Anhieb wieder ein, wo sie sich zu diesem Zeitpunkt aufgehalten oder was sie gerade getan haben. Es war nicht nötig, sich an eine erlernte Fähigkeit oder Technik zu erinnern – der *angeborene Reflex* zuzuhören wurde automatisch aktiviert. Wie können wir ein ähnliches Aufmerksamkeitsniveau in einer alltäglichen Unterhaltung, während eines Vortrags oder einer hitzigen Debatte erreichen und über einen längeren Zeitraum aufrechterhalten?

Um dieses Ziel zu erreichen, ist keine harte Arbeit in irgendwelchen Kursen erforderlich. Alles, was wir brauchen, ist eine andere Einstellung zum Zuhören. Es beginnt damit, dass wir unser Bewusstsein öffnen und die Vorstellung zulassen, dass jede verbale Begegnung einen Schatz an Erfahrungen, Informationen oder Erkenntnissen enthalten kann, oftmals gerade dann, wenn wir es am wenigsten erwarten.

Manchmal erhalte ich die wichtigsten Impulse des Tages von der Putzfrau, die mein Büro sauber macht. Die Bereitschaft zur Veränderung der Einstellung oder Denkweise über das Zuhören ruft unsere angeborene Fähigkeit hinzuhören, wenn jemand zu uns spricht, auf den Plan. Sie führt zu einer Veränderung unseres Verhaltens. Die positiven Reaktionen unserer Gesprächspartner auf diesen Wandel haben zur Folge, dass unser neues Image als effektive Zuhörer festgeschrieben wird!

Achtsames Zuhören wird hier als harmonisches Zusammenwirken von drei Faktoren verstanden: *Entspannung, Konzentration und Lernbedürfnis* oder der Wunsch, eine Situation aus der Perspektive eines anderen Menschen zu sehen. Diese Sichtweise schließt ein, dass wir die inneren Barrieren erkennen, die wir errichtet haben, um auf emotionale Distanz zu gehen, und daran arbeiten, sie zu beseitigen. Für jede noch so kleine Veränderung beim Zuhören werden wir tausendfach belohnt. Meine Sprachschüler berichten, dass ihr Selbstgefühl und ihre Beziehungen besser geworden sind. Sie sind beruflich erfolgreicher, und sie fühlen sich am Ende des Tages erfüllter.

Die meisten Konzepte in diesem Buch wurzeln in fernöstlichen Philosophien und im Zen-Buddhismus; sie sollen aber keine religiöse Sichtweise übermitteln oder in Frage stellen, noch basieren sie auf mystischen oder okkulten Praktiken. Zen und Buddhismus stützen sich im Gegensatz zur landläufigen Meinung nicht ausschließlich auf ein kontemplatives, kopflastiges Fundament, sondern sind praktisch orientierte, leicht verständliche Lebenshilfen. Die Lehren des Zen-Buddhismus bieten uns Möglichkeiten, die Herausforderungen des Alltags besser zu bewältigen. Sie zeigen, wie wir durch Achtsamkeit, Konzentration und Einfühlungsvermögen ein gesundes, friedvolles und produktives Leben führen und bewahren können. Zen ist ein innerer Entwicklungsprozess, bei dem wir eher lernen, unangemessene Verhaltensweisen zu »verlernen« statt neue dazuzulernen. Zen hilft uns, Gewohnheiten aufzulösen, die eine wirksame Kommunikation blockieren – Vorurteile, Schwarzseherei, Engstirnigkeit und Ichbezogenheit – und deren Gegenpol in unser Repertoire zu integrieren. Ich halte mich weder für eine Expertin, was fernöstliches Gedankengut betrifft, noch habe ich den Zustand der Erleuchtung erreicht. Aber meine theoretischen und praktisch angewandten Entdeckungen helfen mir, viele Herausforderungen im Alltag besser in den Griff zu bekommen.

Effektives Zuhören ist eine dieser Herausforderungen. Meine Sprachschüler, Patienten und ich haben festgestellt, dass diese einfach nachvollziehbaren Konzepte die Macht besitzen, jede beliebige Situation, in der wir aufmerksam zuhören, als Chance zur Selbstentfaltung und Entwicklung guter zwischenmenschlicher Beziehungen zu nutzen.

Zen-Buddhismus kann ein psychologischer oder philosophischer Weg sein, das Leben zu meistern. Mit Körper, Seele und Geist zuzuhören (oder mit Herz und Verstand) erfordert eine grundlegende Veränderung unserer Einstellung und Beziehung zum Sprecher. Sie schließt die Konzentration auf den *Prozess* ein, und den Gedanken an den *Lohn* der Mühe oder das Ergebnis aus. Zen bietet uns Einsicht in unsere wahre Natur oder *kensho*. Dieses erhöhte Bewusstsein befreit uns von den Fesseln des Selbstinteresses und der Selbstbezogenheit, die uns daran hindern, uns auf der mentalen Ebene mit anderen zu verbinden.

Die Ursprünge des Zen-Buddhismus reichen ungefähr 2500 Jahre zurück, nach Nordindien, wo der junge Landadelige Gautama Siddhartha zur völligen Umkehr seines Lebenswandels vom Luxus zu strenger Askese veranlasst wurde, als er in die Welt hinauszog, um das Wesen der menschlichen Existenz besser zu verstehen. Er lebte wie ein Bettler und begegnete dem Leid, das durch Alter, Hungersnöte und Einsamkeit verursacht wurde. Nachdem er sechs Jahre meditiert hatte, erlangte er die Erleuchtung und erhielt den Titel des Buddha (Der Erwachte, Erleuchtete). Nach dem Tod des Gautama Buddha entwickelten sich zwei Hauptrichtungen im Buddhismus: der Hinajana-Buddhismus, der sich in Südostasien ausbreitete, und der Mahajana-Buddhismus, der mit dem Taoismus in China verschmolz und danach in Japan als eine Form des Buddhismus Fuß fasste, die Zen genannt wird. Der Mahajana-Buddhismus (»großes Fahrzeug«, da er vielen Menschen den Weg ebnet) hebt die spirituelle Entwicklung und Meditation als Mittel hervor, um das wahre Wesen des irdischen Lebens zu erfahren. Beiden Richtungen sind viele Überzeugungen gemein; der Zen-Buddhismus ist jedoch für seine einfache und unmittelbare Anwendbarkeit im Alltag bekannt. Gautama Buddha erkannte, dass die Unzufriedenheit eine Folge der Bindung an materielle Dinge ist und unserer Vorstellung, wie das Leben sein sollte. Nicht eingeweihte oder nicht erleuchtete Menschen (also die meisten von uns) werden durch egoistisches Denken, Selbstbezogenheit, Sehnsucht nach dem, was wir nicht haben, und dem Wunsch, anders zu sein als wir sind, vom wahren Weg abgelenkt und sind verblendet. Das irdische Leben wird zum Leidensweg, weil wir uns die größte Mühe geben, uns von anderen zu distanzieren. Deshalb streben wir ständig nach mehr Status, materiellem Besitz, Geschwindigkeit und äußeren Aktivitäten, um der Konkurrenz immer um eine Nasenlänge voraus zu sein – unseren Nachbarn oder Nächsten. Dieses Bemühen, gegen uns selbst und andere zu arbeiten, bringt nur noch mehr Stress in Form von Nervosität, Krankheit, Depressionen und noch schlimmeren Tragödien in unsere Gesellschaft.

Das ist auch der Grund, warum schlechte Zuhörer sich das Leben unnötig schwer machen. Sie sehnen sich danach, im Rampenlicht zu stehen, legen sich eine Antwort zurecht, während der Sprecher redet, unterbrechen ihn, um das Gespräch an sich zu reißen und in die gewünschte Richtung zu lenken. Sie halten starr an ihrer vorgefassten Meinung fest, sind mit ihrer Aufmerksamkeit ständig in der Vergangenheit oder bei Zukunftsträumen oder haben sich andere selbstzerstörerische Verhaltensweisen angewöhnt. *Zen und die Kunst des Zuhörens* möchte Ihnen dabei helfen, solche Entwicklungen umzukehren, um Ihnen und den Menschen in Ihrem Umfeld ein Leben zu ermöglichen, das befriedigender und effektiver ist. Wenn Sie jeden Tag auch nur für kurze Zeit üben, achtsam zuzuhören, werden andere es bemerken und positiver auf Sie reagieren, selbst Personen, die Sie als »schwierig« empfinden.

Die Ablenkungen und Herausforderungen, denen wir uns im 21. Jahrhundert gegenüber sehen, erfordern mehr als je zuvor achtsames Zuhören. Wenn wir Vorurteilen, Rassismus, Konflikten und dem Leid auf dieser Welt ein Ende setzen wollen, gelingt das weder mit einer Packen-wir's-an-Haltung noch mit einer Methode, die aktives Zuhören predigt. Solange wir darüber nachdenken müssen, wie wir richtig zuhören, sind wir nicht in der Lage, es zu tun. Um besser zuzuhören, müssen wir als Erstes unser mentales Fundament ändern. Sonst wäre das Ganze vergebene Liebesmüh', genau so, als würden wir einem Bettler ein Kochbuch schenken und sagen: »Bitte sehr, guten Appetit!« Er hat keinen Herd, keine Töpfe oder Pfannen und keine Ahnung vom Kochen, nur das Bedürfnis zu essen, das sich auf diese Weise nicht erfüllen lässt. Vielleicht fehlen ihm außerdem noch die Wachsamkeit und Geduld, um die Nahrung richtig zuzubereiten. Sobald er über die Grundlagen verfügt – erkannt hat, welchen Wert die Fähigkeit zu kochen besitzt – und ein wenig Übung darin hat, kann das Kochbuch durchaus seinen Zweck erfüllen. Irgendwann wird er in der Lage sein, auch ohne Kochbuch eine schmackhafte Mahlzeit zuzubereiten, wenn er nicht aus der Übung kommt. Trotz der Tatsache, dass sich viele Entdeckungen über das Zuhören aus meiner Erfahrung als Sprachtherapeutin, also aus dem medizinischen Bereich herleiten, hat ihre Anwendung universelle Gültigkeit. Die beschriebenen Methoden wurden nicht nur von meinen Workshop-Teilnehmern, sondern schon seit Jahrhunderten von Wissenschaftlern, Zen-Meistern und ihren Schülern erprobt und für gut befunden. Mehr als neunzig Prozent meiner Sprachschüler haben festgestellt, dass sich mindestens durch eine der Strategien, die achtsames Zuhören erleichtert, ihre Zufriedenheit und persönliche Leistungsfähigkeit entscheidend verbessert haben. Der Erfolg ist auf die Einfachheit des Konzepts und seine problemlose Anwendbarkeit in alltäglichen Situationen zurückzuführen.

Genau so, wie es verschiedene Möglichkeiten gibt, das Leben zu betrachten, werden hier verschiedene Wege zum achtsamen Zuhören beschrieben. Jeder Mensch hat andere Bedürfnisse und

Probleme, was das Zuhören angeht. Die einen besuchen Kurse oder lesen Bücher in der Hoffnung, ihre zwischenmenschlichen oder ehelichen Beziehungen zu verbessern, während die anderen eine Steigerung ihrer schulischen Leistungen anstreben. Und wieder andere halten nach Möglichkeiten Ausschau, beruflich umzusatteln, ihr Potenzial zu entfalten oder die Zufriedenheit ihrer Kunden zu gewährleisten. Deshalb habe ich das Thema unter verschiedenen Gesichtspunkten erörtert. Es gibt jedoch einen roten Faden: die besten Zuhörer betrachten Zuhören nicht als Ziel, sondern als fortlaufenden Prozess.

Vielleicht gibt es bestimmte Kapitel, die entscheidend dazu beitragen, Ihre Fähigkeiten als guter Zuhörer zu entfalten, oder vielleicht brauchen Sie mehr Zeit für die Abschnitte über Reflexion und Entspannung, bevor Sie andere Ideen umsetzen können. Lesen Sie jedes Kapitel sorgfältig durch. Sobald Sie den Inhalt verarbeitet haben, nehmen Sie sich ein paar Tage oder Wochen Zeit, um die Übungen zu machen, die Sie am Ende des Kapitels finden. Sie werden bald merken, dass Sie sich nicht mehr anstrengen müssen, um achtsam zuzuhören: Es geht Ihnen in Fleisch und Blut über. Wie aus den Kommentaren und Briefen meiner ehemaligen Sprachschüler hervorgeht ist diese Herangehensweise, das »häppchenweise« Verdauen, sehr bekömmlich.

Die neuen Verhaltensweisen werden bald selbstverständlich, wenn Sie »Seilschaften« bilden oder zu Hause und am Arbeitsplatz visuelle Erinnerungshilfen schaffen. Sobald Sie Ihr neues Bewusstsein in die täglichen Routinetätigkeiten einbringen, werden Sie merken, dass Sie Menschen und Situationen mehr Aufmerksamkeit widmen. Gehen Sie dann zum nächsten Kapitel über, und verinnerlichen Sie einen weiteren Schritt im Prozess. Lassen Sie Abends den Tagesablauf ein paar Minuten lang Revue passieren: Denken Sie an Ihr Verhalten, die Reaktionen Ihrer Mitmenschen, die plötzlich positiver geworden sind, oder an die Fülle der Informationen, die in Ihrem Gedächtnis haften geblieben sind.

Durch die kumulative Wirkung von Theorie und Praxis werden Sie am Ende des Buches alle hemmenden und einengenden Ansichten über das Zuhören abgelegt haben. Dann sind Sie offen für die ungeheure Vielfalt der Menschen, denen Sie begegnen, und für die Chancen, die sich Ihnen mit jedem Atemzug bieten, weil Sie hellwach und aufmerksam sind.

2

WIE GUT HÖREN SIE ZU?

Warum wagst du dich nicht auf einen Ast
hinaus?
Dort findest du die Früchte.

WILL ROGERS

Es ist frustrierend, in der Leistungsbeurteilung die fett ge-
druckte Ermahnung zu lesen: **Sie sollten besser zuhören.** Für viele von uns ist das ein Déjà-vu-Erlebnis,
das wir aus unserer Kindheit kennen, im Zusammenhang mit
Eltern, Jugendgruppenleitern, Trainern und Lehrern. Seit unserer Jugend sind uns diese Worte der Weisheit in verschiedenen
Variationen begegnet. Zum Beispiel: »Halt den Mund und hör
zu!«, als ob wir automatisch aufmerksamer wären, wenn wir
schweigen, oder noch unverblümter: »Du solltest zum Ohrenarzt gehen.« Was bedeutet es genau, wenn wir ermahnt werden,
die Ohren zu spitzen? Woher wissen wir, ob wir wirklich zuhören (und aufmerksam sind) oder nur so tun als ob? Wie
können wir andere, zum Beispiel Vorgesetzte, überzeugen, dass
wir vorbildlich zuhören und allein deshalb eine Beförderung
verdienen? Würden wir einen guten Zuhörer auf Anhieb als
solchen erkennen? Wie weit sind wir von diesem Ideal entfernt?

Selbststerkenntnis ist bekanntlich der erste Schritt zur Besserung. Gehen Sie also in sich, und erforschen Sie, wie gut Sie wirklich zuhören. Das ist eine gute Vorübung, um sich auf das breite Spektrum der Verhaltensweisen vorzubereiten, die wir später untersuchen werden. Denken Sie gründlich über jede einzelne Frage nach, und überlegen Sie, inwieweit das beschriebene Verhalten auf Sie zutrifft. Danach überprüfen Sie Ihre Antworten anhand der nachstehenden Tabelle und zählen Ihre Gesamtpunktezahl zusammen.

	Ja, ständig	Nein, nie	Gelegentlich
1. Denken Sie darüber nach, was Sie sagen werden, während Ihr Gesprächspartner redet?			
2. Schalten Sie ab, wenn Sie Dinge hören, mit denen Sie nicht übereinstimmen oder die Sie nicht interessieren?			
3. Lernen Sie im Gespräch von jedem Menschen, auch wenn Ihnen das Thema belanglos erscheint?			
4. Halten Sie Blickkontakt mit dem Sprecher?			

	Ja, ständig	Nein, nie	Gelegentlich
5. Ziehen Sie sich in einem Gespräch unter vier Augen oder einer Gruppendiskussion auf sich selbst zurück?			
6. Unterbrechen Sie häufig die Person, die gerade spricht?			
7. Neigen Sie dazu, bei Besprechungen und Präsentationen einzunicken oder mit offenen Augen zu träumen?			
8. Fassen Sie Anweisungen oder Botschaften noch einmal zusammen, um sich zu vergewissern, dass Sie alles verstanden haben?			
9. Erlauben Sie dem Sprecher, negativen Gefühlen Ihnen gegenüber freien Lauf zu lassen, ohne in die Defensive zu gehen oder sich physisch zu verkrampfen?			

	Ja, ständig	Nein, nie	Gelegentlich
10. Versuchen Sie mittels Gesten und Mimik, die Bedeutung hinter den Worten des Sprechers heraus-zuhören?			
11. Sind Sie frustriert oder ungeduldig, wenn Sie mit Men-schen aus anderen Kulturen kommuni-zieren?			
12. Fragen Sie nach der Bedeutung von Worten oder Fach-begriffen, die Sie nicht kennen?			
13. Geben Sie den An-schein zuzuhören, während Sie in Wirk-lichkeit mit Ihren Gedanken anderswo sind?			
14. Hören Sie dem Spre-cher ohne Werturteil oder Kritik zu?			
15. Erteilen Sie Ratschläge, bevor Sie darum gebeten wurden?			

	Ja, ständig	Nein, nie	Gelegentlich
16. Halten Sie lange Vor-reden, bevor Sie zur Sache kommen?			
17. Machen Sie sich, wenn nötig, Notizen als Ge-dächtnisstütze?			
18. Berücksichtigen Sie den Zustand Ihres Hörers (nervös, in Eile, Hörschaden usw.)?			
19. Lassen Sie sich vom physischen Erschei-nungsbild oder von Eigentümlichkeiten des Sprechers ablenken?			
20. Erinnern Sie sich an den Namen einer Person, der Sie vorge-stellt wurden?			
21. Glauben Sie zu wis-sen, was der Sprecher sagen will, so dass sich das Zuhören für Sie erübrigt?			
22. Fühlen Sie sich wohl, wenn zwischen Ihnen und Ihrem Gesprächs-partner eine Zeit lang Schweigen herrscht?			

	Ja, ständig	Nein, nie	Gelegentlich
23. Bitten Sie um Rück-meldungen, um sicherzugehen, dass Sie von Ihrem Ge-sprächsparter ver-standen wurden?			
24. Leiten Sie Ihre Aus-sagen mit wenig schmeichelhaften Be-merkungen über sich selbst ein?			
25. Sind Ihnen gute Arbeitsbeziehungen zu Kollegen und Kun-den wichtiger als der Gedanke, wie Sie Umsatz machen?			

TESTERGEBNISSE: Vergleichen Sie Ihre Antworten mit der Ta-belle. Für jedes »Ja, ständig« gibt es einen Punkt, für jedes »Ge-legentlich« einen halben. Rechnen Sie anschließend Ihre Punkte-zahl zusammen.

1 N	6 N	11 N	16 N	21 N
2 N	7 N	12 J	17 J	22 N
3 J	8 J	13 N	18 J	23 J
4 J	9 J	14 J	19 J	24 N
5 N	10 J	15 N	20 J	25 J

Gesamt: _____

Wenn Sie einundzwanzig Punkte oder mehr erreicht haben, herzlichen Glückwunsch! Lesen Sie weiter, und klopfen Sie sich auf die Schulter, denn Sie befinden sich auf dem richtigen Weg. Achten Sie auf Bereiche, die sich noch verbessern lassen. Sind Ihnen beim Zuhören Verhaltensweisen aufgefallen, die Sie konsequenter anstreben sollten? In Kapitel vier, sechs und neun finden Sie besonders nützliche Tipps, um Ihre Achtsamkeit zu schärfen. Gute Zuhörer können auch unter Stress (siehe Kapitel neun) ihre Aufmerksamkeit bündeln und anderen helfen, effektiver zuzuhören.

Eine Punktezahl zwischen sechzehn und zwanzig deutet darauf hin, dass Sie zwar die wichtigsten Ideen erfassen, aber oft einen Großteil vom Rest der Botschaft nicht mitbekommen, weil es Ihnen schwer fällt, sich über einen längeren Zeitraum zu konzentrieren. Sie gehen auf emotionale Distanz zum Sprecher: Ihre Gedanken schweifen ab, oder Sie legen sich zurecht, was Sie als Nächstes sagen könnten. Sie stellen fest, dass Sie oft nachhaken müssen, weil Ihnen Einzelheiten entgangen sind. Für Sie sind Kapitel sechs und zehn besonders hilfreich. Überprüfen Sie typische Reaktionsweisen (Kapitel sieben), die verhindern könnten, dass Sie diese zusätzlichen Informationen aufnehmen.

Rangiert Ihre Punktezahl zwischen zehn und fünfzehn, ist Ihr Augenmerk mehr auf Ihre eigenen Zielsetzungen als auf die Bedürfnisse des Sprechers gerichtet. Sie lassen sich leicht ablenken und betrachten Zuhören als notwendiges Übel. Persönliche Vorurteile könnten eine Barriere darstellen, die den vollen Zugang zum Kommunikationsinhalt Ihres Gesprächspartners blockieren. Kapitel vier wird Ihnen helfen, diese inneren Hürden abzubauen und die Information von A bis Z aufzunehmen. Für Sie sind vor allem die Kapitel fünf und sechs wichtig: Damit schaffen Sie das Fundament, um Ihre Aufmerksamkeit auch über einen längeren Zeitraum an eine verbale Botschaften zu binden. Wenn es Ihnen schwer fällt, in Stresssituationen verbale Informationen zu verarbeiten, werden Ihnen die grundlegenden

Konzepte aus früheren Kapiteln helfen, die Tipps im neunten Kapitel erfolgreich umzusetzen.

Falls Sie weniger als neun Punkte erreicht haben, werden Sie die spektakulärste Verbesserung in Ihrer Kommunikation erleben, wenn sie den Empfehlungen in diesem Buch folgen. Sie gehören zu den Menschen, die Zuhören meistens als langweilig empfinden. Sie beklagen sich oft, dass Sie ein Gedächtnis wie ein Sieb haben, und sind frustriert, weil es Ihnen schwer fällt, den Inhalt von Präsentationen zu behalten und in Lernsituationen Erfolge zu erzielen.

Wenn Sie auf viele Fragen mit »Gelegentlich« geantwortet haben, sind Sie gelegentlich ein guter Zuhörer. Wahrscheinlich hapert es mit der Konzentrationsfähigkeit, und/oder Sie sind ein Mensch, der sehr kritisch ist und schon nach kürzester Zeit abwägt, ob sich das Zuhören lohnt. Sie haben aber auch schon Situationen erlebt, wo Sie an den Lippen des Sprecher gehangen haben. Stellen Sie sich vor, wie erfolgreich und effektiv Sie sein könnten, wenn Sie bei jeder Gelegenheit gebannt zuhören würden.

Nun haben wir einen kleinen Vorgeschmack auf die Elemente des achtsamen Zuhörens erhalten und wollen versuchen, eine umfassende Definition für den Begriff zu finden. Wenn Sie mittels einer Umfrage in Erfahrung bringen wollten, was einen guten Zuhörer ausmacht, bekämen Sie verschiedene Versionen zu hören. Hier einige Beispiele: Verkaufsberater Michael Leppo beschreibt gutes Zuhören als die Fähigkeit, aufmerksam zuzuhören. Michelle Lucas, Psychotherapeutin, versteht darunter das Bemühen, dem Gesprächspartner Achtung und menschliche Wertschätzung zu erweisen. Die *International Listening Association* definiert Zuhören als »Prozess, verbale und/oder nonverbale Botschaften aufzunehmen, einen Sinn daraus zu entwickeln und darauf zu reagieren«. Manche sehen darin lediglich die Fähigkeit, das Gesagte zu verstehen und zu behalten. Ralph G. Nichols, einer der Gründer der Aufmerksamkeitsstudien, erklärte: »Zuhören ist eine innere Aufgabe – eine innere Aktion auf Seiten des Zuhörers.« Daraus kann man schließen, dass gutes Zuhören die Fähigkeit beinhaltet, sich in den Sprecher hineinzuversetzen, um ein Thema von seinem Standpunkt aus zu betrachten.

Bei einer praxisorientierten Bestimmung des Begriffs »Zuhören« gilt es also, mehrere Aspekte einzubeziehen. Für unsere Zwecke definiere ich einen guten Zuhörer als jemanden, der über eine breit gefächerte Skala von Fähigkeiten verfügt, die *achtsames* Zuhören ermöglichen. Er muss:

• die verbale Botschaft akkurat empfangen und sie vollständig (Worte, Gestik und Mimik) und wertneutral deuten;
• die verbale Botschaft für die künftige Verwendung speichern;
• die Aufmerksamkeit bewusst auf das gesprochene Wort richten. Zuhören ist folglich ein Prozess *mit einem zeitlichem Ablauf*;
• auf die Formulierungen achten und sowohl ein Gespür für die Botschaft als auch für die Deutungsmöglichkeiten entwickeln, die sich daraus ergeben;
• den Sprecher ermutigen, seine Ideen ohne Hemmungen oder Angst vor Zensur zu offenbaren. Dadurch erhält dieser das Gefühl, dass man ihm Achtung und Wertschätzung entgegenbringt.

Dieses Buch wird Ihnen zeigen, dass die wirkliche Macht in der Kommunikation in der angeborenen Fähigkeit liegt zuzuhören: Informationen zu verarbeiten, Erkenntnisse zu gewinnen und Informationen abrufbar zu speichern. Achtsames Zuhören müssen Sie nicht lernen: es ist bereits in seiner Grundstruktur vorhanden. Was Sie brauchen, ist lediglich der Wunsch zuzuhören. Dieser Wunsch setzt Neugierde auf neue Informationen voraus und die Bereitschaft, dem Sprecher mehr Achtung entgegenzubringen. Wenn Sie Ihre privaten und beruflichen Beziehungen festigen möchten, ist außerdem ein gewisses Maß an Einfühlungsvermögen erforderlich, um ein besserer Zuhörer zu werden.

Achtsames Zuhören verlangt das Zusammenwirken von Körper, Seele und Geist; diese Einheit bringen wir in die Kommunikation ein. Man braucht nicht unbedingt zwei gut funktionierende Ohren dazu. Wir müssen mit unserem ganzen Sein sehen, hören und fühlen. Wenn wir achtsam sind, gleich ob eine Botschaft verbal oder schriftlich übermittelt wird, versuchen wir, Absicht und Erfahrung des Sprechers so genau wie möglich wahrzunehmen.

Diese Achtsamkeit lässt sich auf verschiedene Formen des Zuhörens anwenden:

- Informationsverarbeitung (Vortragsformat)
- Informationssuche (Diskussionsformat)
- Kritisches oder bewertendes Zuhören
- Therapeutisches Zuhören
- Empathisches oder einfühlsames Zuhören (in sozialen Situationen oder im Gespräch)
- Zuhören bei einer Unterhaltung (beiläufige Gespräche oder solche mit weniger anspruchsvollem Inhalt)

Diese Formen können in jeder Situation überlappen. Wenn Sie beispielsweise jemanden kennen lernen, kann eine belanglose Unterhaltung eine angeregte Diskussion über ein Thema in Gang setzen, das Sie beide interessiert. Ihr Gesprächspartner sieht sich vielleicht veranlasst, kontroverse Informationen aus dem Internet beizusteuern. Sie, die Zuhörerin, melden Zweifel an der Richtigkeit der Informationen an, basierend auf Ihrem eigenen Wissen; daraufhin erfolgt eine lebhafte, aber freundschaftliche Debatte über das Thema. Verschiedene andere Kombinationen sind möglich, je nachdem, ob der Meinungsaustausch in einem Klassenzimmer, Servicezentrum, an der Bushaltestelle oder bei einem Fest stattfindet. In jedem Umfeld ist achtsames Zuhören effektiv.

Nun haben wir uns einen groben Überblick über das weite Feld des Zuhörens verschafft; im nächsten Kapitel werden wir das Unterholz lichten und damit beginnen, den Weg zur Verwirklichung unseres Ziels zu bahnen: ein guter Zuhörer zu werden.

3

WECKEN SIE IHREN GEHÖRSINN

*Toto, ich glaube nicht, dass wir noch in
Kansas sind.*
            Dorothy, in:
            DER WUNDERBARE ZAUBERER VON OZ

Die meisten von uns, die ein gutes Gehör besitzen, können sich nicht vorstellen, in einer Welt des Schweigens zu leben, genauso wenig wie Menschen mit ausgeprägtem Geschmackssinn sich vorstellen können, plötzlich nichts mehr zu schmecken. Bedauerlicherweise merken wir oft erst, wenn wir sie verlieren, wie selbstverständlich wir eine kostbare Gabe betrachtet haben. Und wenn wir sie zeitweilig verloren haben und dann wiederfinden, wissen wir sie mehr als je zuvor zu schätzen.

Ein Fotoalbum, das Sie längst abgeschrieben hatten, taucht unverhofft neben einem Stapel Babykleidung und dreißig Jahre altem Spielzeug auf. Der ekelhaft süßliche Geruch von schimmelndem Leder und Papier dringt in Ihre Nase, doch Sie heben es trotzdem ehrfürchtig auf. Sie schlagen es auf, voller Freude und Melancholie beim Anblick der vertrauten Gesichter. Die klebrigen, verstaubten Kanten der Fotos bleiben an Ihren Fingern haften, wenn Sie die Seiten umblättern. Hätten Sie das Album mit der gleichen Ehrerbietung und Wertschätzung behandelt, wenn es Tag für Tag auf Ihrem Couchtisch gelegen hätte? Wahrscheinlich nicht.

Der Gehörsinn gestattet uns, die Welt durch Zuhören zu erfahren. Er nimmt Höreindrücke in Form von Schallwellen wahr und unterscheidet zwischen ihnen. Zuhören ist der Prozess, mit dem wir den Sinn dieser Signale ermitteln und ihnen eine Bedeutung zuordnen. Die Gabe des Hörens und unsere wunderbare Fähigkeit zuzuhören werden oft als selbstverständlich erachtet. Unser Leben verändert sich gleichwohl erheblich, wenn wir plötzlich unter Hörproblemen leiden oder das Gehör nachlässt, so dass wir nicht mehr zwischen dem Gesang eines Vogels und einem Flüstern unterscheiden können.

Ein Hörschaden kann durch Schmalz, Flüssigkeit oder eine Infektion im Ohr entstehen. Er kann durch Lärm und Medikamente ausgelöst werden oder mit dem Alterungsprozess oder einer Schädigung des Hörnervs zusammenhängen. In vielen Fällen lassen sich solche Probleme behandeln oder durch elektroakustische Hörhilfen mindern. Derartige Beeinträchtigungen entziehen sich oft unserer Kontrolle; sie sind eine Funktion des Alters oder der Umwelt. Manchmal ist die Fülle der Geräusche, mit denen unsere Ohren bombardiert werden, so komplex, dass wir die Informationsüberfrachtung durch selektives Hören in Schach halten müssen, um sie mit heiler Haut zu überstehen. Probleme beim Zuhören entstehen, wenn

- Ihr Selbstinteresse dafür sorgt, dass einige Stimmen ständig im Hintergrund bleiben, obwohl sie im Vordergrund stehen sollten, oder
- Sie so zerstreut sind, dass es Ihnen schwer fällt, selbst die ausgewählten Informationen im Vordergrund zu halten.

An späterer Stelle werden wir auf diese Probleme eingehen, die durch selektive Aufnahme von Informationen und Konzentra-

52

tionsmangel verursacht werden. Doch vorher wollen wir kurz unsere wundersame Fähigkeit erkunden, zu hören und zuzuhören.

Schließen Sie als Erstes die Augen, wo immer Sie sich gerade befinden. Konzentrieren Sie sich auf die Geräusche in Ihrer Umgebung. Achten Sie darauf, wie sich ihre Texturen voneinander unterscheiden. Stellen Sie sich das Sirren eines Deckenventilators vor, der kräftige Luftströmungen erzeugt, und als Gegensatz dazu eine federleichte, sanfte Brise vor Ihrem Fenster. Nun zählen Sie die Geräusche, die Sie auf einmal wahrnehmen können – beispielsweise das Ticken der Uhr, ein Auto, das um die Ecke biegt, Kaffee, der gerade eingegossen wird, und viele andere mehr.

Nehmen Sie einige schwächer oder deutlicher wahr? Staunen Sie über die Fähigkeit, Ihre Aufmerksamkeit gezielt auf ein bestimmtes Geräusch zu richten und nach Lust und Laune ein anderes anzupeilen, während die übrigen Geräusche im Hintergrund mitlaufen. Sie haben Namen für alle Geräusche, die Sie von verschiedenen Erfahrungsebenen kennen: Sie haben einige geschmeckt, sind in anderen gefahren, haben einige in der Hand gehalten. Viele haben Sie danach beurteilt, wie wünschenswert Sie nach Ihrem Empfinden sind, und entsprechenden Kategorien zugeordnet. Es ist ein Wunder, wie sich diese Geräusche den Weg in Ihr Bewusstsein gebahnt haben.

Ich sitze in diesem Augenblick vor meinem Computer und kann mehrere Geräuschschichten in meiner Umgebung gleichzeitig wahrnehmen. Wenn ich mir eine Minute Zeit nehme, um der kleinen Symphonie zu lauschen, stelle ich fest, dass ein Teil meines Gehirns die auditiven Informationen verarbeitet, während es mich gleichzeitig daran erinnert, dass es gleich halb sieben ist und Samstagabend. Ich höre, dass der Geschirrspüler beim Klarspülgang angelangt ist (das Geräusch ist höher als beim Waschgang). Im Wohnzimmer hat jemand den Fernseher angemacht und CNN eingeschaltet (die Stimme des Nachrichtensprechers ist mir bekannt), und mein Hund Spud schnarcht zu meinen Füßen in harmonischer Übereinstimmung mit dem stetigen Summen, das mein Computer von sich gibt. Hin und wieder fährt ein Auto die Straße entlang oder das Telefon klingelt und unterbricht diese gleich bleibenden Rhythmen. Würde sich indessen ein Geräusch einschleichen, das nicht in dieses Mosaik gehört, würde ich es sofort bemerken und ihm auf den Grund gehen. Das leise Klirren eines Kronleuchters oder ein Flüstern vor dem Fenster würde wie ein Alarmsignal an mein Ohr dringen und meine Aufmerksamkeit wecken.

Alle Geräusche sind, ungeachtet ihrer Quelle, Schallwellen, mechanische Schwingungen mit unterschiedlicher Frequenz. Sie werden vom Außenohr (den seltsam geformten Ohrmuscheln zu beiden Seiten unseres Kopfes) gesammelt und in das Mittelohr weitergeleitet, wo sie das Trommelfell in natürliche Schwingung versetzen. Das hat zur Folge, dass die drei kleinen Gehörknöchelchen im Innenohr (Hammer, Amboss und Steigbügel) zu vibrieren beginnen. Qualität, Lautstärke, Volumen und Resonanz der Schwingungen unterscheiden sich. Das Geräusch meiner Geschirrspülmaschine, das an einen Regenschauer erinnert, klingt völlig anders als die breiter gefächerte Skala der Frequenzen und Töne, die mein Hund von sich gibt.

Die Schwingungen gelangen vom Mittelohr durch das schneckenförmige, mit Flüssigkeit gefüllte Innenohr, *Cochlea* genannt. Die mikroskopisch feinen Sinneshärchen im Innenohr wandeln die Bewegung der Flüssigkeit in elektrische Energie um. Diese Energie wird von den Haarzellen an den Hörnerv übertragen. Der Hörnerv leitet die elektrischen Signale automatisch an unser Gehirn weiter, um uns wissen zu lassen, dass jetzt beispielsweise kein Mann, sondern eine Frau im Fernsehen spricht. Die Frequenz von Frauenstimmen rangiert auf der Skala zwischen 139 und 1108 Hertz, Männerstimmen zwischen 78 und 698 Hertz. Aus dem umfangreichen Katalog mit weiblichen Persönlichkeitsprofilen, die wir in den Datenbanken unseres Gehirns eingespeichert haben, können wir anhand der Stimmeigenschaften und durch Rhythmus und Modulation der Worte erkennen, wer spricht, zum Beispiel in welchem Maß sie durch die Nase spricht oder ob sie einen Akzent hat, und wenn ja, welchen. Wir sind sogar in der

Lage, den Gefühlszustand hinter den Worten zu erfassen, wobei Volumen, Tonhöhe und Sprechtempo wichtige Anhaltspunkte bieten. Wir wissen auf Anhieb, ob uns die Botschaft gefällt und ob wir sie des Zuhörens für wert befinden.

Die Worte selbst – egal ob es um Aktienkurse, politische Analysen oder Sportergebnisse geht – beinhalten zwar Informationen, dienen aber vorrangig dazu, unsere Annahmen hinsichtlich der Identität der Sprecherin, zu denen wir ausschließlich aufgrund der Stimmmerkmale gelangt sind, zu stützen. Gleichzeitig nimmt das Gehirn Geräusche vom Hund, vom Geschirrspüler und von der Straße wahr, ohne dass durch den Massenansturm ein Chaos entsteht; es bestätigt und akzeptiert in aller Gelassenheit, dass es sich um einen typischen Samstagabend handelt.

Bei Jane Sokol Shulman, Patientin in der Klinik, in der ich arbeite, trat bereits während der Grundschulzeit ein allmähliches Nachlassen des Hörvermögens ein. Mit siebzehn merkte sie, dass sie die feinen Unterschiede zwischen den Sprachklängen nur noch schwer unterscheiden konnte. In den folgenden zwei Jahrzehnten wurde die Einschränkung des Hörvermögens immer gravierender. Obwohl sie ausgezeichnet von den Lippen ablesen konnte, war sie während ihrer beruflichen Ausbildung von Hörgeräten abhängig. Mit siebenunddreißig Jahren war sie trotz hochleistungsfähiger Verstärker nicht mehr in der Lage zu telefonieren. In der Zwischenzeit hatte sie ihre Taubheit akzeptiert und übernahm den Vorsitz der Bostoner *Association of Late-Deafened Adults* (ALDA), eine Organisation für Erwachsene mit erworbener Taubheit.

Obwohl sich Jane mit ihrem neuen Leben ausgesöhnt hatte, sehnte sie sich nach der Welt der Töne. Sie war auf die Möglichkeit einer *Kochlear-Implantation* aufmerksam geworden, ein operativer Eingriff, mit dem man das Hörvermögen teilweise wiederherstellen kann. Jane wusste von anderen Personen mit erworbener Taubheit, dass die Ergebnisse unterschiedlich waren und die Rehabilitation unter Umständen eine harte Zeit war.

Doch das Lippenlesen war anstrengend und schränkte ihre beruflichen Optionen ein. Das Gefühl der Isolation und Ausgrenzung, das sie in Gegenwart ihrer hörfähigen Freunde empfand, war unerträglich geworden. 1997 entschloss sich Jane, den Eingriff durchführen zu lassen.

Wenige Wochen später hatte ich die Gelegenheit, an einer Reha-Sitzung teilzunehmen. Janes Beschreibung, wie sie ihr Hörvermögen wieder entdeckte, fesselte mich. Sie berichtete:

Wie es war, wieder hören zu können? Das erste Wort, das mir einfällt, ist *merkwürdig*, und das zweite, *ein Wunder* ... Die größte Überraschung war die Hörschärfe. Ich war nicht darauf vorbereitet, sogar die leisen Töne wahrzunehmen; es war ein richtiger Schock. Das Wissen, dass ich Schritte hinter mir hören konnte oder den Warnton, wenn ich aus meinem Auto aussteigen wollte und das Licht angelassen hatte, gab mir ein Gefühl der Sicherheit. Vogelgezwitscher, Regen, raschelndes Papier – ich wurde wieder mit den unterschwelligen Geräuschen vertraut, die bewirken, dass wir fest in unserer Umgebung verhaftet sind. Ich entdeckte neue Geräusche, wie die Pieptöne der POS-Abbuchungsautomaten. Und mir wurde bewusst, wie furchtbar andere Geräusche sind, zum Beispiel das Lachen im Fernsehen, das auf einer gesonderten Spur aufgezeichnet ist ... Ich ertappte mich fortwährend bei dem Wunsch, mich nur noch auf die Entwicklung meines Hörvermögens zu konzentrieren, ohne die Anforderungen in Beruf, Familie und Haushalt bewältigen zu müssen. Manchmal war das Staunen oder das Gefühl, ein Wunder zu erleben, einfach überwältigend. Ich konnte hören, wie Leute hinter mir »Entschuldigung« sagten. Ein paar Worte mit Unbekannten zu wechseln war keine Anstrengung von herkulischen Ausmaßen mehr. Ich war wieder in der Lage, an den kleinen, unspektakulären Ereignissen teilzuhaben, die Menschen mit intaktem Hörvermögen für selbstverständlich halten; sie sind der soziale Klebstoff, der uns zusammenhält.

Es empfiehlt sich, die folgende Übung im Verlauf der nächsten Tagen mehrmals zu wiederholen. Selbst wenn Sie kein Musikliebhaber sind, sollten Sie objektiv zuhören. Suchen Sie sich ein Konzert im Radio aus, und testen Sie, ob Sie Stimmen, Instrumente und Harmonien isoliert wahrnehmen können. Verfolgen Sie eine einzelne Stimme oder ein Instrument so lange wie möglich. Dann richten Sie Ihre Achtsamkeit wieder auf das Zusammenspiel aller Instrumente und nehmen das Musikstück in seiner Gesamtheit auf. Machen Sie sich bewusst, dass jede Stimme als Träger der Melodie unerlässlich, aber nur ein Teil des Ganzen ist. Und nun bleiben Sie noch ein paar Minuten sitzen und führen sich die musikalische Darbietung »zu Gemüte«, ohne sie zu analysieren oder in ihre Bestandteile zu zerlegen. Lassen Sie die Musik einfach auf sich wirken. Damit erhalten Sie einen Vorgeschmack auf Zen und die Kunst des Zuhörens. Sie denken weder an die vorausgegangenen Noten noch an die nächste Passage. Sie fällen kein Werturteil über das Stück und überlegen auch nicht, wie lang es sein könnte. Sie nehmen die Musik mit jeder Faser Ihres Seins auf, tauchen ein in ihren Fluss und nehmen jede Bewegung und Veränderung wahr. Dieser mentale Abstand zur Realität von Raum und Zeit muss vorhanden sein, wenn wir einem anderen Menschen aufmerksam zuhören. Die Zeitspanne zwischen dem Empfang einer Botschaft und der Deutung ihres Inhalts zu erweitern, ist das A und O des achtsamen Zuhörens.

In China übermitteln die Schriftzeichen oder Piktogramme (vereinfachende Abbildungen von Gegenständen) komplexe Inhalte, die zur grafischen Darstellung von abstrakten Begriffen und konkreten Situationen kombiniert werden können. Das symbolische Bild für *aufmerksam zuhören* setzt sich aus den Zeichen für Ohr, Stillstehen, Zehn, Auge, Herz und Verstand zusammen. Zen-Meister Dae Gak deutet dieses Piktogramm folgendermaßen: »Wenn wir still sind, hören wir mit dem Herzen. Das Ohr ist zehn Augen wert.« Wenn wir die ganze Botschaft aufnehmen wollen, müssen sämtliche Sinne geschärft und gesammelt sein wie Rotwild, das völlig reglos verharrt und starr in die Richtung blickt, in der es einen Jäger wittert.

Versuchen Sie, wo immer Sie sich befinden, einen Moment lang auf die Geräusche zu achten, die laut oder kaum vernehmbar aus allen Himmelsrichtungen an Ihr Ohr dringen. Wir werden ständig aus einer 360-Grad-Klangkulisse »beschallt«. Pingpong aus dem Hobbyraum im Keller, Dampf aus dem Bügeleisen in der Küche, ein Musikstück von Bach am anderen Ende des Flurs und das Knarren des Rudergeräts im ersten Stock – Geräusche, die in uns das Gefühl wecken, als befänden wir uns in einer Sprechblase, inmitten eines Tonschwalls. Manche Laute oder Töne bringen Gefühle und Empfindungen deutlicher zum Ausdruck als Worte. Das Rascheln von fallenden Blättern oder Vögeln, die im Wald zwitschern, inspirieren uns zu Gedanken über die Jahreszeiten. Das leise Plätschern von Wellen ist faszinierend und beschwichtigend, wenn wir uns innerlich rastlos fühlen. Seit Jahrzehnten sind solche Geräusche, Töne oder Klänge Gegenstand der wissenschaftlichen Forschung, die nach Behandlungsmethoden gegen stressbedingte Erkrankungen sucht. Wenn wir Eistauchern auf einem See oder dem Frühlingsregen lauschen, kommen unsere Gedanken allmählich zur Ruhe. Die Wirkung tritt nicht auf der Stelle ein, und wir möchten auch nicht, dass diese Klänge wie im Flug vorübergehen, da wir sie als wohltuend empfinden. Wir könnten minuten- oder stundenlang dem Prasseln und Knistern der Holzscheite im Herd zuhören. Es heißt sogar, dass die Musik von Mozart die Intelligenz fördert.

Schon ein einziges Geräusch oder ein bestimmter Ton können eine Lawine von Gedanken und Empfindungen auslösen, die im »Fundbüro« unseres Gedächtnisses aufbewahrt sind. Der ferne Klang einer Blaskapelle weckt Kindheitserinnerungen an Prozessionen und Paraden. Das Donnern eines sich nähernden Zuges bewirkt, dass plötzlich wieder Fahrten in die Stadt, zu unserem ersten Arbeitsplatz gegenwärtig sind. Jeder kennt solche Augenblicke, wo uns bestimmte Geräusche, Töne und Klänge in eine andere Zeit und an einen anderen Ort zurückversetzen.

Ganz spontan fällt mir eine bekannte Melodie aus den sechziger Jahren ein, und schon habe ich den Duft von Schokoladenkeksen in der Nase, die mir den Mund wässrig machen, eine Spezialität meiner alten *Homewood-Flossmoor-Highschool*, und ich habe das Gefühl, wieder in der Cafeteria zu sitzen. Den Beatles-Song »Hey Jude«, der um die Mittagszeit häufig aus dem Musikautomaten erklang, bringe ich automatisch mit dem Hunger und der Erschöpfung nach dem Sportunterricht in Verbindung, der auf der anderen Seite des Korridors stattfand. Wie seltsam und machtvoll muss unser Hörvermögen sein, wenn es unser Bewusstsein mit Blitzgeschwindigkeit in eine andere Zeit und an einen anderen Ort zu versetzen mag!

Manche Töne sind erfreulicher als andere. Die weniger wohlklingenden wie Sirenen oder Pressluftbohrer verbinden wir mit dem Überleben oder der Lebensqualität. Trotz ihrer negativen Eigenschaften sind wir dankbar für das, was sie repräsentieren: In diesem Fall wird ein Feuer gelöscht und ein schadhaftes Wasserrohr repariert. Sie lenken unsere Aufmerksamkeit auf Belange, die unser Wohlbefinden betreffen. Einige sind für unser Dasein so unerlässlich, dass wir sie ungeachtet ihrer positiven oder negativen Eigenschaften vorbehaltlos akzeptieren. Alle Geräusche spielen eine Rolle dabei, unsere Umwelt auszubalancieren; jeder einzelne Ton hat eine wichtige Funktion im übergeordneten Gefüge. Können Sie sich vorstellen, dass Sie einem Kunden, der sich über die verspätete Lieferung der bestellten Ware beschwert, mit der gleichen Geduld zuhören wie Ihrer besten Freundin, die Ihnen etwas über ihren neuen Job erzählt?

Allen Tönen und Geräuschen die gleiche Aufmerksamkeit widmen zu wollen, hätte nicht nur ein Chaos zur Folge, sondern wäre möglicherweise lebensbedrohlich. In unserer modernen Informationsgesellschaft ist das selektive Zuhören – die Fähigkeit, unsere Aufmerksamkeit auf ausgewählte auditive Informationen zu richten und sie eine Zeit lang daran zu binden, während alle anderen Geräusche in den Hintergrund treten – eine wachsende Herausforderung. Wenn wir oberflächlich hinhören, laufen wir Gefahr, übereilte Entscheidungen auf der Basis von Informationsbruchstücken zu treffen, weil das alles ist, was wir verarbeitet haben. Wenn wir dagegen zu wählerisch bei den Menschen oder Programmen sind, denen wir Gehör schenken, besteht das Risiko, so anspruchsvoll und kritisch zu werden, dass wir irgendwann eingleisig denken. Das Ziel eines guten Zuhörers ist, ein Gleichgewicht zwischen den Bestrebungen zu finden, die Aufmerksamkeit zu binden und für unterschiedliche Sichtweisen offen und tolerant zu bleiben.

Die schlimmsten und bisweilen herzlosen Kräfte, die danach trachten, unser löbliches Streben nach Ausgewogenheit zunichte zu machen, sind unsere eigenen *mentalen Barrieren*. Deshalb lassen Sie uns den Weg der Selbsterkenntnis fortsetzen, um uns auf die unausweichliche Begegnung mit dem Feind in unserem Innern vorzubereiten.

4

DIE HOHEN MAUERN DES MISSVERSTÄNDNISSES

Mögen wir offen sein für ein tieferes Verstehen,
Und aufrichtige Liebe und Fürsorglichkeit
Für die Vielzahl der Gesichter,
Die nichts anderes sind als wir selbst.

WENDY EGYOKU NAKAO

Barrieren sind Ablenkungen, Vorurteile, Werturteile und vorgefasste Meinungen über eine Person und den Nutzen ihrer Botschaft. Zen-Meister bezeichnen diese Barrieren als *ungesunde mentale Strukturen, mentale Verschleierungen* oder *Unwissenheit.* Sie glauben, dass diejenigen, die sich auf dieser Welt besonders unglücklich fühlen, unter irrationalen Vorstellungen von Menschen und Ideen leiden. Sie meinen, je mehr technischen Schnickschnack, Aktien und Häuser sie ihr eigen nennen, desto glücklicher und entspannter könnten sie durchs Leben gehen. Sie sind darauf bedacht, sich mit Personen von Rang und Namen zu identifizieren und die richtigen Clubs zu besuchen in der Hoffnung, dass ein Teil des Prestiges auf sie abfärbt und ihr Selbstgefühl verbessert. Sie sind der irrigen Meinung, das Leben sei nicht mehr lebenswert, wenn sie ihr Hab und Gut verlieren würden. Solche trügerischen Gedanken blockieren den Fluss neuer Ideen, ihr schöpferisches, innovatives Potenzial. Wir erschrecken beim Anblick einer Wasserschlange, nur um bei genauerem Hinsehen festzustellen, dass es sich um einen Bindfaden handelt, der in einer Pfütze liegt. Derartige Trugbilder sind nicht nur ein Produkt unseres kollektiven Bewusstseins, das von einer Generation zur nächsten weitergegeben wird, sondern werden durch eigene Marotten ergänzt, so dass es uns gelingt, die Wahrnehmung noch mehr zu verzerren. Statt einer gewöhnlichen Wasserschlange sehen wir nun eine tödliche Viper.

Um zu sehen, wer wir wirklich sind, und uns der Barrieren bewusst zu werden, die wir zwischen uns und anderen errichten, müssen wir zuerst eine innere Einstellung entwickeln, die gutes Zuhören fördert. Zen zielt unter anderem darauf ab, die Wahrnehmung für das eigene Handeln zu schärfen und unsere vorprogrammierte Neigung, vorschnell ein Werturteil über andere zu fällen.

Diese Barrieren können die Form eines Filters annehmen: nur »handverlesene« Worte und Ideen werden an das Bewusstsein weitergeleitet, während weniger vertraute und unliebsame Botschaften ausgeblendet werden. In Folge dieser Zensur erreichen nur Informations*bruchstücke* ihr Ziel, überwiegend die angenehmen, die mit unseren Klischeevorstellungen übereinstimmen. Vorurteile und falsche Vorstellungen verursachen viel Leid und Unzufriedenheit in unserem Leben. Es sind weniger die Barrieren selbst, die Kommunikationskatastrophen heraufbeschwören, als vielmehr die damit verbundenen Gefühle – Eifersucht, Hass und Missgunst. Wie Unkraut im Garten ersticken diese Barrieren unsere Fähigkeit, fruchtbare Beziehungen und neuartige Ideen zu entwickeln, die für frischen Wind sorgen. Die gute Neuigkeit ist, dass wir diesen hohen Mauern, die uns umgeben, entkommen können – wenn wir uns bewusst dafür entscheiden.

Nehmen wir beispielsweise eine fiktive Gruppe von Menschen, die Ihnen ein Dorn im Auge ist – die Bewohner von Batamia. Sie sind in Losmania geboren und aufgewachsen, einem Nachbar-staat, und kennen die Batamier wie ihre Westentasche. Ihre Familie, die in der x-ten Generation von reinrassigen Losmani-ern abstammt, hat die Batamier schon immer verabscheut. Ihre Eltern haben Sie auf Persönlichkeitsmerkmale der batamischen Frauen aufmerksam gemacht, die Ihnen nie aufgefallen wären. Sie haben sich inzwischen zu einem echten Experten gemausert, so dass Sie immer mehr negative Eigenschaften bei den Frauen entdecken, seit die ersten an ihrem Arbeitsplatz aufgetaucht sind. Es gab früher vielleicht einmal die eine oder andere batamische Familie in der Nachbarschaft, mit der Sie gut auskamen, aber das war die Ausnahme. Ihre Abneigung ist inzwischen so eingeschlif-fen, dass Ihnen sogar jeder verhasst ist, der wie ein Batamier *aus-sieht*. Wenn Sie an die Batamierinnen in Ihrem beruflichen Um-feld denken, fällt Ihnen auf Anhieb ein, dass sie faul sind und ständig etwas zu meckern haben. Als sich Mrs. Jones, eine ba-tamische Kollegin, über die mangelnde Unterstützung durch den Kundendienst beklagt, ignorieren Sie die Beschwerde einfach. Die Dame zu ignorieren und Ihre Augen vor dem realen Problem zu verschließen ist für Sie ein Kinderspiel. Falls ein männlicher Kollege die gleiche Beschwerde vorbringt und Sie so unter Druck setzt, dass Sie handeln, ist Vorsicht geboten: Wenn Sie Pech haben, landen Sie wegen der Diskriminierung von Frauen oder Minderheiten vor dem Kadi. Wie Sie sehen, können solche mentalen Barrieren Sie zumindest eine Menge Geld, Ihren guten Ruf und Ihre Karriere kosten.

Einige Barrieren sind so unüberwindbar dass bestimmte Personen nicht einmal in »Hörweite« gelangen. Religiöse Fana-tiker oder glühende Verfechter einer guten Sache sind oft nicht gewillt, den Standpunkt eines Menschen mit anderen Überzeu-gungen auch nur in Betracht zu ziehen. Deshalb sollten wir uns fragen: Warum verschließen wir unsere Ohren vor solchen Informationen? Offenbart eine andere Anschauung verborgene Ängste in uns? Beunruhigt uns der Gedanke, dass wir dadurch gezwungen sein könnten, unsere eigene Sichtweise zu ändern?

Löst sich unsere Fähigkeit, Nein zu sagen, mir nichts dir nichts in Luft auf, wenn wir jemandem ein paar Minuten Zeit und die Möglichkeit geben, seinen Standpunkt darzulegen?

Wenn Sie von Haus aus zur Schwarzseherei neigen, haben Sie vielleicht Angst vor jeder Veränderung, weil damit der Status quo empfindlich gestört wird. Ihr Chef und Ihre Lebenspartnerin können Ihre Weltuntergangsstimmung nicht nachvollziehen, und Ihre Freunde suchen das Weite. Wenn das Glas in Ihren Augen gleichwohl nicht halbleer sondern halbvoll ist, kann Veränderung »Chance« bedeuten: die Chance, einen interessanteren Job zu finden, eine Partnerin, die besser zu Ihnen passt, und Freunde, die Sie unterstützen, statt sich ständig mit Ihnen zu messen. Solche Blockaden können unsere Kreativität hemmen und das Repertoire unseres Wissens einengen. Außerdem drängen sie sich oft dermaßen in den Vordergrund, dass sie unsere Aufmerksamkeit und Konzentrationsfähigkeit beeinträchtigen.

Die unzähligen Situationen, in denen wir die Chance haben, aufmerksam zuzuhören, lassen sich zwei Kategorien zuordnen, je nachdem, was im Vordergrund steht: Ereignisse (Präsentationen, Vorträge) und Menschen. Bei Letzteren gilt es, zwischen Leuten zu unterscheiden, denen wir gerne zuhören, und solchen, denen wir nicht zuhören wollen – auch wenn wir wissen, dass wir es eigentlich sollten. Wenn wir zuhören *wollen*, müssen nur wenige Hindernisse überwunden werden, damit uns die Botschaft erreicht. Wir freuen uns über gute Musik, einen lustigen Witz oder eine Diskussion über unser liebstes Hobby. Es ist optimal, wenn wir das hören wollen, was wir hören *sollten,* zum Beispiel die Worte eines Menschen, der uns nahe steht, oder einen Vortrag, zu dem wir uns angemeldet haben. Wenn wir es vorziehen etwas nicht zu hören, gibt es dafür oft gute Gründe. Vielleicht gellt die Stimme in unseren Ohren, oder wir empfinden die Botschaft als beleidigend oder uninteressant. Unsere inneren Barrieren zeichnen sich klarer ab, wenn wir das Gefühl haben, wir *sollten* zuhören, obwohl wir *nicht wollen*: einem verärgerten

Mitarbeiter, dem ständigen Gejammer unserer heranwachsenden Tochter, dass sie nichts Anständiges zum Anziehen hat, oder wenn es um den neuen Qualitätsstandard in unserem Unternehmen geht. Wenn wir in solchen Situationen nicht richtig zuhören, müssen wir unter Umständen mit ziemlich unangenehmen Folgen rechnen. Und wenn wir die Folgen nicht ignorieren können, sind wir gezwungen, zuzuhören.

Was hindert uns daran, die ganze Botschaft in Situationen aufzunehmen, in denen wir zuhören sollten? Und warum gelingt es uns nicht, einen Standpunkt zu akzeptieren, der von unserem eigenen abweicht? Der Grund sind unsere inneren Barrieren: Sie können uns völlig logisch erscheinen und bewirken, dass wir unsere Ohren verschließen. Warum hören Sie nicht, wenn Sie Probleme mit Ihrem Partner haben, auf einen Eheberater, der früher selbst Alkoholiker war und zum zweiten Mal verheiratet ist? Bevor Sie mental die Flucht ergreifen, sollten Sie einen Moment innehalten und überlegen, dass dieser Mann vielleicht mehr gesunden Menschenverstand besitzt und über Beziehungen weiß als jemand, der eine Ehe krampfhaft aufrechterhält, obwohl er todunglücklich ist. Könnte es nicht sein, dass er im Zuge seiner Rehabilitation mehr Erfahrung, und zwar aus erster Hand, mit der Aufarbeitung der Suchtproblematik gesammelt hat als jemand, für den Alkohol nie ein Thema war? Wer weiß, vielleicht hat er seine erste Frau in Folge von Umständen verloren, die sich seinem Einfluss entzogen? Wäre es nicht besser, ihm eine Chance zu geben?

Den Nebel der Ablenkungen und persönlichen Vorurteile zu lichten, um die Botschaft zu hören, ist für den Hörer eine Herausforderung. Wenn wir die Hindernisse kennen, die uns den Weg versperren, können wir besser mit ihnen umgehen. Wir sind wahrscheinlich nicht sofort in der Lage, sie zu beseitigen, denn viele wurzeln in psychischen Programmierungen, die uns seit frühester Kindheit eingetrichtert wurden. Doch da wir unsere Barrieren wahrnehmen und ihren unheilvollen Einfluss in vielen Lebensbereichen zu spüren bekommen, werden sie transparenter. Wenn dieser Punkt erreicht ist, können wir uns über sie »hinwegsetzen« und damit beginnen, aufmerksam zuzuhören. Zu den Mauern, die verhindern, dass wir die volle Botschaft aufnehmen, gehören:

- Hintergrundgeräusche
- Statusdenken
- Vorurteile bezüglich Geschlecht, ethnischer Zugehörigkeit und Alter
- Physisches Erscheinungsbild
- Frühere Erfahrungen
- Persönliche Zielsetzungen, oft verborgen
- Konzentration auf das Ergebnis statt auf das Zuhören
- Negativer innerer Dialog

Viele dieser Hindernisse haben ihren Ursprung im Elternhaus, in unserer Kultur und in den Medien. Sie beginnen als Vorlieben (was mögen wir lieber, Äpfel oder Orangen?) und ufern zu starren Ansichten aus.

Es ist menschlich, Vorlieben und Anschauungen zu haben. Die Probleme beginnen erst, wenn wir uns gezwungen fühlen, unsere Meinung auf Biegen oder Brechen zu verteidigen und dabei Hinweise, die für das Gegenteil sprechen, geflissentlich zu übersehen. Die Folge sind Streitsucht und aggressives Verhalten. Schon Voltaire hat gesagt: »Festgefügte Meinungen haben mehr Kummer und Verdruss in der Welt verursacht als alle Seuchen und Erdbeben zusammen.«

Einige unserer Barrieren sind das Produkt einer Gehirnwäsche im Miniaturformat, die unsere Realität geworden ist. Vorurteile, die wir aus Fernsehen, Kinofilmen und Elternhaus kennen, setzen sich unbewusst in uns fest und schaffen unnötiges Leid. Den meisten von uns graut vor dem Montagmorgen, weil er einen schlechten Ruf hat. Wir geben uns die größte Mühe, dieses Image bis in alle Ewigkeit zu zementieren: Oft quälen wir uns schon am Sonntagabend mit dem Gedanken an die Arbeit, die auf uns wartet, und malen uns ein Katastrophenszenario nach dem anderen aus, das uns den Montag verderben könnte. Der Montag kommt, und wir stöhnen automatisch, wenn der Wecker klingelt, und verfluchen den Autofahrer, der auf unserem Parkplatz steht. Der Montag ist zum Problemtag geworden, weil wir immer wieder dafür sorgen, dass sich die Prophezeiung erfüllt. In Wirklichkeit ist er keinen Deut schlechter als alle anderen Wochentage; eigentlich müssten wir nach dem Wochenende sogar ausgeruhter sein, und mittwochs oder donnerstags sehen wir uns vermutlich anderen, aber ähnlichen Ärgernissen oder Herausforderungen gegenüber. Der einzige Unterschied ist, dass wir den Mittwoch oder Donnerstag nicht durch die Brille der Vorurteile sehen, die anerzogen oder von uns selber entwickelt wurden.

Zum Glück müssen wir die Alternativen nicht verschmähen, wenn wir bestimmte Vorlieben haben. Unsere Hände sind ein anschauliches Beispiel. Als Rechtshänder ignorieren Sie die linke Hand nicht oder lehnen sie ab, nur weil sie nicht benutzt wird, um zu schreiben, einen Tennisschläger zu halten oder einen Nagel einzuschlagen. Für die meisten Aktivitäten brauchen wir ohnehin beide Hände. Wenn ich spüre, dass bestimmte Vorlieben mein Hörvermögen beeinträchtigen, denke ich an meine Hände und dass ich von beiden abhängig bin, um den Alltag zu bewältigen. Diese Ausgewogenheit sollten wir schaffen, wenn es ums Zuhören geht.

Dr. Marshall Rosenberg schildert in seinem Buch *Nonviolent Communication*, wie schwierig es ist, zwischen der *Beobachtung* einer Situation oder Person und ihrer *Bewertung* zu unterscheiden. Rosenberg bezeichnet unseren Hang, gleichzeitig zu beobachten und zu bewerten, als »Kommunikation, die uns dem Leben entfremdet.«

Wenn wir beispielsweise jemanden hören, der über das Thema Wirtschaft spricht, achten wir gleichzeitig auf Aussehen, persönliche Eigenheiten, Stimme, Geschlechtszugehörigkeit, Alter usw. und lassen diese Beobachtungen durch unseren persönlichen Filter passieren, wo sie ausgesiebt werden. Schon nach wenigen

Sekunden haben wir uns ein Urteil gebildet, ob es sich lohnt zu-zuhören (die Wahrscheinlichkeit ist größer, wenn die Meinungen übereinstimmen). Können Sie sich vorstellen, wie es wäre, wenn wir einfach nur zuhören würden, ohne vorschnell zu urteilen oder zu werten? Der indische Meister Jiddu Krishnamurti sagt: »Be-obachten ohne zu bewerten ist die höchste Form der Intelligenz.«

Wir sind vielleicht nicht in der Lage, diese hohen Mauern völ-lig abzutragen, aber wir können besser verstehen, warum wir keinen Draht zu bestimmten Personen finden und einige sich schwer tun, Kontakt mit uns zu knüpfen. Diese mentalen Bar-rieren beeinträchtigen außerdem das flexible Denken. Die Fähig-keit, eine flexible Weltsicht zu entwickeln, ist wiederum mit unserer Fähigkeit gekoppelt, Veränderung in der häuslichen Um-gebung oder am Arbeitsplatz zu akzeptieren und sich ihr anzu-passen. Einige dieser Mauern, die wir errichtet haben, lassen sich leichter abbauen als andere. Denken Sie an die Leute, denen Sie nicht gerne zuhören, obwohl Sie ihnen eigentlich *sollten*. Ver-suchen Sie, die Barrieren auszumachen, die ein aufmerksames Zuhören am häufigsten verhindern.

Ziehen Sie zuerst die offensichtlichen Hürden in Betracht. Wie können wir erwarten, mit dem Sprecher »geistig zu ver-schmelzen« (wie Mr. Spock, der langohrige Vulkanier aus *Raumschiff Enterprise*, gesagt hätte), wenn Fernseher oder Ra-dio in voller Lautstärke laufen oder die Hintergrundgeräusche im Büro nicht abstellbar sind? Normalerweise sprechen Men-schen mit einem Volumen von etwa sechzig bis siebzig Dezi-bel. Der Lärmpegel im Büro – Kollegen, die sich nebenan unter-halten, nur durch dünne Spanplatten getrennt, das Rascheln von Papier, das Summen diverser Geräte – kann mit diesem Volumen um unsere Aufmerksamkeit wetteifern und bisweilen den Sieg davontragen, so dass die Stimme des Sprechers unter-geht. Wir wissen alle, wie anstrengend es ist, sich in einer lau-ten Bar oder bei einer Hochzeitsfeier zu unterhalten, wo sich am Ende sogar diejenigen anschreien müssen, die sich am Tisch gegenübersitzen, um die Kapelle zu übertönen. Eine Geste der

Höflichkeit gegenüber dem Sprecher wäre, dafür zu sorgen, dass derartige Ablenkungen wegfallen. Wenn wir in einer solchen Situation Wert auf ein gehaltvolles Gespräch legen, sollten wir uns einen Ort aussuchen, an dem wir ungestört sind, oder die Geräuschquelle ausschalten. Obwohl wir zwei Ohren haben, können wir uns nicht zweiteilen, wenn es gilt, unsere Aufmerksamkeit zu konzentrieren.

Apropos, wie gut hören Sie? Die American *Speech and Hearing Association* schätzt, dass in Amerika mehr als dreißig Millionen Menschen unter einem Hörschaden leiden, der behandelt werden könnte. Eine hervorragende Möglichkeit, Informationen anderer abzublocken, besteht darin, ein Hörproblem zu ignorieren, das durch Entfernen von Ohrenschmalz oder mittels Hörgeräten oder Hörhilfen beseitigt werden könnte. Hörhilfen stellen das Hörvermögen nicht wieder her, aber sie maximieren die noch vorhandene Hörfähigkeit. Ungefähr sechs Millionen Amerikaner benutzen Hörhilfen. Weitere sieben bis acht Millionen würden davon profitieren, verzichten aber darauf. Dank der technologischen Fortschritte in den vergangenen Jahren wurden inzwischen digitale Hörhilfen mit enorm verbesserter Klangqualität entwickelt. Vielen wäre mit Hörhilfen wie Telefonadapter, Sprachverstärker, Frequenzmodulationssystemen in Kinos, Schrifteinblendungen im Fernsehen und Geräten, die Alarmsignale aussenden, »geholfen«. Lippenlesen, in der Regel von Audiologen und Sprachtherapeuten erlernbar, ist eine weitere Möglichkeit, die Kommunikation in einem Zweiergespräch zu verbessern.

Für viele Kinder und Erwachsene mit erworbener Taubheit in Folge einer Schädigung des Hörnervs ist ein *Kochlear-Implantat* mit einem äußerlich getragenen Sprachprozessor optimal, der die noch funktionstüchtigen Sinneszellen im Innenohr stimuliert. Obwohl natürlich (wie bei jedem chirurgischen Eingriff) Risiken zu bedenken sind, wird das *Kochlear-Implantat* von der *American Medical Association* als Standardbehandlung bei einem hochgradigen Hörschaden empfohlen.

Tinnitus – Klingeln im Ohr und Geräusche im Kopf – wird allem Anschein nach durch Lärm und Stress verursacht. Tinnituspatienten beschreiben, dass sie ständig ein Summen, Dröhnen, Zischen oder Pfeifen hören. Dieses nervtötende Gesundheitsproblem kann die Fähigkeit, sich auf das gesprochene Wort zu konzentrieren, erheblich mindern. Die Amerikanische Tinnitus-Gesellschaft ATA hat festgestellt, dass über zwölf Millionen Amerikaner an dieser Krankheit in ihrer schlimmsten Ausprägung leiden, und andere in geringerem Ausmaß davon betroffen sind. Derzeit gibt es noch kein Heilmittel, aber einige Medikamente und therapeutische Maßnahmen können den Umgang mit Tinnitus erheblich verbessern.

Wenn Sie oder andere vermuten, dass Sie ein Hörproblem haben, oder wenn Sie Anzeichen von Tinnitus oder fortschreitender Taubheit bei sich entdecken, sollten Sie einen Ohrenarzt und einen Audiologen aufsuchen. Diese Fachleute können Ihnen am besten bei der Entscheidung helfen, welche Behandlungsform für Sie in Frage kommt. Bis dahin stellen Sie das Fernsehgerät leiser, schließen die Tür oder suchen sich ein ruhiges Plätzchen, damit Sie *hören* können, was gesagt wird. Ist Ihr Hörvermögen beeinträchtigt, zögern Sie nicht, andere zu bitten, laut *und* deutlich zu sprechen. Vor allem am Telefon ist eine deutliche Aussprache oft hilfreicher als eine Erhöhung der Lautstärke, die eine Botschaft zusätzlich verzerren kann. Wenn Sie hörgeschädigte Familienangehörige oder Freunde haben, sprechen Sie deutlich und wenden Sie ihnen das Gesicht zu; damit ersparen Sie sich Wiederholungen und strapazieren nicht unnötig Ihre Stimme. Außerdem schaffen Sie mit dieser rücksichtsvollen Geste eine Kommunikationsverbindung, die sonst verloren ginge.

Eine der hartnäckigsten Barrieren für das Zuhören, die dem Sprecher buchstäblich die Tür vor der Nase zuschlägt, ist das Statusdenken. Das erinnert mich an eine Geschichte über Titel: Eines Tages suchte der Statthalter von Kyoto den Zen-Meister Kiechu auf. Der hohe Gast wurde von seinem Diener angekündigt, der dem Meister eine Karte mit der Aufschrift »Kitagi, Statthalter von Kyoto« überreichte. ›Mit einem solchen Menschen habe ich nichts zu schaffen!‹, erklärte Keichu kurz angebunden. Als der Diener seinem Herrn Keichus Antwort überbrachte, nahm dieser einen Federhalter, strich die Worte *Statthalter von Kyoto* durch und trug ihm auf, die Karte noch einmal vorzulegen. Als Keicho sie sah, rief er aus: ›Oh – Kitagaki! Es ist mir eine Ehre, ihn zu empfangen!‹

Statusdenken verhindert aufmerksames Zuhören zwischen Reich und Arm, Arzt und Patient, Management und Belegschaft. Der Leiter einer großen Abteilung, der sich auf dem Egotrip befand und gerne seine Macht auskostete, verlangte von seinen Mitarbeitern, dass sie ihm durch die Gänge folgten, wenn sie Fragen an ihn hatten oder ihm eine Idee unterbreiten wollten. Er stellte selten Blickkontakt zu seinen Untergebenen her und ging immer ein paar Schritte vor ihnen, während sie mit ihm sprachen. In Gegenwart seiner gleichrangigen Kollegen oder Vorgesetzten fanden plötzlich spektakuläre Veränderungen in seiner Stimme und Körpersprache statt. Er sah ihnen in die Augen, lächelte und nickte nach jeder Bemerkung oder bei jedem Vorschlag. Er lachte lauthals über jeden Scherz und bedankte sich überschwänglich für ihre einzigartigen Erkenntnisse (die seine Mitarbeiter häufig schon vorher zum Ausdruck gebracht hatten, von ihm aber ignoriert oder abqualifiziert worden waren). Dummerweise entging die wundersame Verwandlung seiner Belegschaft nicht. Er führte seine Mitarbeiter durch strikte Kontrolle und pochte auf seinen Status, um ihrer Kooperationsbereitschaft auf die Sprünge zu helfen. Infolgedessen war die Kündigungsrate hoch und die Arbeitsmoral niedrig.

Wenn wir Loyalität, kreative Beiträge und eine positive Einstellung bei unseren Mitarbeitern, Kindern oder Kunden fördern wollen, müssen wir jeden Einzelnen mit Höflichkeit und Respekt behandeln. Das tun wir, wenn wir uns vor Augen halten, dass jeder Mensch allein aufgrund seiner individuellen Lebenserfahrungen nützliche Informationen besitzt, die er weitergeben könnte. Wir alle möchten das Gefühl haben, dass unsere Meinung geschätzt wird.

Wenn wir genau hinhören, erfahren wir, was unsere Mitarbeiter motiviert, und können ihnen helfen, persönliche Spitzenleistungen auf dem Gebiet zu erbringen, das ihnen am meisten liegt; damit schaffen wir ein Arbeitsumfeld, das mehr Zufriedenheit und Erfüllung bietet. Wenn wir uns die Zeit nehmen, uns hinzusetzen und dem Sprecher das Gesicht zuzuwenden, bekunden wir ihm unsere Wertschätzung. Wenn wir ihn ausreden lassen, ohne ihn zu unterbrechen, und Blickkontakt halten, bezeigen wir ihm unsere Achtung. Wenn wir jemanden anspornen, seinen Beitrag zu leisten, geben wir ihm das Gefühl, dass er aktiv am Ideen- und Meinungsaustausch beteiligt ist. Sam Walton, der verstorbene Wirtschaftstycoon und Gründer der amerikanischen Wal-Mart-Kette, hat einmal gesagt: »Der Schlüssel zum Erfolg besteht darin, in die Filialen zu gehen und zuzuhören, was die Mitarbeiter zu sagen haben. Es ist ungeheuer wichtig, jeden Einzelnen einzubeziehen. Unsere besten Ideen stammen von unseren Verkäufern und Lageristen.« Wenn wir die Statusunterschiede auf diese Weise neutralisieren, schaffen wir eine Atmosphäre, die das Interesse am Gemeinwohl und eine hohe Arbeitsmoral fördern.

Viele Menschen haben Minderwertigkeitskomplexe gegenüber ihrem Arzt. Dr. Bernard Lown schreibt in seinem Buch *The Lost Art of Healing*: »Heilen setzt eine Beziehung voraus, die von Gleichberechtigung geprägt ist.« Können Sie sich eine Situation vorstellen, in der das Zuhören wichtiger wäre als im Gespräch zwischen Arzt und Patient? Manche fühlen sich durch den Statusunterschied so klein und eingeschüchtert, dass sie sich nicht trauen, um eine verständliche Erklärung zu bitten, oder ihre Sorge um ihre Gesundheit auszudrücken. Es kann natürlich auch am Arzt liegen, wenn kein Vertrauensverhältnis entsteht und wir uns als Patient unwichtig vorkommen. Wir spüren, dass man auf uns herabsieht, und zögern, Informationen preiszugeben, die für die Diagnose von Bedeutung wären. Da Ärzte heute zunehmend wegen Kunstfehlern belangt werden können, sollten die Gesundheitsexperten eigentlich Meister in der Kunst des achtsamen Zuhörens sein. Patienten sind weniger geneigt, den Rechtsweg zu beschreiten, wenn sie das Gefühl haben, dass die Entscheidung für eine Behandlung nicht nur nach bestem Wissen und Gewissen getroffen wurde, sondern der Arzt auch seiner *Fürsorge*pflicht nachgekommen ist. Gesundheitsorganisationen mit Wettbewerbscharakter sind sich der Notwendigkeit bewusst, sensibel für die Kommunikationsbedürfnisse der Belegschaft und der Patienten zu sein.

Bei einer Tagung hörte ich zufällig folgende Bemerkungen: ›Wow, diese Kundendienstleiterin bei Firma X war Klasse! Ich wünschte, ich wäre gleich bei ihr gelandet. Stellt euch vor, sie hat mir zugehört, ohne mich zu unterbrechen! Es hat nur zehn Minuten gedauert, dann war das Problem behoben und ich wieder weg!‹ Firma X hat gelernt, dass Zuhören nicht nur ein Zeichen des Respekts, sondern ein Aushängeschild ist, mit dem man Kunden gewinnt und hält. Das Gefühl der Wertschätzung als Kunde steht in krassem Gegensatz zu der unpersönlichen Lass-mir-bloß-meine-Ruhe-Einstellung, die heute im Dienstleistungsbereich vorherrscht. Im Geschäftsleben gilt: Je größer die emotionale Distanz zu unseren Kunden, desto leichter springen sie ab und wechseln zu Herstellern und Dienstleistern, die ihnen ein gutes Gefühl vermitteln. Sie haben sich vielleicht für unser Unternehmen entschieden, weil es schneller ist als die Konkurrenz, aber die Art, wie sie von uns behandelt werden, widerstrebt ihnen. Es braucht nur ein Wettbewerber aufzutauchen, der schneller und freundlich ist – und schon sind Sie weg vom Fenster!

Manchen behagt der Gedanke nicht, dass wir unser Ego hintansetzen müssen, um richtig zuzuhören und Einblick in die Sichtweise anderer zu erhalten. Wir haben Angst, Schwäche zu zeigen, wenn wir den Schutzpanzer der Rolle ablegen, die zu spielen wir gelernt haben. Wir haben das Gefühl, es sei riskant, zu viel Nähe zu Mitarbeitern, Kunden oder Familienangehörigen zuzulassen.

Oder wir fürchten, unsere Objektivität einzubüßen. Wenn man dem Psychologen Abraham Maslow Glauben schenken darf, besitzt nur ein Mensch, der sich selbst verwirklicht hat, die Selbstsicherheit, sein Kommunikationspotenzial in vollem Umfang zu entfalten. Wer sich auf dem Weg zur Selbstverwirklichung befindet, hat kein Problem damit, seine Gedanken mit denen anderer zu »verschmelzen«, und keine Angst vor einem Identitätsverlust. Diese Fähigkeit erwächst nicht aus der Anwendung von Techniken, die man in einem Seminar gelernt hat, sondern basiert auf einem stabilen Selbstbild und aufrichtigem Respekt vor dem Standpunkt eines anderen Menschen. (Auf das Thema Selbstverwirklichung gehen wir später noch ausführlicher ein.)

Wenn wir uns selbst zuhören, wenn wir Worte und einen Tonfall wählen, die eine Verständigung mit unserem Gesprächspartner erleichtern, tragen wir dazu bei, Statusbarrieren niederzureißen. Benutzen Sie beispielweise häufig Ihren »Fachjargon« oder einen Wortschatz gegenüber Kunden und Klienten, die keine Ahnung von der Materie haben? Könnte man Ihren Tonfall für abfällig oder kalt halten? Das Fachwissen bewusst »heraushängen lassen« ist das ultimative Mittel der Informationskontrolle, das die Kluft zwischen Beratern und Kunden/Klienten ständig vergrößert. Wenn man absichtlich Begriffe benutzt, die der Gesprächspartner nicht kennt, erreicht man das Gegenteil von kommunizieren: Man schafft eine Barriere, die eine für den Kunden befriedigende Interaktion verhindert. Bedauerlicherweise nicken viele, die mit Fachbegriffen bombardiert werden, stumm mit dem Kopf, weil sie sich keine Blöße geben wollen, und sind nach der Beratung genauso »schlau« wie vorher. Der unsensible Berater ist seinerseits restlos überzeugt, dass er den Kunden oder Klienten nicht nur beeindruckt, sondern ihm den Sachverhalt auch klar gemacht hat.

Wenn Sie es mit einem Berater zu tun haben, der in höheren Sphären schwebt, sollten Sie sich an die Faustregel halten, ihn auf den Boden der Tatsachen zurückzubringen: »Entschuldigung, aber ich bin kein Anwalt (Wirtschaftsprüfer, Arzt). Bitte erklären

Sie mir das Ganze noch einmal so, dass es für einen Laien verständlich ist.« In solchen Fällen erfolgt meistens eine »Übersetzung«, die Sie verstehen, was wiederum bewirkt, dass Sie mit der Dienstleistung zufrieden sind. Damit sparen Sie außerdem Zeit. (Und wecken den Berater aus seinem »Dornröschenschlaf«. Die Botschaft, dass Sie zu ihm gekommen sind, um einen Gegenwert für Ihr Geld zu erhalten, und nicht, um sich beeindrucken zu lassen, kommt an. Beim nächsten Kunden achtet er vielleicht mehr auf seine Worte.)

Referenten, die ihre Seminare geben oder eine breite Öffentlichkeit informieren wollen, sollten diese Kommunikationsfalle unbedingt vermeiden. Sie sollten sich vorher kundig machen, wer Ihre Zuhörer sind. In welchem Maß sind sie mit Ihrem Thema vertraut? Wahrscheinlich würden sie nicht in Ihren Vortrag kommen, wenn sie den Fachjargon genauso gut kennen wie Sie. Achten Sie darauf, zumindest die wichtigsten Begriffe mit einfachen Worten zu erklären, bevor Sie anfangen, in die Tiefe zu gehen.

Falls eine dieser Statusbarrieren verhindert, dass Sie eine Botschaft empfangen oder rüberbringen, sollten Sie die Goldene Regel des Zuhörens anwenden: Hören Sie so zu, wie Sie möchten, dass man Ihnen zuhört. Und wenn Sie beratend tätig sind, sprechen Sie so, wie Sie möchten, dass man mit Ihnen spricht.

Schon bei der ersten Begegnung fällen wir ein Werturteil und überlegen, ob es sich lohnt, dieser Person zuzuhören. Wenn sie nicht bestimmten persönlichen Kriterien entspricht, verblassen ihre Worte zunehmend, bis unsere eigenen Gedanken unsere ganze Aufmerksamkeit in Anspruch nehmen. Die verborgene »Checkliste«, nach der wir die Spreu vom Weizen trennen, schließt Vorurteile bezüglich ethnischer Zugehörigkeit, Geschlecht und Alter ein. Einige Leute beurteilen andere nach der Kleidung oder dem äußeren Erscheinungsbild. So mancher Spendensammler kann ein Lied davon singen, wie sehr der Schein oft trügt: jemand, dessen Kleidung aussieht, als hätte er selbst ein Almosen nötig, leistet einen großzügigen Beitrag zum

Bau des neuen Kinder-Krebszentrums. Vorurteile, die sich auf derartige Oberflächlichkeiten stützen, können uns teuer zu stehen kommen, wenn wir jemand falsch eingeschätzt haben.

Eine andere weit verbreitete Hürde beim Zuhören sind physische Behinderungen. In unserer Kindheit wurde uns vielleicht beigebracht, dass Menschen, die nicht gehen können, entstellt oder blind sind, Mitleid verdienen. Es galt als unhöflich, sie anzustarren, ein Gebot, das uns widerstrebte, weil es Angst oder Neugierde weckte. Der Umgang mit einem behinderten Menschen, der unter einem Kommunikationsdefizit litt, hat uns dann zu der Annahme geführt, Körperbehinderung und geistige Behinderung seien ein und dasselbe. Solche Klischees können bis ins Erwachsenenalter überdauern. Diejenigen, die im Gesundheitswesen tätig sind, konnten diese Barriere bis zu einem gewissen Grad durchbrechen; viele Behinderte würden darin übereinstimmen, dass ihre physische Beeinträchtigung sogar Gesundheitsexperten beeinflusst, andere medizinische Probleme weniger ernst zu nehmen. Da behindertengerechte Einrichtungen heute immer mehr die Norm werden, nehmen auch die Möglichkeiten zu, in Kontakt mit Behinderten zu kommen. Eine wachsende Anzahl von Behinderten nutzt außerdem die Gelegenheit, solche Klischeevorstellungen durch ihre Medienpräsenz aus der Welt zu schaffen. Der Schauspieler Christopher Reeves – seit einem Sturz vom Pferd querschnittgelähmt – und Stephen Hawking, ein genialer Physiker und Autor von *Eine kurze Geschichte der Zeit,* der durch Muskelschwund (Lou-Gehrig-Krankheit) an den Rollstuhl gefesselt ist, haben ihre Behinderung nicht vor dem Blick der Öffentlichkeit verborgen. Sie tragen dazu bei, falsche Vorstellungen über Körperbehinderte zu zerstreuen. Nach meiner Erfahrung gibt es mehr Nicht-Behinderte als Behinderte mit Kommunikationsstörungen. Die wahre Behinderung liegt in dem Bild, das wir uns von einem Menschen machen. Das gilt für alle mentalen Barrieren, die das Zuhören erschweren.

Es kann vorkommen, dass uns frühere negative Erfahrungen im Umgang mit einem Menschen beeinflussen oder wir aus unerklärlichen Gründen auf Anhieb eine Abneigung gegen eine bestimmte Person haben. (Vielleicht reden wir uns ein, dass sie in einem früheren Leben unser schlimmster Feind war!) Lassen Sie nicht zu, dass die Vergangenheit die Gegenwart vergiftet. Benutzen Sie Ihre vergangenen Erfahrungen, um etwas über die Welt zu lernen und eine Wiederholung Ihrer Fehler zu vermeiden, aber verlassen Sie sich nicht blind darauf, dass sie ein gültiger Maßstab für die Gegenwart sind. Dadurch errichten Sie Barrieren zwischen sich selbst und anderen. Oft nehmen wir beispielsweise an, wir wüssten genau, was jemand sagen wird, so dass wir einen Vorwand haben, um nicht hinhören zu müssen. Eltern und Eheleute oder langjährige Lebenspartner beklagen sich häufig über dieses Phänomen. Wir klammern vertraute Botschaft aus, vor allem solche, die mit Kritik und häuslichen Pflichten einhergehen, und spitzen nur die Ohren, wenn der Inhalt neu und wünschenswert ist. Durch Erweiterung unserer Reaktionsstile (siehe fünftes Kapitel) können wir dem selektiven Zuhören im Berufs- und Privatleben entgegenwirken.

Eine der wichtigsten Informationen, die wir als Zuhörer gewinnen könnten – zum Beispiel die Namen von Leuten, die wir kennen lernen – gehen verloren, wenn wir damit beschäftigt sind, anhand unserer Checkliste die Spreu vom Weizen zu trennen. Wir sollten uns bewusst machen, in welchem Ausmaß wir uns durch solche Hindernisse selber schaden. Die Herausforderung besteht darin, diese negative, diskriminierende Kraft in eine positive umzuwandeln. Die Unterschiede sollten wir als willkommene Vielfalt und Anregung sehen, das Spektrum möglicher Standpunkte zu erweitern. Jedes Mal, wenn wir Menschen zuhören, die anders sind als wir, haben wir die Chance, durch ein Fenster zu blicken, um eine neue Sicht kennen zu lernen. Diese Denkweise erweitert unser schöpferisches Potenzial. Werturteile und Kritik schränken die Skala unserer Möglichkeiten ein.

Lassen Sie mich noch ein paar Worte zum Thema »Werturteil« sagen. Natürlich ziehen wir unsere Schlussfolgerungen, wenn wir anderen zuhören. Vielleicht gelingt es uns, Vorurteile abzubauen, aber eine Bewertung anhand unserer früheren Erfahrungen nehmen wir trotzdem bis zu einem gewissen Grad vor, insbesondere wenn wir eine Entscheidung treffen müssen. Unser Überleben kann sogar von solchen Bewertungen abhängen. Ohne sie würden wir nicht lange überlegen, ob wir im Dunkeln einen Anhalter mitnehmen, schädliche Substanzen konsumieren und uns auf gefährliche oder ethisch bedenkliche Aktivitäten einlassen. Wir lernen aus früheren Erfahrungen, was uns auch davor bewahrt, Zeit zu verschwenden. Die Fähigkeit, unversehrt den Weg zur Arbeit und zurück zu bewältigen, den Arbeitsplatz zu behalten und als Eltern verantwortlich zu handeln, hängt nicht zuletzt von unserer Fähigkeit ab, Situationen zu beurteilen. Doch wo hört die Urteilskraft, die dem Erhalt des Lebens dient, auf, und wo fangen Voreingenommenheit und Engstirnigkeit an? Wann wird der gesunde Instinkt, der uns befähigt, zwischen gut und schlecht zu unterscheiden, einengend für uns selbst und unfair gegenüber anderen?

Aus den Beschreibungen, die mir meine Sprachschüler über ihre Denkprozesse beim Zuhören gegeben haben, geht hervor, dass Werturteile offenbar in mehreren Phasen entstehen. Die erste Phase ist die allgemeine Wahrnehmung des Sprechers. (Kenne ich die Person – oder weiß ich etwas von ihr?) Sie könnte mit dem Vorstellungsbild zusammenhängen, das wir uns in den ersten fünfzehn Sekunden einer Begegnung von einer Person machen, ein Phänomen, das Imageberater entdeckt haben. Sie sagen, dass wir in den ersten fünfzehn Sekunden des Kontakts blitzschnelle, dauerhafte Urteile über einen Menschen treffen. Diese ersten fünfzehn Sekunden könnten Teil des natürlichen, gesunden Urteilsvermögens sein, das unbewusst wirkt und dem Selbsterhalt dient. Bei einigen Menschen ist diese kurze Phase der Bewertung jedoch rückbezüglich, und es könnte schwer sein, solche Programmierungen zu löschen.

Wenn wir beschließen zuzuhören, machen sich bereits nach kurzer Zeit unsere mentalen Barrieren bemerkbar. Allein das äußere Erscheinungsbild eines Menschen löst das lautlose

Herunterbeten einer ganzen Litanei möglicher Bewertungen aus, gute wie schlechte. Stimme und persönliche Eigenarten des Sprechers setzen unter Umständen die nächste Kette von Vorurteilen in Gang. Wenn wir uns an solche Voreingenommenheiten klammern, die auf einer tieferen Ebene des Bewusstseins verwurzelt sind, besteht die Gefahr, dass wir taub für den Inhalt der übermittelten Botschaft sind.

Ein guter Zuhörer lässt nicht zu, dass seine Aufmerksamkeit durch Vorurteile in Anspruch genommen wird. Er nimmt das Vorhandensein innerer Barrieren zur Kenntnis, die er im Laufe des Lebens durch Lernprozesse aufgebaut hat, kann sich aber trotzdem auf das gesprochene Wort und die Gefühle hinter der Botschaft konzentrieren. Einer meiner Sprachschüler hat es so formuliert: »Vorteile hintanzustellen und die ungeteilte Aufmerksamkeit auf den Sprecher zu lenken, ist genauso, als würde man eine Funkstation anpeilen, um ein klares, störungsfreies Signal zu empfangen.«

Werturteile und Kritik sind, wenn sie sich bei Interaktionen in den Vordergrund spielen, zerstörerisch für die Beziehung Sprecher – Hörer und die Chancen, die daraus entstehen könnten. Dieser Hang schleicht sich schon in frühester Kindheit in die Psyche ein. Wir entwickeln eine Vorliebe für bestimmte Spielsachen, werden wählerischer in puncto Essen und hocken lieber vor dem Fernseher, statt Hausaufgaben zu machen. Als Erwachsene haben wir gelernt, Tätigkeiten das Etikett »angenehm« oder »ekelhaft« anzuhängen; dazwischen gibt es eine breite Skala von Abstufungen in der Akzeptanz. Die Angewohnheit, im alten Trott zu verharren – eine weitere Verhaltensweise, mit der wir uns selbst einengen –, ist häufig auf den krassen Gegensatz zwischen Neigung und Notwendigkeit zurückzuführen. Solche harschen Werturteile und negativen Differenzierungen sind die Hauptursache für die Unfähigkeit, anderen aufrichtig zuzuhören. Wie können wir diese inneren Barrieren beseitigen?

Les Kaye, Autor von *Zen at Work*, Zen-Lehrer und ehemaliger IBM-Manager, schreibt, dass man jede Aktivität als gleichermaßen notwendig und wichtig erachten sollte. Das ist das Zen-Konzept des Gleichmuts oder der Ausgeglichenheit. Diese polarisierende Denkweise, dass es erwünschte und unerwünschte Aktivitäten und Menschen gibt, schafft Stress und Ängste. Wir gehen blind durchs Leben, weil wir ständig mit dem Versuch beschäftigt sind zu entscheiden, in welche mentale Schublade eine Person oder Tätigkeit gehört – gut oder schlecht, richtig oder falsch, interessant oder langweilig. Eine solche Einstellung schränkt die Flexibilität der Gedanken und die Offenheit für neue Ideen ein.

Alan Watts hat gesagt: »Das Gute ohne das Böse ist wie ein Oben ohne Unten, und ... das Streben nach dem Guten zum Ideal zu erheben wäre genauso, als würde man links abschaffen wollen, indem man immer nach rechts fährt. Deshalb ist man gezwungen, sich fortwährend im Kreis zu bewegen.« In einer Fußnote erwähnte Watts einen Politiker in San Francisco, der die politische Linke dermaßen verabscheute, dass er einen beträchtlichen Umweg in Kauf nahm, um eine Linkskurve im Straßenverkehr zu vermeiden.

Die Vorstellung zu akzeptieren, dass unsere tagtäglichen Aktivitäten, auch wenn sie noch so nebensächlich erscheinen, in einer Wechselbeziehung zueinander stehen, ist ein Weg, um innere Barrieren aufzulösen und besser zuzuhören. Kaye ist der Ansicht, das unser Interesse an der Effizienz, mit der wir eine Tätigkeit verrichten (im Gegensatz zum Interesse, bestimmte Ziele zu erreichen) den natürlichen Fluss des Arbeitsablaufs erleichtert. »Die Arbeit glich plötzlich einem Garten, mit neuen, faszinierenden Formen, Texturen und Düften hinter jeder Wegbiegung. Probleme und Schwierigkeiten verschwanden nicht, aber meine Beziehung zur Arbeit war eine andere.«

Vor einigen Jahren nahmen mein Vater und ich uns mitten in der Woche einen Tag frei und machten eine Radtour mit dem Mountainbike in Franconia Notch, New Hampshire. Das Wetter war herrlich, und wir fuhren an Wasserfällen, bizarren Felsen und farbenprächtigen Wäldern vorbei. Die Luft war klar und frisch. Nach der Rückkehr von unserem Tagesausflug hatte ich das Gefühl, in Harmonie mit mir selbst und der Welt zu sein. Als ich später über diese Erfahrung nachdachte, wurde mir klar, wie sehr ich mich verändert hatte, weil es mir gelungen war, einige meiner mentalen Barrieren zu beseitigen. Das Gefühl der Verbundenheit, das in einer guten Beziehung zu einem Patienten oder Kollegen spürbar wird, gleicht dem Gefühl der Verbundenheit mit der Natur, das ich beim Radeln durch die paradiesische Bergwelt empfand.

Früher hätte ich einen solchen Tagesausflug als eine Möglichkeit gesehen, aus der Tretmühle herauszukommen und meine Batterien aufzutanken. Inzwischen bin ich zu der Auffassung gelangt, dass Arbeit und Freizeitaktivitäten die gleiche Zeit und Aufmerksamkeit verdienen. Dass ich in beiden, ehemals strikt voneinander getrennten Lebensbereichen das gleiche Maß an Zufriedenheit erlangen kann, war für mich eine Offenbarung. Statt zu kritisieren und zu vergleichen, sehe ich heute den »roten« Faden, der alle diese Aktivitäten miteinander verbindet. Ich urteile und kritisiere weniger und werde dadurch ein ausgeglichener, positiver Mensch.

Wenn wir die Neigung überwinden, andere harsch und vorschnell auf der Grundlage verfestigter Einstellungen, Stile und Standpunkte zu beurteilen, erkennen wir, dass jeder Mensch für den Prozess des Lebens gleichermaßen wichtig ist: der Mann von der Müllabfuhr ebenso wie der Gehirnchirurg.

Vor einigen Jahren hatte ich einen Patienten, der sehr schnell mit einem Werturteil bei der Hand war. John, ein Mann in mittleren Jahren, war Verwaltungsangestellter in einer Computerfirma. Er war von einem Psychologen zu mir geschickt worden. Er litt seit seiner Kindheit an Depressionen und einer Konzentrationsschwäche, die damit in Zusammenhang stand. Er besaß ein außerordentlich großes Allgemeinwissen und ein hohes Maß an Intelligenz, obwohl Testergebnisse erhebliche Probleme mit dem Zuhören und der Merkfähigkeit offenbarten. Die Kombination aus Psychotherapie und medikamentöser Behandlung hatte gut angeschlagen, aber er hatte immer noch große Schwierigkeiten mit seinen Kollegen.

Abgesehen davon, dass er ein schlechter Zuhörer war, hatte er auch kein Gespür für sich selbst. Er redete ununterbrochen und ignorierte jeden Versuch, ihn zu unterbrechen. Er empfand seine endlosen Monologe nicht als Unhöflichkeit und hatte kein Interesse daran, andere zu Wort kommen zu lassen. Er schweifte dauernd vom Thema ab und beantwortete nur selten eine Frage ohne Umschweife. Mir war klar, warum John keinem Arbeitsteam angehörte oder Aufstiegschancen erhielt und warum sein Job trotz fundierter Fachkenntnisse auf der Kippe stand.

Nach einigen Diskussionen und Rollenspielen zur Verbesserung seiner Wahrnehmungsfähigkeit gestand John ein, dass er sich in einem Dilemma befand: Auf der einen Seite wusste er, dass er mit seinen Kollegen auskommen musste, wenn er weiterhin seinen Lebensunterhalt verdienen wollte, doch auf der anderen Seite war er der Meinung, dass *keiner es wert war, dass man ihm zuhörte.* Keiner konnte sich mit seiner fachlichen Kompetenz messen, und deshalb war es für ihn reine Zeitverschwendung, mit ihnen zu fachsimpeln. John musste lernen, sein Ego zu »deckeln« und die Meinung anderer zuzulassen.

John ist ein anschauliches Beispiel dafür, dass selbst die ausgefeiltesten Fähigkeiten und Strategien zum Scheitern verurteilt sind, wenn wir nicht offen für andere werden – ein Element, das für effektives Zuhören unverzichtbar ist. Die Entscheidung, unsere Gesprächspartner als gleich*wertig* zu betrachten, setzt eine innere Einstellung der Offenheit und Toleranz voraus, die wir entwickeln müssen.

Ein weiteres, nicht zu unterschätzendes Hindernis ist der Stellenwert, den unsere eigenen mehr oder weniger verborgenen Ziele einnehmen. Angenommen, Sie wurden gerade in das Büro der neuen Firmenchefin zitiert, die sich ihren leitenden Mitarbeitern vorstellen möchte. Während sie etwas über sich selbst und ihre Pläne mit dem Unternehmen erzählt, legen Sie sich ins-

geheim griffige Zielformulierungen zurecht; Sie scharren ungeduldig mit den Hufen, weil Sie es kaum noch erwarten können, Ihre Schokoladenseiten und Ihre Interessen zu präsentieren.
Doch da Sie sich bei ihr lieb Kind machen möchten, setzen Sie
Ihr strahlendstes Lächeln und Ihre ernsteste Miene auf, nicken
immer wieder und versuchen, sich den Anschein beruflicher
Kompetenz zu geben. Als Sie endlich den Mund aufmachen dür-
fen, hat der Inhalt Ihrer Worte wenig oder gar nichts mit den Zielsetzungen der neuen Firmenchefin zu tun. Da Sie ausschließlich
mit Ihrer eigenen Agenda beschäftigt waren, sind Sie am Ende
des Gesprächs genauso schlau wie vorher.

Diese Methode, Ziele zu verwirklichen, bringt nichts weiter als
Frustration und ein geringes Selbstwertgefühl. Wir bekunden
wirksamer unser Interesse, wenn wir uns entspannt zurück-
lehnen und uns bemühen zuzuhören. Auf diese Weise erfahren
wir mehr über unseren Gesprächspartner und nehmen Überein-
stimmungen oder Unterschiede zwischen seinen Plänen und
unseren eigenen Wünschen oder Vorstellungen wahr. Achten Sie
auf seine Angewohnheiten, auf Sprechtempo und Stil. Welche
Prioritäten hat er? Sind Ihre darin berücksichtigt? Machen Sie seine Ziele zu Ihren Zielen. Wenn es an Ihnen ist zu reden, deuten
Sie an, dass Sie die Botschaft voll verstanden haben und stellen
eine Verbindung zwischen ihren Interessen und seinen her. Halten Sie sich an unerlässliche Fakten, und fassen Sie sich kurz.
Überlassen Sie es Ihrem Gesprächspartner, um weitere Informationen zu bitten. Wenn er merkt, dass Sie aufmerksam zuhören,
wird auch er in Zukunft ein offenes Ohr für Sie haben. Hüten Sie
sich davor, sich in Misskredit zu bringen, weil Sie Ihre eigenen
Ziele über die Interessen der Gemeinschaft stellen, sonst könnten Sie als Kandidat für Teamprojekte oder Positionen, die Flexibilität, Weitsicht und Führungskompetenz erfordern, leer ausgehen.

Bei der ersten persönlichen Begegnung mit einem neuen
Kunden fühlen Sie sich vielleicht bemüßigt, das Gespräch voll
unter Kontrolle zu haben; deshalb lassen Sie sich gleich zu Be-

ginn darüber aus, was Sie alles für ihn tun können. Sie konzentrieren sich auf das Ergebnis, normalerweise der Abschluss des Verkaufs, statt auf den Prozess, eine Kundenbeziehung aufzubauen und zu pflegen. Wenn Sie sich an das Einmaleins des Verkaufs erinnern, dämmert es Ihnen, dass eigentlich der Kunde seine Bedürfnisse und Probleme schildern sollte, während Sie zuhören. Lassen Sie ihm also den Vortritt, und konzentrieren Sie sich zuerst auf *seine* Zielsetzungen. Danach sind Sie besser gerüstet, Ihre eigenen Zielsetzungen umzusetzen und für die *Zufriedenheit des Kunden* zu sorgen. Warum ist es wichtig, die eigenen Ziele beim Zuhören hintanzustellen? Damit Sie besser hören können, was der andere sagt. Das erfordert geistige Flexibilität. Wenn Sie Ihr Augenmerk ausschließlich auf Ihre eigenen Bedürfnisse richten, verpassen Sie Chancen für ein erfolgreiches Gesprächsergebnis.

Harvey Mackay, Verkaufsprofi, Autor von Bestsellern und als Motivationsexperte ein begehrter Referent, ist der Überzeugung, dass er nur durch die starken persönlichen Beziehungen, die er im Lauf der Jahre entwickelt hat, ein Not leidendes Fertigungsunternehmen in eine gewinnträchtige, moderne Produktionsstätte verwandeln konnte. Bei einem Referenten-Seminar in Boston stand ich Schlange, um mir einen Rat von Mr. Mackay zu holen. Bevor ich meine Frage stellen konnte, brachte er mich dazu, etwas über mich selbst zu erzählen. Er hatte eine Art, so aufmerksam zuzuhören, dass ich unversehens sehr persönliche Informationen preisgab. Er merkte sich alles, was ich gesagt hatte, und beantwortete meine Frage kurz und präzise; diese Erfahrung war die zwanzig Minuten Wartezeit wert. Er beantwortete nicht nur meine Frage, sondern verknüpfte den Lösungsvorschlag auch mit den von mir gelieferten Informationen, sodass ich ihn in meiner *speziellen* Lebenssituation auf kreative Weise nutzen konnte. Ich hatte schon nach wenigen Minuten das Gefühl, in seiner Schuld zu stehen, weil er sich dafür interessiert hatte, einen persönlichen Eindruck von mir zu gewinnen und mein Problem auf persönliche Weise zu lösen. Wäre es nicht wünschenswert, wenn unsere Kunden und Klienten ein ähnliches Gefühl hätten?

In der Zeitschrift *Success* erklärt Mackay, wie er die Fähigkeit, durch Zuhören eine persönliche Beziehung herzustellen, entwickelt hat. Er sagt: »Mein Vater drückte mir einen Filofax in die Hand, als ich achtzehn war, und meinte: Trage den Namen jeder Person, die du in Zukunft kennen lernst, hier ein. Auf der Rückseite machst du dir Notizen über Familie, Hobbys usw., die du fortlaufend ergänzt. Die Informationen solltest du pflegen wie einen Garten!« Sie sind, so Mackeray, für den Verkauf von entscheidender Bedeutung, weil Menschen nicht von Firmen, sondern von Menschen kaufen, und je mehr man über einen Kunden weiß, desto geschmeichelter und wohler fühlt er sich – und desto mehr kauft er.

Diese Empfehlung war dem Serviceleiter eines Autohändlers, von dem ich einen vorgedruckten Brief erhielt, mit Sicherheit unbekannt. Ich muss dazu sagen, dass ich dort nie einen Wagen gekauft habe, sondern nur mein Auto in die Werkstatt bringe. In der Einleitung des Schreibens bedankte er sich, dass ich meinen Wagen ein paar Wochen vorher zur Reparatur gebracht hatte, was ich in Ordnung fand. Im zweiten Absatz hieß es, dass man Wert auf die hundertprozentige Zufriedenheit des Kunden mit den Serviceleistungen lege. So weit so gut. Im letzten Absatz kam dann der Wink mit dem Zaunpfahl: »Unsere Kundenbeziehungen beginnen eigentlich erst *nach* dem Verkauf. Wir wissen *diese* zu schätzen und würden uns freuen, Ihnen auch weiterhin dienen zu können.« Wenn das wirklich die Philosophie des Hauses ist, kann ich davon ausgehen, dass ich wie eine Nummer behandelt werde, oder schlimmer noch, wie ein Stück Fleisch, das man weich klopfen muss, wenn ich mein Auto in die Werkstatt bringe oder einen Blick auf die Neuwagen riskiere – bis nach dem Verkauf, versteht sich.

Zuhören, um eine Beziehung herzustellen, egal ob zu Kunden, Freunden oder Familienangehörigen, erfordert Konzentration und Flexibilität. Es bedeutet, um in den Aufnahmemodus überzuwechseln und aufmerksam zu bleiben, statt sich von den eigenen Zielsetzungen ablenken zu lassen. (Wie das gelingt, wird im fünften Kapitel beschrieben.)

Steven Covey bezeichnet in seinem Buch *Die sieben Wege zur Effektivität* das Zuhören als »magische Gewohnheit«. Er schlägt vor, dass unser Ziel »zuerst zuhören, um zu verstehen« sein sollte. Ein guter Zuhörer saugt Informationen auf wie ein Schwamm, statt sie sich durch Fragen anzueignen. Er pfropft seine Persönlichkeit dem Sprecher nicht auf, sondern lässt den Fluss der Worte auf sich einwirken. Damit verhindert er, dass ihm seine eigenen Vorurteile und Erwartungen den Blick für die Botschaft und die Absichten des Übermittlers versperren. Das ist der Unterschied zwischen dem selbstbezogenen, egozentrischen Zuhören und dem geduldigen, selbstvergessenen Zuhören. Man muss kein Hellseher sein, um den Unterschied zwischen einem Menschen zu erkennen, der aus Eigennutz zuhört, und jemandem, der das Zuhören als eine Gelegenheit wahrnimmt, eine gute Beziehung aufzubauen.

Wenn Sie ein zielorientierter Mensch sind, sollten Sie nicht nur danach streben, ein Geschäft unter Dach und Fach zu bringen. Richten Sie Ihr Augenmerk darauf, durch aufmerksames Zuhören langfristig eine unverbrüchliche Arbeitsbeziehung zu Kunden oder Kollegen aufzubauen. Möglich, dass der Verkauf nicht gleich erfolgt, aber wenn er stattfindet, werden alle Beteiligten zufriedener und das Gewinnpotenzial größer sein. Sie werden flexibler in Ihrer Denkweise, weil Sie seltener eine »Zensur« ausüben und daher offener für Chancen und Ideen werden, die sich präsentieren.

Unsere Bemühungen, das Selbstinteresse zeitweilig hintanzustellen, um jemandem wirklich zuzuhören, werden häufig durch andere Gedanken vereitelt, die uns durch den Kopf gehen. Die Aufmerksamkeit schweift zu Gedanken ab, die sich auf die Außenwelt beziehen, zum Beispiel »Heute regnet es« oder »Die Zinsen sind rückläufig«. Zu den Gedanken, die auf unsere Innenwelt gerichtet sind, gehören beispielweise »Ich bin durstig«,

»Ich habe überhaupt keine Kondition mehr« oder »Ich hoffe, dass mein Chef mit dem Bericht zufrieden ist.« Die fortwährende Konzentration auf die Innenwelt blockiert die Fähigkeit zuzuhören. Es ist ein Kinderspiel, mit dem Kopf zu nicken und den Eindruck zu erwecken, als hörten wir zu, während wir in Wirklichkeit mit dem Stimmengewirr in unserem Innern beschäftigt sind.

Eine gesunde Portion Selbstbewusstheit ist eine gute Sache. Die Fähigkeit, über uns selbst nachzudenken, unser Handeln zu analysieren und unser Verhalten zu planen, hat uns zu persönlichem Erfolg verholfen. Dieses Buch ermutigt Sie zur Selbstreflexion, um Veränderungen einzuleiten, die das persönliche Wachstum fördern. Diese positive Initiative kann sich jedoch in eine negative Kraft verwandeln, wenn wir nicht mehr auf die Entwicklung unseres Potenzials bedacht sind, sondern nur noch daran denken, welche Kluft zwischen den Normen, die andere setzen (wie wir beispielsweise aussehen sollten), und unserem Bild in diesem Spiegel denken.

Selbstbewusstheit kann negativ sein, wie zahlreiche Forschungsberichte bestätigen. Das fortwährende Nachdenken über uns selbst beeinträchtigt die Kreativität, die Fähigkeit, sich zu entspannen, und die Offenheit für neue Erfahrungen. 1982 untersuchte Mihaly Csikszentmihaly von der University of Chicago die Auswirkung der Selbstbewusstheit im Alltag. Einhundertsieben Angehörige von fünf großen Unternehmen, von Fließbandarbeitern bis hin zu Top-Managern und Ingenieuren, erklärten sich bereit, an einer Studie teilzunehmen. Sie wurden mit einem elektronischen Pager ausgerüstet, den sie tagsüber ständig bei sich tragen mussten. Sie wurden sieben- bis neunmal am Tag in unregelmäßigen Abständen angepiepst und mussten einen kurzen Fragebogen über ihre momentanen Aktivitäten, Gedanken und Stimmungen ausfüllen. Die Antworten wurden danach bewertet, ob sie auf innere oder äußere Belange gerichtet waren, wie Essen oder Arbeit. Die Teilnehmer wurden außerdem nach der emotionalen Qualität der Erfahrung gefragt, zum Beispiel, ob sie 1) zufrieden und heiter, 2) geistig wach und aktiv oder

3) innerlich beteiligt waren. Die Ergebnisse zeigten, dass Gedanken, die sich auf das Innenleben konzentrieren, als unangenehm empfunden wurden, weil sie bei der Bewertung der drei Qualitätsaspekte den allerletzten Platz einnahmen. Gedanken an andere Menschen und Gespräche wurden als wesentlich angenehmer und aktiver eingestuft. Folglich könnte man sagen, dass wir uns wesentlich besser fühlen, wenn wir anderen zuhören, statt ständig Nabelschau zu betreiben (bei der wir in der Regel negative, innere Dialoge führen).

Wie oft am Tag ertappen Sie sich bei dem Gedanken »Ich kann einfach nicht glauben, dass ich so etwas gesagt habe!«, »Wie dumm von mir!«, »Ich Idiot!« »Ich sehe heute grauenvoll aus« oder »Ich weiß, dass ich nicht alles behalten kann, was er mir erzählt.« Kommt Ihnen das vertraut vor? Wenn wir unsere Unzulänglichkeiten in negativen Selbstgesprächen hinausposaunen, selbst wenn es sich um innere Dialoge handelt, wird unser Selbstvertrauen zusehends brüchig. Solche negativen inneren Dialoge greifen unser Selbstwertgefühl an. Die inneren Ablenkungen verstärken unsere Ängste und hindern uns daran, unsere Aufmerksamkeit auf die Botschaft und die Person zu richten, die sie übermittelt.

Angst ist ein Nährboden für Erschöpfung und Niedergeschlagenheit, die effektives Zuhören erschweren. Negative Selbstgespräche kosten Energie, schwächen Eigeninitiative und Ausdauer – ob es sich dabei um unangemeldete Besuche bei potenziellen Kunden, die Suche nach Problemlösungen oder die Vorbereitung auf ein wichtiges Vorstellungsgespräch handelt. Wenn diese Selbstabwertung zur Gewohnheit wird, schränken wir die Bandbreite unserer Chancen und Erfahrungen ein.

Wenn die Anzahl der negativen die der positiven Kommentare übersteigt, neigt sich die Waagschale zur negativen Seite. Eine Möglichkeit, sich von diesem selbstzerstörerischen Verhalten zu befreien, besteht darin, an einen negativen Kommentar sofort einen positiven anzuschließen, um die Balance wiederherzustellen. Jedes Mal, wenn Sie sich sagen: »Herrje, warum musste ich eine so dumme Bemerkung machen!«, setzen Sie *unverzüglich* ein positives Gegengewicht, etwa: »Beim nächsten Mal werde ich sorgfältiger auf meine Worte achten. Vielleicht könnte man das auch anders ausdrücken«, oder »Aber meine Präsentation am Mittwoch ist wirklich gut gelaufen – knapp und prägnant«.

Um besser zuzuhören, müssen wir unser Verhalten so objektiv wie möglich unter die Lupe zu nehmen. Nur dann können wir positive Veränderungen bei uns selbst und anderen bewirken. Die negativen inneren Dialoge nehmen überhand, wenn wir unsere Schwächen nicht mehr unparteiisch beurteilen. Wir rücken unsere Unzulänglichkeiten in den Brennpunkt und stellen unsere Stärken, unser Licht unter den Scheffel. Ein negatives Selbstbild entsteht, weil wir gelegentlichen Ausrutschern zu viel Bedeutung beimessen, zum Beispiel wenn wir den Hausschlüssel vergessen oder einen Flüchtigkeitsfehler bei einer Prüfung gemacht haben. Statt sich als dumme Gans oder Hornochse zu titulieren, sollten Sie tief Luft holen, den Fehler als Teil der menschlichen Erfahrung akzeptieren und daraus lernen. Sie werden spüren, wie Selbstekel und Ärger verblassen.

Je länger und härter wir mit uns selbst ins Gericht gehen, desto weniger Zeit bleibt, aufmerksam zuzuhören und konstruktive, rationale Informationen in unserem Gehirn zu speichern. Unsere negative innere Stimme bietet keine Orientierungshilfe, sondern ist eine zerstörerische Kraft, die ein tragisches Ende vorprogrammieren kann. Wir sollten uns daher fragen, woher diese negative Stimme stammt. Gehört sie Vater oder Mutter, die uns schon in jungen Jahren verbal niedergemacht haben, oder unserem Partner, dessen Ansprüchen wir nie genügen? Negative Selbstgespräche können so viel inneren Raum einnehmen, dass sie uns von der Verarbeitung verbaler Botschaften ablenken. Statt die Worte und ihre Bedeutung aufzunehmen, denken wir: »Ob ich Mundgeruch habe?« oder: »Was sage ich bloß, wenn er sich nach dem Projekt erkundigt, mit dem ich überhaupt noch nicht angefangen habe?« Andere erkennen das mangelnde Selbstvertrauen an unserer Haltung, am ausweichenden Blick und an charakteristischen Stimmmerkmalen. Negative innere Dialoge öffnen einer negativen Behandlung durch andere Tür und Tor. Denken Sie an die Worte des bekannten Motivationsexperten Zig Ziglar: »Niemand auf dieser Erde kann uns ohne unsere Erlaubnis Minderwertigkeitskomplexe einimpfen.«

Sich über die eigenen Barrieren und die Energie klar zu werden, die wir verschwenden, wenn wir sie ständig untermauern, ist der nächste Schritt auf dem Weg zum besseren Zuhören. Wenn ich mich einer Barriere gegenübersehe, diskutiere ich laut mit mir selbst. Ich führe alle Argumente ins Feld, die meine Denkweise unterstützen. Oft reicht es zu hören, wie schwach meine Begründung für den Erhalt einer Barriere ist, um die Programmierung zu löschen. Manchmal lache ich über meine Beweisführung. Oder ich bin enttäuscht, wie selbstsüchtig ich klinge. In jeder Situation versuche ich gleichwohl, innere Widerstände zumindest zur Kenntnis zu nehmen, und jedes Mal, wenn das Problem wieder auftaucht, an einer Lösung zu arbeiten.

Manchmal müssen wir uns damit zufrieden geben, dass wir die Kommunikationshürden nicht auf einen Schlag, sondern Stück für Stück abtragen. Kein Wunder, denn schließlich haben wir ein Leben lang gebraucht, um sie zu schaffen. Das mentale Großreinemachen schafft Platz für neue Lern- und Wachstumsprozesse. Es ist eine der besten Möglichkeiten, uns selber kennen zu lernen.

Die Wahrnehmung der Barrieren, die uns von der Botschaft oder dem Übermittler trennen, trägt außerdem dazu bei, die Barrieren, die andere uns gegenüber errichten, besser zu verstehen und, in manchen Fällen, zu akzeptieren. Viele dieser Hürden spiegeln die Vielfalt in unserer Kultur wider. Überzeugungen, Gebräuche und Verhaltensweisen unterscheiden sich nicht nur von einem Land zum anderen, sondern auch von Mensch zu Mensch. In vielen Firmen gibt es Abteilungen, die gegenüber anderen Belegschaftsmitgliedern umgänglich und teamorientiert sind, während andere sich rigide und abgeschottet verhalten: Mini-Kulturen innerhalb der größeren Unternehmenskultur. Noch komplexer wird die kulturelle Vielfalt, wenn Angehörige verschiedener Nationalität in dem Unternehmen beschäftigt sind. Und jeder hat seine eigenen Vorurteile, was Geschlechts-, Firmen- und ethnische Zugehörigkeit oder die Arbeitsethik angeht. Unsere mentalen Barrieren zu ermitteln ist leicht; sie wie eine Festung zu schleifen steht auf einem anderen Blatt. Der Versuch, innere Barrieren abzubauen, ist ein schwieriger Prozess. Wir können nicht erwarten, dass es uns auf Anhieb gelingt, Programmierungen, die seit der Kindheit bestehen, zu löschen und umzuschreiben. Wir können uns jedoch angewöhnen, jeden Tag achtsam zuzuhören, um ihren schädlichen Einfluss zu verringern und unsere Gedanken für neue Erfahrungen öffnen.

Ein globaler Ansatz zur Beseitigung dieser Barrieren ist der Gedanke, dass Zuhören die Entwicklung des Zusammengehörigkeitsgefühls fördert. Nach der Zen-Tradition sind alle Lebewesen miteinander verbunden; wir sind Angehörige einer einzigen großen Familie, ein Teil des Universums und all dessen, was ist. Dieses Konzept wird *sangha* genannt. Wenn wir mit *sangha* zuhören, also in der Überzeugung, dass alle Menschen miteinander verbunden sind, fällt es uns leichter, respektvoll und geduldig zu sein. Wenn wir dem Sprecher auf diese Weise unsere Wertschätzung bekunden, bringen wir auch uns Wertschätzung und Toleranz entgegen. Wenn wir im umgekehrten Fall andere durch unsere Vorurteile ausgrenzen, schaden wir uns selbst.

Netzwerke sind eine moderne Anwendung des *sangha*-Prinzips. Wir schließen auf der beruflichen Ebene Kontakt mit anderen, weil wir ähnliche Interessen haben, und hören ihnen auf besondere Weise zu. Netzwerke oder unterstützende Gruppen pflegen meistens einen positiven Ideen- und Meinungsaustausch. In einem solchen Umfeld geht es in aller Regel nicht darum, sich gegenseitig »niederzumachen«. Stadtratssitzungen, Spenden-Sammelaktionen und Gottesdienste finden in dem Bestreben statt, sich mit Gleichgesinnten zusammenzuschließen, um gemeinsam ein positives Ziel zu verwirklichen. Es ist herzerwärmend zu beobachten, wie durch religions- und kulturübergreifende Feste in den Gemeinden Verständnis und Achtung für die Überzeugungen und Überlieferungen anderer wachsen. Solche gemeinschaftsstiftenden Veranstaltungen können das mentale Großreinemachen erleichtern, das notwendig ist, um achtsam zuzuhören. Diese globale Denkweise bringt die kritischen inneren Stimmen zum Schweigen, insbesondere in Situationen, in denen Zuhören erforderlich ist.

ÜBUNG
Wie Sie die Wände ins Wanken bringen

1. Wir sind ständig von Lärm umgeben. Schärfen Sie Ihr Gehör, indem Sie bewusst den Fernseher leiser stellen, obwohl Sie ihn gerne lauter drehen würden. Lassen Sie das Geräusch der Geschirrspülmaschine und das Bellen des Hundes im Hintergrund mitschwingen, und richten Sie Ihr Augenmerk ausschließlich auf das, was im Fernsehen gesprochen wird. Das ist nicht nur eine gute Übung für Ihr Hörvermögen, sondern auch eine Herausforderung für Ihre Konzentrationsfähigkeit in Situationen, in denen Sie keinen Einfluss auf den Geräuschpegel haben.

2. Öffnen Sie sich ein- oder zweimal in der Woche für ein Thema, das Sie bisher abgelehnt haben, obwohl sie nicht viel darüber wissen. Beispielsweise habe ich Fußball früher gehasst, weil die Spieler und Zuschauer meiner Meinung nach zu einer bestimmten Kategorie von Menschen gehörten. Aber ich hatte mir nie die Zeit genommen, mir ein Spiel anzuschauen und festzustellen, ob es nicht doch sein Gutes hatte. Deshalb sagte ich mir eines Tages: »Da Fußball so beliebt in unserem Land ist und ich dieser Sportart nicht das Geringste abgewinnen kann, gebe ich ihr vielleicht keine Chance.« Daraufhin sah ich mir ungefähr eine halbe Stunde lang ein Spiel der Nationalmannschaft an und entdeckte mindestens drei Aspekte, die ich interessant und unterhaltsam fand. Obwohl Fußball nie meine

Lieblingssportart werden wird, lehne ich sie heute nicht mehr kategorisch ab. Versuchen Sie es mit dieser Methode bei Menschen und Themen, denen Sie nicht viel abgewinnen können. Seien Sie offen, hören Sie aufmerksam zu, und betrachten Sie das Ganze unter dem Gesichtspunkt, dass Sie zumindest etwas lernen können. Wenn Sie Ihre Kenntnisse stetig erweitern, werden Sie begreifen, dass es verschiedene Perspektiven gibt, die genauso gültig sind wie Ihre eigenen.

3. Die nachfolgende Übung gehört zu meinen liebsten. Machen Sie bei einem Firmenausflug oder einer größeren Versammlung folgendes Experiment: Wenn Sie mit jemandem ins Gespräch kommen, versuchen Sie, *Ihre* Ziele bewusst aus der Unterhaltung auszuklammern. Stellen Sie Fragen, die Ihren Gesprächspartner nicht auf eine Antwort festlegen und mit *warum, was* oder *wie* beginnen, um den Redefluss bei ihm in Gang zu bringen, zum Beispiel: »Wie sind Sie zum Angeln gekommen?« oder »Was ist nach Ihrer Meinung eine gute Investition?« Ihr Ziel besteht nicht darin, möglichst viele Fragen zu stellen, sondern anderen das Reden zu überlassen, während Sie aufmerksam zuhören. Ziehen Sie am Ende des Tages Bilanz, und machen Sie sich bewusst, was Sie alles lernen und wie viele neue Bekanntschaften Sie machen durften, weil Sie einmal nicht im Rampenlicht gestanden haben.

4. Ermitteln Sie Personen in Ihrem Leben, die Sie nicht mögen. Die meisten von uns finden es unangenehm, den eigenen Vorurteilen oder Abneigungen ins Gesicht zu sehen. Suchen Sie nun nach einer Eigenschaft, die Ihnen an der unliebsamen Person (oder Aktivität) Achtung abverlangt. Bei der nächsten Begegnung mit ihr konzentrieren Sie sich darauf. Wahrscheinlich versucht dabei Ihr negatives Werturteil, Ihnen einen Strich durch die Rechnung zu machen. Nehmen Sie zur Kenntnis, dass es vorhanden ist, und richten Sie Ihre Aufmerksamkeit wieder auf den positiven Aspekt.

5. Beobachten Sie in den nächsten Tagen, wie oft sich negative Gedanken über Sie selbst oder andere in Ihr Bewusstsein einschleichen. Je länger Sie bei diesen negativen Gedanken verweilen, desto tiefer können Sie Wurzeln fassen. Setzen Sie diese negativen Gedanken durch positive außer Gefecht.

6. Um den Blickwinkel zu erweitern, aus dem Sie ein Thema betrachten, versuchen Sie es mit folgender Methode: Nehmen Sie sich ein Magazin wie *Der Spiegel* oder *eine Wochenzeitung* wie *Die Zeit* vor, und lesen Sie einen Artikel, der mehrere Seiten lang ist. Überlegen Sie, was Sie davon halten: Denken Sie über den Standpunkt des Verfassers, seinen Stil und die Genauigkeit oder Glaubwürdigkeit der genannten Quellen nach. Waren die Argumente ausreichend belegt? Besorgen Sie sich die nächste Ausgabe desselben Magazins, und werfen Sie einen Blick auf die Leserbriefe. Selbst wenn der Inhalt alles andere als kontrovers war, werden Sie mindestens vier Standpunkte entdecken, die sich von Ihrem unterscheiden. Wenn Sie die Zeit haben, lesen Sie den Artikel noch einmal, wobei Sie die Anmerkungen der Leser im Hinterkopf behalten. Vielleicht stellen Sie verblüfft fest, dass Ihnen etwas entgangen ist oder dass Sie etwas anders aufgefasst haben. Es geht nicht darum, ob Sie mit den Meinungen der anderen übereinstimmen oder nicht. Wichtig ist allein, dass sie diese als gültige Wahrnehmungen akzeptieren.

7. Sie können Ihren Werturteilen und Ihrer Kritik an anderen nicht durch reine Willenskraft ein Ende setzen, aber Sie sind sehr wohl in der Lage, innezuhalten und Ihr Verhalten zu analysieren, wenn Sie sich dabei ertappen. Treiben Sie Grundlagenforschung, um herauszufinden, warum Sie nicht bereit sind, einer bestimmten Person oder Idee Gehör zu schenken. Welche Abwehrmechanismen werden hier aktiviert? Vielleicht haben Sie solche Reaktionen von einer bekannten Persönlichkeit aus dem Fernsehen, einem Elternteil oder einem Mentor

übernommen. Wenn Sie diese Verhaltensmuster zu ihren Ursprüngen zurückverfolgen, entdecken Sie vielleicht, dass sie jeder rationalen Grundlage entbehren, und sagen lachend: »Aha, meine Mutter! Sie hätte mir nie erlaubt, über solche Dinge zu reden«, oder: »Es gehört sich nicht, die Meinung meines Arztes anzuzweifeln oder ihn um eine Erklärung zu bitten.« Die Ursprünge unserer inneren Barrieren stehen normalerweise auf tönernen Füßen oder stimmen nicht mehr mit unserer aktuellen Lebenssituation überein. Wenn beispielsweise eine ehemalige Vorgesetzte, mit der Sie früher häufig auf Kriegsfuß standen, in Ihr Büro kommt, um ein neues Projekt mit Ihnen zu besprechen, sollten Sie darauf achten, wie die unliebsamen Erinnerungen wieder in Ihrem Kopf umhergeistern. Sie werden feststellen, dass Sie sich schon im Voraus genau vorstellen können, was sie sagen wird, und kein gutes Haar am Zeitpunkt des Besuchs lassen. Sagen Sie sich: »Jetzt ist mir klar, wie ich über meine früheren Erfahrungen mit ihr denke. Ich werde meine Vorurteile hintanstellen und objektiv zuhören. Vielleicht läuft es dieses Mal anders.« Auf diese Weise haben Sie die Kontrolle über Ihre Barrieren und lassen nicht zu, dass sie einer Wachstums- und Versöhnungschance im Weg stehen.

8. Lassen Sie zumindest einmal am Tag, wenn Sie zuhören, jede Wertung beiseite. Hören Sie sich die Geschichte oder Ideen eines Kollegen wertneutral an. Machen Sie sich bewusst, wie Ihre Abwehrmechanismen versuchen, die Oberhand zu gewinnen. Wenn Sie merken, dass Sie drauf und dran sind, wieder in alte Gewohnheiten zurückzufallen, schalten Sie Ihr Bewusstsein auf »Leerlauf« und beschränken sich darauf, objektiv zu beobachten.

9. Um die Entscheidungen und Werturteile immer wieder zu überprüfen, die wir infolge eingeschliffener Mechanismen fällen, empfiehlt Zen-Meister Thich Nhat Hanh, die Frage »Bist du sicher?« auf ein Blatt Papier zu schreiben und es an die Wand

zu hängen. Oft verpassen wir wegen dieser mechanischen Entscheidungsfindungsprozesse die Chance, unsere Gedanken für Ideen zu öffnen, die Gold wert sein könnten.

Achtsames Zuhören

Zen-Meister Seung Sahn hat es in einem Gedicht am Besten auf den Punkt gebracht: »Wenn es uns in diesem Leben nicht gelingt, unser Bewusstsein zu öffnen, werden wir nicht einmal einen Tropfen Wasser verdauen können.«

Der beste Weg, unser Bewusstsein zu öffnen und uns vom Lärm und von den inneren Barrieren zu befreien, ist die Meditation. Zen ist die meditative Schule des Buddhismus. Es gibt verschiedene Arten zu meditieren, aber ich werde die im Zen-Buddhismus gebräuchliche Meditation im Sitzen beschreiben, *zazen* genannt, und die Atemübungen oder *Atemmeditation*.

Die Meditation macht uns nicht denkfaul, uninteressiert oder emotional distanziert. Im Gegenteil: Sie setzt positive körperliche und geistige Energien frei, die durch Stress und Ängste unter Verschluss gehalten wurden. Wir gelangen zu einer Ebene des entspannten Bewusstseins, und das ist der erste Schritt, die zerstörerischen Kräfte im Zaum zu halten, die Barrieren beim Zuhören errichten.

Schon nach wenigen Wochen Meditationspraxis werden Sie feststellen, dass Ihre Neigung zu Überreaktionen nachlässt. Wenn Ihr Partner Ihnen wieder einmal eine Szene macht, weil das Haushaltsgeld nicht reicht, werden Sie nicht gleich laut oder verletzend. Statt die Atmosphäre noch mehr anzuheizen, lenken Sie die Energie in positivere Bahnen um, sprechen Lösungen, Gefühle und andere Bedürfnisse als mögliche Ursachen des Problems an.

Wenn Sie einen Fehler gemacht oder eine schlechte Entscheidung getroffen haben, nehmen Sie es zur Kenntnis, lernen Sie daraus, beschließen Sie, aus Schaden klug zu werden, und lassen Sie die Sache damit auf sich beruhen. Diese konstruktive Nutzung Ihrer Energie fördert das persönliche Wachstum. Über Fehler und vergangene Erfahrungen nachzugrübeln, kostet Energie und schreibt ein schwaches Selbstwertgefühl fest.

Jeder Mensch wird mit einem mentalen Raum, einem inneren Bewusstseinsareal geboren, das der friedvollen Kontemplation vorbehalten ist. Im Lauf der Zeit ähnelt dieser Raum jedoch einer Rumpelkammer. Wir würden dort gerne etwas Neues, Schönes unterbringen, aber dafür fehlt der Platz.

Zen-Meister empfehlen die Meditation als einen Weg, unser Bewusstsein von allen überflüssigen und unproduktiven Gedanken zu leeren, um Platz für persönliches Wachstum zu schaffen. Die Meditation gestattet uns, neue Ideen und Standpunkte unverzerrter anzuhören. Schon nach wenigen Wochen stellen Sie fest, dass abweichende Anschauungen Sie nicht mehr im gleichen Maß verunsichern. Sie können sich besser und länger konzentrieren, und da Sie Ihre Ängste unter Kontrolle haben, können Sie Ihre ungeteilte Aufmerksamkeit darauf richten, das Gehörte zu verstehen und zu behalten. Regelmäßige Meditation verbessert zudem die innere Einstellung, Ihre Fähigkeit, Aufmerksamkeit zu entfalten und optimale Bedingungen für das Zuhören zu schaffen.

Meditation kostet nichts und ist frei von religiösen Vorurteilen. Es ist die natürlichste Art, Ihr neues Verhalten beim Denken mit Ihrem neuen Verhalten beim Zuhören zu verbinden. Innere Gelassenheit, Offenheit für neue Erfahrungen und konzentrierte Aufmerksamkeit bilden das Fundament des achtsamen Zuhörens. An dieser Stelle und in den folgenden Kapiteln werde ich verschiedene Meditationspraktiken beschreiben. Für einige von Ihnen wird dieser erste Schritt zum effektiven Zuhören, so einfach er auch erscheinen mag, die größte Herausforderung sein.

Die nachfolgende Methode benutze ich für meine tägliche Meditationsübung, die ich zweimal am Tag ungefähr dreißig bis vierzig Minuten lang durchführe. Als Neuling auf diesem Gebiet reichen zehn Minuten, am besten täglich. Wenn sich die ersten positiven Auswirkungen bemerkbar machen, wollen Sie die Zeitspanne vermutlich verlängern. Um zu verhindern, dass Sie während der Übung einschlafen, sollten Sie nicht unmittelbar nach dem Essen meditieren. Frühmorgens und vor dem Abendessen ist ideal.

Suchen Sie sich einen Platz, an dem Sie nicht abgelenkt werden. Setzen Sie sich in einen nicht zu weichen, aber bequemen Sessel oder im Schneidersitz auf ein Kissen, das Sie auf den Fußboden legen. Für die Zen-Meditation wird traditionsgemäß ein festes Kissen benutzt, *zafu* genannt. Ein Meditationslehrer hat mir einmal erklärt: »Man sollte gerade sitzen, würdevoll wie ein Baum, und Schultern und Arme locker hängen lassen.« Legen Sie die Hände auf die Oberschenkel, mit den Handflächen nach oben oder unten. Es gibt verschiedene Handpositionen. Als ich mit dem Meditieren begann, habe ich den (halbwegs vollendeten) Lotossitz vorgezogen. Die Hände lagen auf den Knien, mit den geöffneten Handflächen nach oben. Ich stellte mir vor, dass diese Sitzhaltung meine mentale Offenheit förderte, verschiedene Sichtweisen zu akzeptieren.

Beginnen Sie die Meditationsübung, indem Sie die Augen leicht öffnen und den Blick in einem 45-Grad-Winkel nach unten richten. Sie können die Augen auch schließen, aber dann laufen Sie unter Umständen Gefahr, in Tagträume zu versinken und einzunicken. Atmen Sie durch die Nase ein und aus, tief, langsam und gleichmäßig. Spüren Sie, wie der Atem ein- und ausströmt. Zählen Sie beim Einatmen langsam bis drei und beim Ausatmen bis vier und mehr, um Ihren Rhythmus zu finden. Halten Sie nicht die Luft an. Richten Sie Ihre Aufmerksamkeit auf den Atem. Andere Gedanken werden sich in Ihr Bewusstsein einschleichen. Vielleicht gehen Ihnen plötzlich die Lebensmittelliste, eine bevorstehende Besprechung oder hundert andere Dinge den Kopf. Sobald Sie die störenden Gedanken bemerken, nehmen Sie ihre Anwesenheit zur Kenntnis, lassen sie ziehen und kehren zu Ihrem Atem zurück. Werden

Sie nicht ungeduldig, weil Sie immer wieder abschweifen; das passiert anfangs jedem. Konzentrieren Sie sich einfach wieder auf Ihren Atem. Wenn es Ihnen schwer fällt, über einen längeren Zeitraum mit Ihrer Aufmerksamkeit beim Atem zu bleiben, zählen Sie die Atemzüge lautlos mit. Atmen Sie bei eins ein und bei eins aus; dann atmen Sie bei zwei ein und bei zwei aus usw. Sobald Sie bei zehn angelangt sind, fangen Sie wieder von vorne an. Falls Sie sich dabei ertappen, dass Sie nach der Uhr spähen, stellen Sie sich einen Wecker mit Summton oder bitten jemanden, leise an die Tür zu klopfen, wenn die Zeit um ist. Schließen Sie die Übung ab, indem Sie langsam die Augen öffnen; bleiben Sie danach noch eine oder zwei Minuten entspannt sitzen. Dann stehen Sie langsam auf und »treten hinaus ins Leben«.

Bei einer weiteren beliebten Methode arbeiten Sie mit visuellen Bildern. Während Sie langsam durch die Nase einatmen, stellen Sie sich vor, wie positive Energie aus einem leuchtenden Stern über Ihrem Kopf fließt. Sie füllen Ihre Lungen mit Luft und sehen, wie der Stern Ihr Bewusstsein mit gutem Willen und guten Gefühlen füllt. Während Sie langsam ausatmen, malen Sie sich aus, wie Sie Ihren Körper und Ihren Geist leeren – von Eifersucht und Missgunst, irrationalen Vorurteilen und negativen Selbstgesprächen, an die Sie Ihre Energie verschwenden. Gestatten Sie nur dem guten Willen und Selbstvertrauen zu bleiben.

Beginnen Sie nun, das Bewusstsein für Ihre *sangha* zu öffnen, für die Gemeinschaft der Menschen, mit denen Sie jeden Tag in Kontakt kommen. Damit neutralisieren Sie Ihre negativen Gefühle gegenüber Personen, die nur schwer ein offenes Ohr bei Ihnen finden. Vergessen Sie nicht, am Ende der Meditation, wenn Ihre Atmung flach wird, Ihren Freunden und Familienangehörigen alles erdenklich Gute zu wünschen. Lassen Sie für den Augenblick alle negativen Gefühle los. Wünschen Sie als Nächstes Ihren Kollegen und Kunden alles Gute. Zum Schluss denken Sie an diejenigen Personen, in deren Gesellschaft Sie sich unwohl fühlen, und wünschen auch Ihnen alles Gute in dem Glauben, dass wir einer einzigen großen Familie angehören und auf dieser Erde sind, um einander zu helfen.

Der Schwerpunkt der Atem- oder Meditationsübung kann auch auf der Innenschau liegen, vor allem wenn wir uns in einem Konflikt befinden. In solchen Situationen können wir damit beginnen, Barrieren aufzulösen. Ich vergleiche diesen Prozess mit einem massiven Sandsteinfelsen, der sich in einem Teich befindet. Langsam, im Laufe der Zeit, wird er durch das Wasser aufgeweicht, bis er schließlich, Splitter für Splitter, auseinander bricht. Die kontemplative Meditation ermöglicht uns, einige unserer machtvollsten negativen Gefühle aufzuweichen und zu »entgiften«.

Wenn Sie beispielsweise seit langem erfolglos an einem Projekt arbeiten und Ihr Freund Max einen Riesenerfolg mit einer Idee erzielt, die er binnen weniger Tage »zusammengeschustert« hat, sind Sie zunächst einmal enttäuscht. Die Statusbarriere erschwert Ihnen das Zuhören, wenn er von seinem Durchbruch erzählt. Dann setzt der negative innere Dialog ein und sorgt in dieser Kombination für heimlichen Groll und Neid. In einer kontemplativen Meditation kehren Sie zu dem Gefühl der Enttäuschung zurück, das Sie empfunden haben, als Sie die Neuigkeit erfahren haben: *Was ist die wahre Ursache für meine Enttäuschung? Neid auf das Geld, das er mit seiner Erfindung verdienen wird? Auf sein schönes Haus? Auf seinen Ruhm? Habe ich aus diesen Gründen mit meinem Projekt begonnen? Sind diese materiellen Dinge notwendig für mich und meine Familie? Wäre ich glücklicher, wenn ich sie besäße? Warum missgönne ich Max seinen Erfolg und sein Glück? Wie würde er sich fühlen, wenn ich an seiner Stelle wäre? Besiegt? Betrogen? Wäre ich dann stolz auf meine Leistung? Hat Max' Erfolg auch sein Gutes? Was kann ich aus dieser Erfahrung lernen? Was würde Schlimmes passieren, wenn ich nie Erfolg habe? Kann ich Max und anderen erfolgreichen Leuten jetzt leichter zuhören?*

Auf diese Weise kann die Meditation aus inneren Barrieren offene Tore für Persönlichkeitswandel, Kreativität und Weisheit machen. Negative Gefühle hemmen das persönliche Wachstum. Diese Barrieren niederzureißen kann ein unangenehmer Prozess sein, aber er ist unabdingbar, wenn Sie ein besserer Zuhörer werden wollen. Wie Zen-Mönch und Coautor Matthieu Ricard in *The Monk and the Philosopher* sagte: »Handeln entsteht aus Gedanken. Wer die eigenen Gedanken nicht beherrscht, kann das eigene Handeln nicht beherrschen.«

Gewöhnen Sie sich an, jeden Tag ein paar Minuten still zu meditieren. Um aufmerksam zuzuhören, müssen Sie als Erstes den inneren Lärm abstellen. Stellen Sie sich das Bewusstsein wie ein Glas vor, das mit Wasser und Sand gefüllt ist. Schütteln Sie es und erkennen Sie, wie die Mischung aus Sand und Wasser den Durchblick erschwert. Lassen Sie das Glas ein paar Minuten ruhen und beobachten Sie, wie das Wasser klar wird, wenn sich der Sand auf dem Boden absetzt. Es ist im Wesentlichen genau das, was in unserem Körper bei der Atemmeditation geschieht. Schon nach wenigen Malen werden Sie das Gefühl haben, mental im Gleichgewicht zu sein. Diese innere Ruhe und Ausgeglichenheit sind ein idealer Zustand, um neue Erfahrungen aufzunehmen. Sie werden merken, dass dieses Gefühl der Entspannung zuerst mehrere Minuten und schließlich Stunden andauert. Ihre Frustrationsschwelle erhöht sich. Wenn Ihnen die Meditationsübungen in Fleisch und Blut übergegangen sind, wird dieser ausbalancierte Zustand auf mentaler und emotionaler Ebene längere Zeit anhalten und Sie befähigen, sich besser zu konzentrieren und zuzuhören.

Entgegen den Ammenmärchen, die sich um die Meditation ranken, werden Sie dadurch weder apathisch noch fatalistisch oder entfremden sich auch nicht Ihrer Umgebung oder den Menschen, mit denen Sie in Kontakt kommen. Sie werden sich lediglich von dem emotionalen Aufruhr und den Störungen befreien, die durch Ihre Barrieren entstehen.

5

WAS FÜR EIN FILM LÄUFT DA AB?

Um den Weg des Buddha zu erforschen, gilt es,
das eigene Selbst zu erforschen.
Um das eigene Selbst zu erforschen, gilt es,
sich selbst zu vergessen.
Um sich selbst zu vergessen, gilt es,
die unbeeinflusste Welt in dir obsiegen zu lassen.
MEISTER DOGEN (1200–1253)

s gibt viele Gründe, warum wir gerne ins Kino gehen. In Filmen können wir der Monotonie und Vorhersehbarkeit unseres Lebens entfliehen und für ein paar Stunden in eine andere Rolle schlüpfen. Ein guter Film kann uns in eine andere Welt entführen, wo wir uns mit den Gedanken, Wertvorstellungen und dem Lebensstil der Hauptperson identifizieren, oft sogar mit ihr bangen oder trauern. Wir verlassen das Kino in der Überzeugung, dass diese Verbundenheit unser Leben verändert hat, zumindest ein wenig. Dass wir uns selbst vergessen und die Welt eine Zeit lang mit den Augen eines anderen betrachten konnten, hat sich auf unseren Gemütszustand ausgewirkt und unseren Horizont erweitert. Im wirklichen Leben werden wir von unseren Gesprächspartnern oft ins Kino eingeladen, ohne es zu merken, mit Aufforderungen wie »Sehen Sie das auch so?« oder

»Versetzen Sie sich einmal in meine Lage!« Wenn wir diese Chancen, uns selbst zu vergessen und in einen anderen hineinzuversetzen, genauso wahrnehmen würden wie in einem Kinofilm, könnten alle Beteiligten durch diese Begegnungen viel gewinnen.

Unser Kinoverhalten ist das genaue Gegenteil des So-tun-als-ob-Zuhörens: wo wir eine Körperhaltung einnehmen, die signalisiert, wie *gespannt* wir sind, immer wieder zustimmend nicken, »Mmmm« sagen und Blickkontakt halten. Wir sind gar nicht in der Lage, uns auf den Sprecher zu konzentrieren vor lauter Anpassungsleistungen. Dieses Verhalten hat täuschend große Ähnlichkeit mit dem eines echten Zuhörers. Doch wenn wir unser Augenmerk auf alle die Signale richten, die von unserer Körpersprache ausgehen sollen (damit wir den richtigen Eindruck erwecken), besteht die Gefahr, dass unser Interesse aufgesetzt wirkt. Wenn wir uns aber vergessen und in die Lage des Sprechers versetzen, genau wie im Kino, *entspannt* sich der Körper und nimmt eine *natürliche* Haltung ein. Wenn wir wirklich zuhören, müssen wir nicht über die richtige Körperhaltung nachdenken oder überlegen, wohin mit unseren Händen. Gestik und Mimik spiegeln *ohne Mühe* unser Interesse wider. Uns bleibt nur eines zu tun – uns einblenden und das Abenteuer genießen!

Mit dem Zuhören ist es ähnlich wie mit dem Kino: Wir nehmen uns die Zeit, weil wir unsere Neugierde befriedigen, uns informieren, unsere eigenen Sorgen kurzfristig vergessen, eine andere Sichtweise oder Erfahrungen außerhalb unserer Lebenswelt kennen lernen wollen. Deshalb ist es ein Kinderspiel, sich in den Film des Sprechers einzublenden!

Meine Arbeit als Sprachtherapeutin ist wesentlich effektiver, seit ich es mir angewöhnt habe, mich vor einer Behandlung in den Film meiner Patienten einzublenden. Der Kinomodus verleiht mir ein »drittes Ohr«, das mir ermöglicht, die Gründe eines Patienten, mich aufzusuchen, in vollem Umfang zu erfassen. Die Auskünfte, die ich von ihm oder einem Angehörigen über seine Person, seine Interessen und seine Lebensweise erhalte, verschaffen mir binnen weniger Minuten zusätzliche Einblicke in seine Welt, die sich auf den Erfolg unserer Teamarbeit auswirken. Manche schildern freimütig, welche emotionalen Probleme sie mit ihrer physischen Behinderung oder Sprachstörung haben oder welchen Herausforderungen sie sich gegenübersehen. Diese Informationen sind sehr hilfreich und sparen Zeit während des Therapie-Planungsprozesses. Nachdem ich mich in ihren Film eingeblendet und ihre Welt- und Lebenssicht verstanden habe, kann ich die Therapiesitzungen wirksamer strukturieren. Wenn ein Patient erkennen lässt, dass er viel von straffer Organisation und Genauigkeit hält, präsentiere ich meine Informationen oder die Therapieergebnisse in Form einer kurzen Zusammenfassung oder grafischen Darstellung. Auf diese Weise profitieren alle Beteiligten: Ich selbst sorge für den Erhalt der Flexibilität bei der Ausübung meines Handwerk, und der Patient weiß es zu schätzen, dass ich seine Weltsicht berücksichtige. Er ist stärker motiviert, die Übungen zu machen und sich an die Empfehlungen zu halten, und erzielt schneller Fortschritte. Ähnliche ist es, wenn ich weiß, dass mein Patient beispielsweise ein leidenschaftlicher Golfer ist. Ich suche mir Artikel über Golf heraus und benutze das »Golferlatein«, um ihm anhand von Analogien zu erklären, welche Therapieaufgaben er bewältigen muss. Die Fähigkeit, sich in den Film eines anderen einzublenden, verleiht diesem nicht nur ein gutes Gefühl, wenn er Informationen preisgibt, sondern ist auch das Salz in der Suppe einer Interaktion, die sonst monoton und weniger effektiv verlaufen könnte. Deshalb ist der Kinomodus eine Zuhörmethode, bei der alle Beteiligten gewinnen.

Der Kinomodus wird am dringendsten im Umgang mit Personen gebraucht, zu denen wir nur schwer einen »Draht« finden: unsere Kinder. Angenommen, Ihre halbwüchsige Tochter kommt von der Schule nach Hause, murmelt ein paar deftige Verwünschungen über den Basketballtrainer, stürmt in ihr Zimmer und knallt die Tür hinter sich zu. Sie haben nun zwei Möglichkeiten: 1) Sie lesen ihr die Leviten – schließlich gehört es sich nicht für eine junge Dame, wie ein Droschkenkutscher zu fluchen – und bringen das Fass damit zum Überlaufen; oder 2) Sie blenden sich in ihren Film ein und hören zu, wenn sie sich den Frust von der Seele redet. Wenn Sie sich für diese Option entscheiden, vergessen Sie das Fluchen und Türenknallen für eine Weile und versetzen sich in ihre Lage, während sie Dampf ablässt. Genau wie im Kino stellen Sie sich selbst hintenan und lassen sich auf das »Drama« ein. Was Ihre heranwachsende Tochter wirklich braucht, ist ein Mensch, der das Geschehen aus ihrer Perspektive sieht, durch die Brille ihres Reifestadiums und ihrer Bedürfnisse. Wenn Sie sensibel für ihre Lage sind und schweigend, aber aufmerksam zuhören, rückt sie vielleicht mit der Sprache heraus: dass die Angst vor einer bevorstehenden Prüfung oder der Frust, dass sie noch keinen Freund hat, der wahre Grund für ihren Ausbruch sind.

Wenn Sie sich in den Film einblenden, haben sie die Chance, sich mit ihrer Frustration und Enttäuschung zu identifizieren. Sie können nachempfinden, was in Ihrer Tochter vorgeht. Sie denken an Ihre eigene Schulzeit zurück und erinnern sich an ähnlich frustrierende Situationen: zum Beispiel an die Strafarbeit, die man Ihnen aufgebrummt hat, weil Sie wegen eines naturwissenschaftlichen Experiments oder Streits mit Ihrem Freund zu spät zum Sportunterricht erschienen sind. Ihre Tochter spürt Ihr Bemühen, sich mit ihr zu identifizieren, und kann erleichtert aufatmen. Sie haben auf Ihre übliche Erziehungsmethode, zu schimpfen und Ratschläge zu erteilen, verzichtet, womit Sie die Kluft zwischen sich und Ihrer Tochter nur vertieft hätten; stattdessen haben Sie beschlossen, die Beziehung zu verbessern, indem Sie sich wie eine gute Freundin verhalten, der man alles anvertrauen kann. (Im siebten Kapitel sind bestimmte Reaktionsstile beschrieben, mit denen man einen »Filmriss« hervorrufen kann.)

Wie bereits erwähnt, sind Ihre mentalen Barrieren besonders widerstandsfähig gegenüber Veränderungen, sobald Sie »zumachen« und mit sich selbst beschäftigt sind. Sich in den Film der

Sprecherin einzublenden, wenn sie über ihre Probleme, Konflikte oder Siege berichtet, ist ein ebenso einfacher wie vertrauter Weg, diese inneren Barrieren in den Hintergrund zu rücken. Was den Kontakt mit anderen am meisten behindert, ist die Beschäftigung mit unseren eigenen, mehr oder weniger heimlichen Zielsetzungen und das Statusdenken.

Am Arbeitsplatz fällt es oft schwer, unseren Panzer abzulegen, aus Angst, Schwäche zu zeigen und den Anforderungen nicht mehr gerecht zu werden. Wir meinen, »cool« sein zu müssen, um andere zur Zusammenarbeit zu motivieren. Unsere Lehrer haben uns darauf konditioniert, unsere Überlegenheit zu demonstrieren oder auf Distanz zu unseren Kunden und Klienten zu gehen, in der Hoffnung, ihnen damit Respekt abzunötigen. Natürlich ist es wichtig, Erfahrung und fachliche Kompetenz zu zeigen. Schließlich haben Sie eben diesen Eigenschaften Ihre Stellung zu verdanken. Aber niemand lässt sich gerne von oben herab behandeln; auch unseren Kunden sind ausgewogene Beziehungen und Gespräche von Mensch zu Mensch lieber als das Gefühl, diskriminiert zu werden.

Eine gute Methode, auch auf emotionaler Ebene Kontakt zu Kunden herzustellen und ihr Vertrauen zu gewinnen, besteht darin, die eine oder andere Information über sich selbst preiszugeben. Auch wenn Sie sich anfangs unbehaglich fühlen (aus dem »Nähkästchen« zu plaudern könnte als unprofessionell gelten), ebnen Sie dadurch den Weg für eine fruchtbare Zusammenarbeit. Ich hatte beispielsweise kein Problem damit, einer Sängerin, die zu einer Stimmtherapie zu mir kam, zu gestehen, dass ich während meiner College-Zeit auf eine Karriere als Opernsängerin gehofft hatte und nachzufühlen vermochte, wie schlimm es ist, wenn man wegen einer Kehlkopfentzündung ein wichtiges Probesingen verpasst. Es war nicht nötig, die Geschichte in allen Einzelheiten zu schildern; diese Aussage reichte bereits aus, um anzudeuten, dass ich mich gut in ihre Lage versetzen konnte.

Ich habe mit vielen Sängern und Hochleistungssportlern gesprochen, die sich triftigen ärztlichen Empfehlungen widersetzen, weil sie glauben, Mediziner wären außerstande, ihre Passion für die Musik oder den Sport nachzuempfinden. Sie halten sich lieber an die Ratschläge ihres Trainers oder Mentors, der kein fundiertes medizinisches Wissen, aber nach ihrem Dafürhalten mehr Einfühlungsvermögen und praktische Erfahrung mit ihrem Problem besitzt. Läufer gehen beispielsweise mit ihren Verletzungen zum Sportarzt. Wenn ihnen dieser dringend nahe legt, ihre Karriere an den Nagel zu hängen und auf Leistungsschwimmen umzusteigen, nehmen sie einen solchen Rat eher von einem Arzt an, der in seiner Freizeit joggt und eine Ahnung von dem »Kick« hat, der mit dem Laufen einhergeht. Wenn Sie eigene Erfahrungen beisteuern, die in Bezug zum Dilemma Ihres Kunden stehen, kann der Funke überspringen und Vertrauen entstehen. Ihr Kunde sieht, dass Sie sein Problem verstehen, und da Sie es aus erster Hand kennen, haben Sie vermutlich bessere Lösungen anzubieten. Der Kunde hat das Gefühl, in den Problemlösungsprozess einbezogen und nicht von einem Experten manipuliert zu werden, der seine Litanei von Geboten und Verboten herunterleiert.

Sie haben nicht die Absicht, Ihrem Kunden die Schau zu stehlen und sich in den Mittelpunkt der Aufmerksamkeit zu manövrieren. Sie wollen sich vielmehr mit der Erfahrung Ihres Kunden identifizieren, um zu einem für ihn positiven Ergebnis zu gelangen. Der Film Ihres Kunden sollte auf Ihrer Liste oberste Priorität haben; wenn Sie Ihre Aufmerksamkeit nicht auf seinen Film lenken können, sondern ständig zu Ihrem eigenen abschweifen, sollten Sie sich mit Informationen über Ihre persönlichen Erfahrungen zurückhalten. Es ist unprofessionell, wenn ein Berater eine Menge Geld dafür einstreicht, dass er endlose Monologe über seine eigenen Probleme hält.

Die erfolgreichsten Therapeuten, Ärzte und Verkäufer sind bemüht, eine positive Beziehung zu ihren Patienten oder Kunden herzustellen. Ihre guten Ergebnissen sind auf die Fähigkeit zurückzuführen, in den Kinomodus überzuwechseln – sich also in die Lage anderer zu versetzen. Jack Carew, namhafter Verkaufstrainer und Autor des Buches *The Mentor: 15 Ways to Success in Sales, Business and Life* sieht in dieser Methode einen Weg zum besseren Verständnis des Gesprächspartners. Dieses Verständnis ist eine Stärke, die den Verkäufer befähigt, andere zu überzeugen.

Sie werden erst dann entdecken, was der Kunde *wirklich* will und braucht, wenn Sie ihm bewusst zuhören. Wenn Sie nicht hundertprozentig verstehen, was ihm wichtig ist, ist ein Verkaufsgespräch nutzlos, genauso, als würden Sie in einer stockfinsteren Nacht Ihren Rasen mähen. Sie wissen nicht, wie weit Sie gekommen sind oder was als Nächstes an der Reihe wäre. Sie können damit rechnen, dass sich der Kunde Ihrer Lösung stur widersetzt, weil Sie ihm keine Chance gegeben haben, sich an der Problemsuche zu beteiligen. Nur wenn Sie seine Bedürfnisse verstehen, werden Sie das Problem wirklich lösen und Ihr ultimatives Ziel erreichen ... einen Kunden zu *gewinnen*. Sie werden sein Interesse wecken und ihn bei der Stange halten, weil Sie mit Ihrer Aufmerksamkeit in seiner Realität bleiben.

»Sich in die Lage eines anderen versetzen« ist eine allseits bekannte Formulierung; die Fähigkeit, sich in den Film eines anderen einzublenden, setzt eine mentale Veränderung voraus, die wesentlich nachhaltiger ist: Man versucht nicht nur, die Situation aus seiner Perspektive zu sehen, sondern Einblick in seine Persönlichkeitsstruktur, Lebensumstände und Motive zu gewinnen. Ein Freund, der große Erfahrung als Mediator besitzt, erzählte mir von einem Konzept im Konflikt-Management, *Attribution* genannt, und dessen negative Auswirkung auf die Konfliktlösung. Attribution rechtfertigt unsere Unzulänglichkeiten, beispielsweise Unpünktlichkeit oder mangelnde Organisation als Ergebnis bestimmter Umstände: Wir kommen zu spät, weil der Zug Verspätung hatte; im Büro herrscht Chaos, weil wir eine neue Sekretärin haben. Doch wenn andere zu spät zu einer Besprechung kommen oder es mit der Organisation hapert, sind wir nicht bereit, ihnen die unglücklichen Umstände als Entschuldigung durchgehen zu lassen. Stattdessen legen wir die Unpünktlichkeit als Charakterschwäche aus: »Typisch für sie!«, sagen wir, oder: »Auf ihn ist kein Verlass.« Wenn wir uns in den Film einblenden, können wir unsere Kritik eher im Zaum halten und einen objektiven Blick auf die Umstände werfen, die sich der menschlichen Kontrolle entziehen und jeden zu jeder Zeit treffen können.

Eine Gelegenheit, den Kinomodus aus erster Hand kennen zu lernen, ergab sich während meines Studiums. Dr. Blom, ein erfahrener Sprachtherapeut und ein Forscher am *Indianapolis Medical Center*, beriet einen Patienten, dessen Kehlkopf nach einer Krebsoperation entfernt werden musste. Er empfahl dem Mann, ein Stimmmodulationsgerät auszuprobieren. Der Patient war ein 68-jähriger Farmer aus einer Kleinstadt im US-Bundesstaat Indiana. Er hatte in den letzten sechsundzwanzig Jahren nur zweimal eine Reise in eine Großstadt unternommen, das erste Mal anlässlich seiner Operation vor zwei Wochen. Ihm war sichtlich unwohl zumute. Er konnte nicht sprechen (außer mit Hilfe eines elektronischen Geräts namens Elektrolarynx) und hatte Angst vor einem weiteren medizinischen Eingriff. Seine abgewetzte Latzhose, seine frische Gesichtsfarbe und schwieligen Hände bildeten einen augenfälligen Kontrast zu dem sterilen Hintergrund des Untersuchungszimmers.

Der Patient saß starr auf seinem Stuhl, in Erwartung einer – höchstwahrscheinlich – schmerzhaften Prozedur. Dr. Blom, der die Nervosität und Angst spürte, legte die Instrumente beiseite, zog einen Stuhl heran und nahm gegenüber Platz. Er hatte eine winzige Anstecknadel in Form eines Angelhakens auf der Latzhose des Farmers entdeckt. Dr. Blom lehnte sich zurück und fragte, was es damit auf sich habe. Der Mann erwiderte, dass er oft zum nahe gelegenen Lake Munroe zum Fischen fahre. Er wurde sichtlich lockerer als er mit Hilfe seiner elektronischen Stimme eine Anglergeschichte zum Besten gab. Seine Augen leuchteten auf, während er noch einmal den Tag durchlebte, an dem er den größten Blaufisch an Land gezogen hatte, der jemals in dem Bezirk gefangen worden war!

Alle Anwesenden, von denen die meisten noch nie im Leben eine Angel in der Hand gehabt hatten, saßen gebannt auf ihren Stühlen. Ungefähr zehn Minuten lang erzählte er von den Freuden des Fischfangs in Indiana. Am Schluss dankte er uns lächelnd, mit Tränen in den Augen fürs Zuhören und sagte, an Dr. Blom gewandt: »Dann wollen wir mal sehen, ob dieser neumodische Schnickschnack funktioniert!« Dank des kooperativen und entspannten Patienten konnte Dr. Blom die Prozedur in weniger als fünf Minuten beenden. Der Farmer verabschiedete sich, erleichtert, zufrieden und mit dem Gefühl, einen Freund gewonnen zu haben.

Wenn wir in den Kinomodus überwechseln, sobald sich eine Gelegenheit bietet, aufmerksam zuzuhören, entwickeln wir ein Gespür für die Bedürfnisse und Gefühle unseres Gesprächspartners. Obwohl der Farmer mit keiner Silbe seine Angst und Nervosität erwähnte, erkannte der Arzt intuitiv die Sorge, die sich hinter der scheinbar ruhigen Fassade verbarg, und beschloss, auf seine Bedürfnisse einzugehen. Wenn er diese Ängste direkt angesprochen hätte, hätte sich der Mann bloßgestellt gefühlt und letztendlich einen heimlichen Groll entwickelt.

Wenn Sie sich selbst zurücknehmen, und sei es nur für wenige Minuten, haben Sie eine ziemlich genaue Vorstellung davon, wie der Sprecher die Situation empfindet. Ihr Kunde sagt vielleicht unverblümt: »Ich bin verärgert«, oder: »Ich bin sehr zufrieden mit Ihrem Service«, doch da Sie durch den Kinomodus auf eine tiefere Kommunikationsebene gelangen als mit Worten, können Sie sich ein ziemlich genaues Bild davon machen, wie er die Situation sieht. Diese Perspektive kann Sie schockieren, in Verlegenheit bringen, erbittern oder verletzen, aber Sie waren ehrlich und haben die Wirklichkeit eines anderen Menschen ohne Wenn und Aber akzeptiert. Als aufmerksamer Zuhörer sind Sie bestrebt, sich auf die Bedürfnisse – positiven und negativen – Ihres Gesprächspartners zu beziehen. Das spiegelt sich in Ihren Worten, in der Körpersprache und im Tonfall wider. Falls Sie damit Schwierigkeiten haben, versuchen Sie sich vorzustellen, wie Sie in einer ähnlichen Situation behandelt werden möchten. (Im siebten und achten Kapitel werden wir ausführlicher auf die Fähigkeit eingehen, sich selbst zuzuhören.)

Bisher waren Ihre Gesprächspartner für Sie unter Umständen eindimensionale Figuren mit Köpfen, die sprechen können und sich durch ihre Frisur voneinander unterscheiden. Wie im dritten Kapitel beschrieben, haben wir auch deshalb Schwierigkeiten, uns an eine Unterhaltung zu erinnern, weil unsere inneren Barrieren auf emotionale Distanz gehen. Wir hören die Worte, aber verstehen oder akzeptieren ihre Bedeutung nicht in vollem Umfang. Wenn eine Freundin beispielweise von ihren Schwierigkeiten mit ihrem neuen Chef erzählt, können Sie nur dann ermessen, wie ernst das Problem ist, wenn Sie sich auf ihren Film einlassen.

Angenommen, der Leiter Ihrer Abteilung erspäht Sie in der Eingangshalle und nutzt die Gelegenheit, mit Ihnen über ein neues Projekt zu sprechen. Statt die wichtigsten Ideen zu verarbeiten, um sich mental Notizen für das bevorstehende Meeting zu machen, konzentrieren Sie sich auf die negativen Erfahrungen mit einem früheren Projekt. Da die Vergangenheit Ihre Aufmerksamkeit beansprucht, schotten Sie sich ab und bleiben »außen vor«. Gescheiterte berufliche und private Beziehungen und verpasste Chancen sind das Ende vom Lied, wenn unsere mentalen Barrieren uns vom Sprecher und seiner Sichtweise trennen. Wenn Sie sich in einer Situation befinden, die aufmerksames Zuhören erfordert, fragen Sie sich also: »Was für ein Film läuft da ab? Wie sieht die Realität aus? Wie sieht mein Gegenüber die Dinge in diesem Augenblick?« Dadurch öffnet sich ein Fenster, das uns Einblick in die Welt dieser Person verschafft und uns die Gelegenheit bietet, der eigenen Agenda eine Ruhepause zu gönnen. Wenn wir vom Film des Sprechers gefesselt sind, erhalten nicht nur seine Worte eine tiefere Bedeutung – auch seine Gestik und Mimik tragen zum Verständnis bei.

Albert Mehrabian, Autor von *Silent Messages*, hat herausgefunden, dass eine verbale Botschaft vom Hörer zu 55 Prozent durch Gestik und Mimik und zu 38 Prozent durch Tonfall, Sprechtempo, Rhythmus und Betonung aufgenommen wird; die Worte selbst geben nur rund 7 Prozent der Botschaft wider. Anders ausgedrückt: den Löwenanteil einer Botschaft *übermitteln* die nonverbalen Signale. Das spricht für die Behauptung, dass Taten mehr wiegen als Worte. Es bleibt gleichwohl dem Hörer überlassen, Worte, Taten und Stimmsignale miteinander zu verknüpfen, um Aufschluss über die ganze Botschaft zu erlangen. Der Kinomodus erleichtert diese Synthese.

Richard Ben Cramer vergleicht in seinem Buch *What It Takes* den Kommunikationsstil verschiedener amerikanischer Präsidentschaftskandidaten. Er lobt Senator Richard Gephardts Fähigkeit, sich in den Film des jeweiligen Sprechers einzublenden:

Wenn Gephardt zuhörte, schaltete er von Kopf bis Fuß auf Empfang. Er fixierte mit seinen himmelblauen Augen das Gesicht seines Gegenübers; sie schweiften nicht zwischen dessen Augen, Mund oder dem Mann hin und her, der gerade zur Tür hereinkam, sondern blieben unverwandt und selbstvergessen an Ort und Stelle haften wie Löschpapier ... Als gäbe es nur diesen Menschen auf der Welt und sein Problem, blieb er auf Empfang, bis sein Gesprächspartner erschöpft war vom Angehörtwerden.

Unsere Selbstinteressen sind oft so übermächtig, dass sie der Bandbreite die Erfahrungen, die wir zulassen, begrenzen. Warum verwandeln wir diese Selbstinteressen nicht in ein interessiertes Selbst? Mahatma Gandhi beschrieb die Belohnungen, die damit verbunden sind, wenn man sich in den Film des Sprechers einblendet, als er sagte: »Drei Viertel der Miseren und Missverständnisse in der Welt werden verschwinden, wenn wir uns in die Lage unserer Kontrahenten versetzen und ihren Standpunkt verstehen.«

Der Kinomodus zeigt uns die Lebenssicht eines anderen Menschen kostenlos. Jeder Film ist ein Abenteuer. Zugegeben, nicht alle sind gleich spannend, aber wenn Sie dem Sprecher eine Chance geben, gehen Sie nur das Risiko ein, etwas Neues dazuzulernen.

Ein weiterer Pluspunkt ist, dass Sie dem Sprecher ein gutes Gefühl geben, wenn Sie sich in seinen Film einklinken. Können Sie sich an das letzte Mal erinnern, als man ihnen gebannt zuhörte? Die Geschichte oder der Witz waren so, als erzählten Sie sie zum ersten Mal: Sie lassen sich von der Handlung mitreißen und erleben sie noch einmal. Ihre Zuhörer, hängen an Ihren Lippen. Bestimmt kennen auch Sie das Gefühl der Einsamkeit, wenn jemand nicht auf Ihre Einladung, Ihren Film zu teilen, eingeht, oder schlimmer noch, Ihre Erfahrungen bagatellisiert oder entwertet. In solchen Situationen lassen wir uns leicht durch negative innere Dialoge überzeugen, dass unsere Erfahrung letztlich doch nicht so toll war. Wir spüren also am eigenen Leibe, wie unser Selbstwertgefühl leidet, wenn man uns nicht richtig zuhört.

Ich frage meine Sprachschüler häufig: »Woher wissen Sie, dass man Ihnen zuhört?« Die meisten sagen, dass man es spürt, wenn sich der andere identifiziert, wenn er die Bedürfnisse oder Gefühle richtig verstanden oder gedeutet hat und wenn er richtig reagiert. Andere Antworten lauten:

- Wenn sie nicht immer wieder dieselben Fragen stellen.
- Wenn sie mich anschauen und mit nichts anderem beschäftigt sind, während ich rede.
- Wenn sie nicht dauernd über sich selbst oder etwas völlig anderes reden.
- Wenn sie sich Tage oder Wochen später nach Dingen erkundigen, die ich bei unserer letzten Begegnung gesagt habe; dann war die Sache wohl wichtig genug, um sie sich zu merken.
- Wenn sie sich zu Herzen nehmen, was ich sage.

Auf die Frage »Wie fühlen Sie sich, wenn Sie spüren, dass man Ihnen zuhört?« sind die Antworten meistens gemischt:

- Erleichtert.
- Ich habe ein schlechtes Gewissen, weil ich meinen Seelenmüll abgeladen habe.
- Gut, weil meine Meinung zählt.
- Gut, weil sich jemand für mich und meine Ansichten interessiert.
- Dankbar und ein bisschen schuldbewusst, weil es mir hinterher so gut geht.
- Ich habe das Gefühl, ich sei wichtig.

Wenn Sie sich in den Film des Sprechers einblenden, verstehen Sie ihn nicht nur besser, sondern geben ihm auch das Gefühl, anerkannt zu werden oder sogar in Ihrer Schuld zu stehen, weil er Ihre Zeit in Anspruch genommen hat.

Die Schuldgefühle kann ich mir nur damit erklären, dass man uns im Leben so selten richtig zuhört, dass wir meinen, für ein so kostbares Geschenk hätten wir nichts Gleichwertiges zu bieten. Dabei ist Zuhören kostenlos. Bedauerlicherweise bilden wir uns oft ein, wir müssten unsere Wertschätzung durch Geld oder materielle Dinge zum Ausdruck zu bringen. Studien belegen, dass Arbeiter eine nicht-materielle Anerkennung ihrer Leistung einer finanziellen Vergütung vorziehen. Aufmerksam zuhören, sich selbst eine Weile vergessen und sich in den Film des Sprechers einblenden kann das schönste Geschenk sein, das Sie anderen machen können. Es ist befriedigender, zu einem Menschen aus Fleisch und Blut zu sprechen als gegen die Wand oder den Fernseher. Es spielt keine Rolle, ob Sie als Zuhörer eine Problemlösung parat haben; Sie sorgen dafür, dass der Sprecher Resonanz bei Ihnen findet, und oft bedarf es nicht mehr, um ihm zu helfen, selbst auf eine Lösung zu kommen. Als Sprecher entwickeln wir Vertrauen zu aufmerksamen Zuhörern und freuen uns auf die nächste Begegnung mit ihnen.

Vertrauen entsteht nicht, wenn der Gesprächspartner lediglich so tut, als sei er ganz Ohr. In einer Untersuchung von Ramsey und Sohi aus dem Jahr 1997 heißt es: »Wenn ein Kunde das Gefühl hat, dass ein Verkäufer ihm zuhört, fördert das sein Vertrauen zu dieser Person.« Der Verkaufsvorgang wird außerdem als befriedigend empfunden, wenn der Kunde spürt, dass der Verkäufer ehrlich und aufrichtig ist. Die Vertrauensbasis wirkt sich positiv auf künftige Interaktionen zwischen Kunde und Verkäufer aus.

Ist das nicht die Vertrauensbasis, die Sie gerne zu Ihrem Lebenspartner, zu Ihren Kindern und Freunden aufbauen würden? Der Kinomodus verlagert Ihre Aufmerksamkeit auf die Realität des Sprechers, lenkt sie ab von unerledigten Aufgaben oder Taktiken, mit denen Sie Zuhören simulieren. Sie wollen ja schließlich nicht den Eindruck erwecken, als fiele Ihnen das Zuhören schwer. Vorgetäuschtes Zuhören ist schlimmer als gar nicht zuhören. Je mehr Sie sich *anstrengen*, anderen Gehör zu schenken, beliebt zu sein, den Leistungsvorgaben Ihrer Kunden zu entsprechen oder Geld zu verdienen, desto mehr arbeiten Sie *gegen sich selbst*. Das ist ähnlich wie beim Golfspielen. Je mehr Sie sich anstrengen, den Ball zu treffen, desto größer ist die Wahrscheinlichkeit, dass Sie ihn verfehlen. Der Kinomodus ist der Weg des geringsten Widerstandes: Der Erfolg stellt sich von selbst ein, wenn Sie gut zuhören. Das liegt daran, dass Ihr Ziel ausschließlich darin besteht, den Sprecher und seine Botschaft zu verstehen. Alles andere ergibt sich von alleine und fügt sich Steinchen für Steinchen zu einem Gesamtbild zusammen.

Dieses Kinoerlebnis setzt weitere unerlässliche Veränderungen in Ihrem Kommunikationsverhalten in Gang. Sie finden *Ihre eigenen* Filme plötzlich nicht mehr so interessant und sind deshalb weniger geneigt, ständig über sich selbst zu sprechen. Ihr Film wird trotz des spannenden Handlungsverlaufs langweilig, denn er hat Ihnen ja nichts Neues zu bieten, wenn Sie ihn immer wieder abspulen.

Seit ich beim Zuhören in den Kinomodus überwechsle, stelle ich mich selbst und mein Wissen weniger in den Vordergrund. Ich gebe meine Kenntnisse und Erfahrungen gerne weiter, aber noch lieber erforsche ich die Szenerie eines anderen Menschen, um eine neue Perspektive kennen zu lernen. Sich selbst vergessen und in den Film des Sprechers abtauchen ist wie Urlaub vom Ego.

Einer meiner Sprachschüler beschrieb diese Erfahrung folgendermaßen:

> Jeder Kunde nimmt mich mit auf eine Reise in seine eigene Welt der Probleme und Sorgen. Wenn ich mich beim Zuhören mit meinen eigenen Problemen und Sorgen beschäftige, kommt mir mein Alltag grau in grau vor, eine Tretmühle, die mich Kraft kostet. Wenn ich mich jedoch in die Situation meines Gesprächspartners versetze und mich dabei selbst vergesse, ist jeder Tag anders, wie ein Film in Technicolor! Es kommt mir so vor, als wäre der Umgang mit meinen Kunden weniger schwierig, ich schaffe, was ich mir vorgenommen habe, und wenn ich abends nach Hause komme, kann ich meiner Frau Geschichten von faszinierenden Leuten erzählen. Ich sehe meine Tätigkeit inzwischen in einem völlig anderen Licht. Ich freue mich auf jeden Arbeitstag, der mir wie ein neues Abenteuer erscheint. Wer hätte je gedacht, dass Schulden eintreiben eine positive Erfahrung sein kann?

Ein weiterer Vorteil beim Kinomodus ist, dass unsere Neigung zu unterbrechen merklich abflaut. Für Sprecher sind Unterbrechungen das ärgerlichste Kommunikationsmerkmal. Hinter dem Wunsch dazwischenzureden steht der Kampf um Macht und Kontrolle im Gespräch. Wenn Sie anderen häufig das Wort abschneiden, sollten Sie überlegen, wie wichtig es für Sie ist, das Thema in eine bestimmte Richtung zu lenken oder Ihren Standpunkt klar zu machen; fragen Sie sich auch, wie stark Sie sich auf Ihren eigenen Film konzentrieren und auf Distanz zum Sprecher gehen. (Mehr über die Unart, andere ständig zu unterbrechen, finden Sie im achten Kapitel.)

Je mehr Sie üben, sich in den Film Ihrer Gesprächspartner einzublenden, desto besser werden Ihre Gesprächspartner auch auf Sie reagieren. Wir alle wissen es zu schätzen, wenn jemand aufmerksam und wertneutral zuhört. Im Kino lauschen wir gespannt, ohne dass unsere inneren Barrieren dazwischenfunken. Wenn wir das Geschehen aus der Warte des Sprechers betrachten, kommen wir gar nicht in Versuchung, ein Werturteil zu fällen. Wir können hinter die Kulissen schauen und einen Blick auf die Motive werfen, die den Sprecher veranlassen, sich auf bestimmte Weise zu verhalten. Egal ob wir mit seiner Meinung übereinstimmen oder nicht, verstehen wir, warum er so und nicht anders empfindet. Er wird natürlich froh sein, Rückmeldungen zu erhalten. Deshalb können Sie, wenn Sie mit dem Sprechen an der Reihe sind, nur hoffen, das Wissen Ihres Zuhörers sinnvoll zu ergänzen.

In manchen Situationen ist es nicht ratsam, zu tief in den Film eines anderen einzutauchen. Für einen Arzt, der in der Notaufnahme eines Großstadt-Krankenhauses arbeitet, wäre der Kinomodus auf Dauer kräftezehrend und unproduktiv. Die Gefühle sind hier ständig gespannt, und bei vielen Patienten würde der Film epische Ausmaße annehmen. Wenn es um Leben oder Tod geht, haben die Umstände, warum jemand in der Notaufnahme landet, nicht oberste Priorität. Ein Arzt muss ohne lange Vorrede handeln und seine Konzentration bewahren, um Leben zu retten. Für einen Sozialarbeiter, Anwalt oder Polizisten könnte es hingegen erforderlich sein, sich in den Film des Opfers einzublenden, um die angemessenen rechtlichen Schritte einzuleiten.

Für Ärzte und Pflegepersonal ist es indessen unerlässlich, die Gefühle der Patienten und Angehörigen zur Kenntnis zu nehmen und einen Weg zu finden, damit umzugehen. Ich ziehe meinen Hut vor jedem Arzt, dem der Drahtseilakt zwischen Einfühlungsvermögen und Objektivität gelingt, die beide nötig sind, um einen todkranken Patienten und seine Familie durch die Behandlung zu begleiten.

In der Krisenintervention, wo Menschen telefonisch Beistand suchen, die hochgradig unter Stress stehen oder suizidgefährdet sind (zum Beispiel Drogenberatung oder Frauennotruf), ist das *Burnout*-Risiko besonders hoch. Um Sicherheit und Offenheit zu gewährleisten, bieten diese überwiegend ehrenamtlichen Helfer nur telefonische Unterstützung an und bleiben selbst anonym. Da sich die Anrufer in einer ausweglosen Situation befinden, können die Gespräche stundenlang dauern. Dazu kommt, dass die Berater (zumeist Psychologen oder Sozialarbeiter) jedes Wort vorher gründlich überdenken müssen und häufig Drohungen oder Manipulationsversuchen durch den Anrufer ausgesetzt sind. Wenn sie sich zu sehr auf die emotionalen Probleme einlassen, laufen sie Gefahr, bald so ausgebrannt zu sein, dass sie selbst in eine Krise geraten und niemandem mehr einen konstruktiven Rat geben können.

Einem Schlaganfall-Patienten zuzuhören, der versucht, mit einer intakten Hand, blitzschnell wechselndem Mienenspiel und unverständlichen Worten zu kommunizieren, ist eine Herausforderung. Man muss sich darauf konzentrieren, der Bedeutung auf die Spur zu kommen, was durch bestimmte Hilfsmittel wie eine Tafel mit Bildern oder Buchstaben oder das geschriebene Wort erleichtert wird. Das erfordert, dass man zu erspüren versucht, was dem Patienten durch den Kopf gehen könnte. Meistens wünscht er sich weder eine Wärmflasche noch eine Decke, sondern möchte vielmehr hören, dass seine »eingefrorene« Sprache ein vorübergehender Zustand ist. Leider lässt sich diese Prognose nicht in allen Fällen stellen. Gleichermaßen schwierig ist das Gespräch mit den Angehörigen nach einem Schlaganfall oder einer Kopfverletzung eines nahe stehenden Menschen. In solchen Situationen ist emotionale Distanz fehl am Platz: der Kinomodus kann dazu beitragen, den Kummer der unmittelbar Betroffenen zu verstehen und ihnen die Bürde zu erleichtern. Sie erwarten nicht, dass man mit ihnen weint; sie wollen nur, dass man ihnen zuhört, wenn sie ihren Ängsten und Schuldgefühlen Ausdruck verleihen. Erst dann sind sie in der Lage, Behandlungsalternativen in Erwägung zu ziehen und Entscheidungen über Rehabilitationsmaßnahmen zu treffen. Wenn man Patienten und Angehörigen in dieser schweren Zeit nicht richtig zuhört, fällt es Ihnen noch schwerer, mit der veränderten Situation fertig zu werden und Hilfe anzunehmen.

Diejenigen von Ihnen, die über mangelnde Aufmerksamkeit klagen, werden nun vermutlich sagen, dass sie im Kino nur selten ein Problem damit haben, sich zu konzentrieren. Im Kino gibt es keine Ablenkungen. Es ist dunkel, und Sie sind sie so gefesselt vom Geschehen auf der Leinwand, dass Sie nicht einmal auf Ihre Sitznachbarn achten. Ihre Konzentrationsfähigkeit ist absolut Spitze! Doch diese Konzentrationsfähigkeit wird im Alltag, etwa in Meetings und Vorträgen, auf eine harte Probe gestellt.

Die meisten von uns haben sich schon einmal von einem Kinofilm mitreißen lassen. Das ist etwas, was wir nicht *lernen* müssen. Warum fällt es uns dann schwer, uns in den Film eines Gesprächspartners einzublenden, so dass wir uns selbst und die Welt ringsum vergessen?

Oft wurzelt das Problem in der Unfähigkeit, Kontakt zum Sprecher herzustellen. Wie können wir auch aus unserer Wirklichkeit *heraus*treten und in die eines anderen *ein*treten, wenn sich ständig die eigenen Sorgen zu Wort melden und unsere Aufmerksamkeit blockieren? Um sich aus dem eigenen Film auszublenden und ein aufmerksamer Zuhörer zu werden, sind drei Dinge erforderlich: 1) der Wunsch, die ganze Botschaft aufzunehmen; 2) die Fähigkeit, störende Barrieren zu beseitigen; und 3) die Bereitschaft, die eigenen Interessen weiter unten auf der Prioritätenliste anzusiedeln. Ein aufmerksamer Zuhörer ist nicht neidisch. Wenn beispielsweise ein Kollege oder Freund aus dem Urlaub zurückkehrt und darauf brennt, von seinen Erlebnissen zu berichten – fragen Sie sich dann grollend, woher er das Geld haben mag oder warum Sie keinen Abenteuerurlaub gebucht haben? Als gäbe es nur eine begrenzte Anzahl von Urlaubs- oder Beförderungsmöglichkeiten in Ihrem Unternehmen, sind sie unwillig, ihm großzügig Gehör zu schenken. Wären Sie zufriedener, wenn Sie alle positiven Erfahrungen, die es gibt, horten könnten?

Wenn Ihr Gesprächspartner dagegen überhaupt nichts Aufregendes zu bieten hat, sondern langweilig ist wie ein schlechter Kinofilm, sollten Sie eine Herausforderung darin sehen, nach einer Information oder Chance zu suchen, die Gold wert sein könnte. Sie werden nicht blindlings darüber stolpern, wenn Sie Ihren Blick auf den fernen Horizont richten. (In Kapitel 10 finden Sie Tipps, wie man als Zuhörer mit solchen und ähnlichen Situationen umgeht.)

Wenn Sie mehr Aufgeschlossenheit für den Standpunkt eines anderen Menschen entwickeln, fühlen Sie sich anfangs vielleicht unwohl in Ihrer Haut, aber die Bereitschaft, flexibel zu denken und sich selbst zurückzunehmen, um sich in den Film Ihres Partners einzublenden, trägt zur Entwicklung stabiler, auch ehelicher Beziehungen bei. John Gottman, Psychologieprofessor und Eheberater-Guru an der University of Washington, prophezeit, dass »nur den frisch gebackenen Ehemännern, die den Einfluss ihrer Frauen akzeptieren, eine glückliche, haltbare Ehe beschieden ist ...« Die Männer müssen seiner Meinung nach bereit sein, Macht mit ihren Frauen zu teilen und ihnen auf halbem Weg entgegenzukommen, um zu einer allseits befriedigenden Konfliktlösung zu gelangen. Dieser Therapieansatz könnte wirksamer sein als die herkömmliche Methode, Paaren Techniken wie das aktive Zuhören beizubringen.

Es gibt noch einen anderen Weg, mehr über unsere menschliche Natur zu erfahren. Nach Ansicht des herausragenden Psychologen Abraham Maslow ist das Ziel der Selbstentwicklung die Selbstverwirklichung. Nach der Selbstverwirklichung sind wir bestrebt, die nächst höhere Ebene des Verstehens zu erreichen, in der wir unsere Aufmerksamkeit von uns selbst ab- und stattdessen anderen zuwenden können. Der Mangel an Selbstbezogenheit macht uns psychologisch frei, die Erkenntnisse anderer zu erkunden. Dadurch können wir unseren Alltag mit seinen

Routinetätigkeiten in spannende Erfahrungen umwandeln. Jede Unterhaltung kann so faszinierend sein, als würden wir atemlos einen Sonnenaufgang betrachten oder an einem eisigen Nachmittag die Wärme des Feuers und den Geruch der prasselnden Holzscheite im Kamin genießen.

Eleanor Roosevelt und der amerikanische Schriftsteller Henry David Thoreau gehörten zu den Menschen, die nach Maslows Maßstäben sich selbst verwirklicht hatten. Sie akzeptierten sich selbst und andere so, wie sie waren. Sie warteten nicht auf Zustimmung bevor sie handelten. Selbstverwirklichte Menschen hören zu, als gäbe es in diesem Moment nichts und niemanden sonst auf der Welt. Wäre es nicht schön, wenn Ihre Kunden, Freunde und Familienangehörigen nach einem Gespräch mit Ihnen das gleiche Gefühl hätten?

Sich in den Film eines anderen einzublenden ist eine *natürliche* Art zuzuhören. Es handelt sich dabei weder um eine Technik, die man Schritt für Schritt erlernen könnte, noch um ein Produkt der Fantasie, sondern um eine Erweiterung der uns angeborenen Neugierde auf das Leben und die Lebenssicht anderer Menschen. Das hat zur Folge, dass andere besser auf uns reagieren, weil sie merken, dass wir mit Werturteilen und Kritik nicht mehr so schnell bei der Hand sind. Dr. Maslow sagt: »Die wirksamste Art, die wahre Beschaffenheit der Welt wahrzunehmen, besteht darin, rezeptiv und nicht zwanghaft aktiv zu sein.«

Wie weit sind Sie auf Ihrem Weg zur Selbstverwirklichung gekommen? Wie solide ist das Fundament der *Bereitschaft zuzuhören?* Nach der Bedürfnishierarchie von Maslow müssen zuerst die Grundbedürfnisse auf vier Ebenen befriedigt sein, bevor wir bereit sind, nach »kreativer Eigengestaltung« zu streben. Die Rangfolge des nachstehend beschriebenen Bedürfnisspektrums ist nicht festgelegt und kann variieren. Auch das Ausmaß der Bedürfnisbefriedigung kann unterschiedlich sein.

Stufe 1 umfasst die grundlegenden physiologischen Bedürfnisse wie Hunger, Durst, Sexualität und Schlaf. Sobald diese erfüllt sind, taucht eine Gruppe neuer Bedürfnissen auf. Auf Stufe 2 finden wir die Sicherheitsbedürfnisse. Wenn die Bedürfnisse auf dieser Ebene nicht befriedigt sind, misstrauen wir anderen und sind übervorsichtig in Situationen, die neu für uns sind. Als Nächstes kommen die sozialen Bedürfnisse, zum Beispiel nach Kontakt zu anderen und dem Gefühl der Identifikation mit einer Gruppe. Maslow spricht von dem Bedürfnis nach *Liebe* und *Zugehörigkeit*. Zur vierten Stufe gehören die Differenzierungsbedürfnisse, zum Beispiel der Wunsch nach Selbstachtung und Vertrauen in die eigene Fähigkeit, Ziele zu erreichen, oder das Bedürfnis nach Selbstständigkeit und Kompetenz. Erst dann sind wir wachstumsorientiert: Wir wachsen über uns selbst und unser Ego hinaus, sind aufgeschlossen für eine breit gefächerte Skala von Wahrnehmungen. Ein selbstverwirklichter Mensch ist offen dafür, das Leben aus der Perspektive anderer zu sehen.

Wie man die Grundbedürfnisse befriedigt, die zur Selbstverwirklichung führen, würde den Rahmen des Buches sprengen; aber falls es Ihnen schwer fällt, zuzuhören oder Ihre mentalen Barrieren abzutragen, könnten unerfüllte Grundbedürfnisse die Ursache sein. Sie erfordern Aufmerksamkeit und unter Umständen professionelle Hilfe. Wenn es Ihnen gelingt, zumindest einige zu befriedigen und sich Stufe für Stufe bis an die Spitze der Pyramide hochzuarbeiten, werden Sie feststellen, dass Zuhören eine Spitzenerfahrung sein kann.

Wenn Sie häufig die natürlichen durch künstliche Kommunikationsmittel ersetzen (E-Mail, Chat-Ecken im Internet, formale Briefe), mindern Sie Ihre Chancen, Spitzenerfahrungen zu machen, die Ihr Leben verändern. Vielleicht liegt der Reiz dieser Medien darin, die erwünschten Kontakte ohne die Anstrengungen herzustellen, die eine persönliche Begegnung mit sich bringt. Gelegentlich beklagen sich meine Sprachschüler über die mangelnde Effizienz und Unzufriedenheit, die sie im Gespräch mit Familienangehörigen, Freunden und Kunden erleben. Sie haben den Verdacht, dass viele Leute nicht rundheraus sagen, was sie wirklich denken; sie benehmen sich töricht, lachen an den unpassendsten Stellen oder schleichen um den heißen Brei herum. Sie unterbrechen, fällen Werturteile, erteilen unaufgefordert Ratschläge und reden zu viel.

Sich in einen interessanten Film einbinden zu lassen ist eine spontane Erfahrung; wir müssen uns nicht anstrengen, um zuzuhören, oder uns auf bestimmte Techniken verlassen, um uns in andere hineinzuversetzen. Wenn wir diese Spontaneität abblocken und uns auf das Ergebnis statt auf den Prozess des Zuhörens konzentrieren, verhalten wir uns gestelzt. Bestimmte Posen einnehmen, nicken und andere Tricks beim Zuhören, die zu mechanischen Reaktionen werden, sind unnatürlich und hinderlich. In seinem Buch *The Way of Zen* beschreibt der amerikanische Zen-Meister Alan Watts die Vorzüge des »unbefangenen« Handelns, das er mit der Fähigkeit eines Hundertfüßers vergleicht, sämtliche Beine gleichzeitig fortzubewegen:

> Der Hundertfüßer war zufrieden, dann und wann
> Bis eine Kröte ihn fragte, im Spaß
> »Sag, welches Bein bewegt sich nach welchem, Mann?«
> Das beschäftigte ihn in einem solchen Maß
> Dass er sich in einen Graben legte
> Und sich vor lauter Grübeln nicht mehr regte.

Eine der interessantesten Situationen habe ich im Sommer vor einigen Jahren mit meiner russischen Schwiegermutter erlebt. Unfähig, mehr als fünf Worte Englisch zu sprechen (vier hatten mit Einkaufen zu tun), kam Etel zu Besuch nach Boston. Mein Russisch, das sich auf ein paar Grundbegriffe beschränkt, trug außer seichtem Geplänkel nicht viel zu unserer Beziehung bei. Zum Glück stand mein Mann, der fließend Englisch und Russisch spricht, meistens als Dolmetscher zur Verfügung. Eines Abends musste er zu einer Besprechung. Er wies mich darauf hin, dass Etel nicht dauernd fernsehen, sondern sich lieber mit mir unterhalten wolle. Wie konnte sie mein begrenztes Russisch kurzweiliger finden als Wheel of Fortune[1], eine der beliebtesten Gameshows in Amerika? Ich flehte ihn an, die Besprechung zu verschieben, doch leider vergebens. Ich war also auf mich selbst gestellt.

Als mein Mann gegangen war, stellte ich beherzt Tee und Kekse auf den Tisch und klemmte mir das russische Wörterbuch unter den Arm, während Etel geduldig am Esszimmertisch wartete. Das wird ein höllischer Crashkurs, dachte ich – Russisch an einem Abend! Ich schenkte Tee ein und hoffte, die Grammatikregeln im Verlauf der nächsten Stunden auf wundersame Weise aus dem Hut zu zaubern. Etel lächelte mich an wie eine langjährige Freundin und begann, mir etwas zu erzählen, zuerst sehr langsam. Den wenigen Worten, die ich verstand, entnahm ich, dass sie über das Leben in der ehemaligen Sowjetunion sprach. Nach und nach redete sie schneller und wurde melancholisch. Obwohl ich kaum ein bekanntes Wort ausmachen konnte, war offensichtlich, dass Etel die Vergangenheit noch einmal durchlebte und mir unbedingt etwas darüber erzählen wollte.

Etel muss gewusst haben, dass ich »auf dem Schlauch stand«. Warum redete sie ununterbrochen weiter, ohne sich zu vergewissern, dass ich ihr folgen konnte? Zu diesem Zeitpunkt hätte ich aufgeben, abschalten und hin und wieder nicken aus Höflichkeit können. Aber ich beschloss durchzuhalten. Auch wenn ich ihre Worte nicht verstand, konnte ich ihrem Tonfall und ihrer Mimik eine Menge entnehmen. Ich hätte auch hyperaktiv reagieren und den Redefluss ständig unterbrechen können, um unbekannte Wörter nachzuschlagen und um Wiederholungen zu bitten, aber ich spürte instinktiv, dass es nicht das war, was meine Schwiegermutter jetzt brauchte. Etel brauchte einen Menschen, der einfach *zuhörte*. Ich blieb wachsam, denn wenn meine Aufmerksamkeit auch nur einen Moment nachließ, würden mir auch noch die Bruchteile der Botschaft entgehen, die ich verstanden hatte.

---

[1] Die deutsche Version trägt den Titel *Glücksrad*.

Eine Stunde verging, und ich war mit ihr zur Salzsäule erstarrt, als *der KGB-Offizier ihre Habe nach Schwarzmarkt-Waren durchsuchte. Er hatte tief in das Seitenfach des Koffers hineingegriffen, wo die amerikanischen Bluejeans und die Beatles-Kassette versteckt waren, die sie für ihren Sohn gekauft hatte! Als ihr der kalte Schweiß ausbrach, sah der Offizier auf, zuerst mit funkelndem Blick, dann augenzwinkernd, bevor er ihren Koffer zuklappte und sie gehen ließ!*

Später kam mir der Gedanke, dass ich mit meiner Interpretation vielleicht voll daneben lag, aber das spielte keine Rolle. Etel hatte es gefallen, sich mit mir zu »unterhalten«. Mein Ego, anfangs noch darauf bedacht, die Worte und Zeiten der Verben korrekt zu übersetzen, beschloss, sich ins Dunkel des Zuschauerraums zurückzuziehen und die Darbietung auf der Bühne zu genießen.

Eine Stunde später, als mein Mann nach Hause kam, war Schluss mit dem Fabulieren, leider. Vor jenem Abend hatte ich Etel nie lauthals lachen oder starke Gefühlsregungen bei ihr bemerkt. Ich werde vermutlich nie erfahren, was sie mir wirklich erzählt hat, aber jener Abend veränderte unsere Beziehung. Das Zuhören schuf mehr Nähe zwischen uns, als es hundert Einkaufsbummel vermocht hätten.

ÜBUNG
Gehen wir ins Kino

1. Gehen Sie ins Kino, oder leihen Sie einen Videofilm aus, wenn es zu Hause nicht zu viele Störungen gibt. Ein Actionfilm oder Thriller erhöht die Wahrscheinlichkeit, dass Sie sich mitreißen lassen. Achten Sie darauf, wie Ihre Körpersprache die innere Anteilnahme am dramatischen Geschehen spiegelt. (Ich wette, Sie hatten nicht geplant, sich gespannt nach vorne zu lehnen, die Augen unverwandt auf die Mattscheibe gerichtet, als der Spion seiner Geliebten den Geheimcode zuflüsterte, bevor er in das von Haien wimmelnde Wasser fällt!) Wenn jemand

sich vorbeugt und Blickkontakt hält, während Sie reden, wissen Sie, dass er wirklich zuhört. Achten Sie außerdem darauf, wie oft Ihre Gedanken während der weniger aufregenden Passagen abschweifen und Sie sich ermahnen müssen, *sich wieder auf den Film zu konzentrieren.* Sind Sie mühelos in der Lage, dem Handlungsablauf zu folgen, oder verlieren Sie leicht den Faden? Denken Sie darüber nach, wie oft Sie sich im Gespräch mental aus- und wieder einklinken, so dass Sie den Ablauf oder die wichtigsten Ideen nicht mitbekommen. Talkshows und *Sitcoms* im Fernsehen eignen sich ebenfalls für diese Übung. Wenn Sie dazu Filme oder Fernsehsendungen benutzen, wird Ihre Konzentrationsfähigkeit mühelos und auf angenehme Weise geschärft. Später können Sie darüber nachdenken, wie Sie es geschafft haben, die Liste der unerledigten Aufgaben und Zielsetzungen eine Weile außer Acht zu lassen.

2. Nehmen Sie sich vor, sich jeden Tag in den Film von mindestens einer Person einzublenden. Das kann ein Kunde, ein Kind oder die Putzfrau in Ihrer Firma sein. Freuen Sie sich auf ein fantastisches Miniatur-Abenteuer! Vielleicht schildert Ihnen die Taxisfahrerin ihren geschäftigen Tag, ein Kollege sein Wochenende oder ein Kind eine komische Begebenheit, die sich in der Schule zugetragen hat. *Durchleben Sie das Geschehen mit ihnen – genau wie im Kino.* Kosten Sie das Gefühl aus, an zwei Orten gleichzeitig zu sein – auf ihrem Stuhl *und* in der Situation des Sprechers. Achten Sie darauf, wie die Zeit still steht.

3. Kulturelle Unterschiede stellen selbst für die besten Zuhörer eine Herausforderung dar. Um sich in den Film ausländischer Menschen einblenden zu können, sollten Sie vorab etwas über ihre Kultur und ihre Kommunikationsbereitschaft in Erfahrung bringen. Falls sich Ihr neues Arbeitsumfeld oder Ihre Nachbarschaft überwiegend aus Leuten zusammensetzt, die einer anderen Nationalität angehören, beschaffen Sie sich Literatur über die jeweiligen Sitten und Gebräuche. Achten Sie auf Fra-

gen, Kommentare oder nichtverbale Hinweise, die charakteristisch für diesen Kulturkreis sind. Auch beruflich macht es Sinn, sich eingehend mit diesen Besonderheiten zu befassen. Vergessen Sie nicht: Ein guter Zuhörer ist bemüht, den Sprecher zu verstehen.

4. Übertragen Sie diesen Kinomodus nun auf weniger spannende, aber realistische Szenarien, wie Vorträge oder Meetings. Jeder Sprecher hat einen Film, an dem Sie teilhaben können. Wählen Sie eine Audiokassette oder eine Rundfunk-Sendung mit wenigen Unterbrechungen durch Werbung aus, um Ihre Konzentrationsfähigkeit zu verbessern. Achten Sie darauf, wie viele wichtige Punkte Sie sich merken konnten. Was war das Highlight der Diskussionsrunde mit dem Experten für Quantenmechanik? Falls Sie sich nicht für das Thema erwärmen konnten, hat Ihnen vielleicht die Art gefallen, wie der Sprecher seinen Standpunkt vertreten und die Kritik des Moderators abgeschmettert hat. Halten Sie auch in solchen Situationen nach Gold Ausschau: Sie finden *immer* ein Körnchen, wenn Sie aufmerksam zuhören. Aber lassen Sie sich nicht zu sehr von der Debatte mitreißen, falls Sie gerade hinter dem Steuer sitzen – Sie könnten Ihre Ausfahrt verpassen!

6

ACHTSAMKEIT:
ZUHÖREN IM HIER UND JETZT

*Wenn es dir nicht gelingt, die Wahrheit dort zu
finden, wo du bist,
Wo dann?*

MEISTER DOGEN

Als ich einmal auf der Suche nach einer ganz normalen Skihose in einen perfekt durchgestylten Yuppie-
Laden geriet, wurde meine Aufmerksamkeit plötzlich
von einem Werbevideo für eine Skiausrüstung abgelenkt, die
ebenso chic wie teuer aussah. Ich war gerade dabei, die Jacken
und Hosen an den Kleiderständern zu durchstöbern, als das Sirren von Skiern und das betörende Lachen eines Mannes meinen Blick fesselten. Dann ein Schnitt, und auf dem großen
Monitor tauchte ein Bergsteiger auf, der eine eisige, sonnen-
durchflutete Steilwand erklomm. Bei der nächsten Szene flog
ein Monoski aus einem Hubschrauber auf den Pulverschnee-
Gipfel einer ungenannten Bergkette (wahrscheinlich der Hima-
laya, weil weit und breitkeine Menschenseele zu sehen war!).
Das Panorama war fantastisch, die Sportler tollkühn, und der
Werbespot zielte darauf ab, normalen Sterblichen wie mir das

Gefühl zu vermitteln, dass wir etwas verpassen – Spaß bis zum Abwinken.

Zwischen den atemberaubenden Kunststücken wurde eine Werbebotschaft eingeblendet, die Mitleid für alle in mir weckte, die sie sich zu Herzen nehmen würden: »Ich lebe nicht wirklich, wenn ich im Büro bin ... Ich lebe nicht wirklich, wenn ich im Taxi sitze ...« Das hieß im Klartext: *Ich fühle mich nur dann lebendig, wenn ich etwas Aufregendes tue, zum Beispiel mein Leben riskiere.* Die angeborene Fähigkeit, im Hier und Jetzt und bei uns zu sein, glimmt nur noch unter der Asche unserer Wünsche und Träume, anderswo zu sein – gleich wo, nur nicht da, wo wir uns gerade befinden.

Durch die Neigung zu Extremen und das Leugnen der Werte, die der Alltag mit seinen weniger spektakulären Aktivitäten und Menschen besitzt, programmieren wir Niedergeschlagenheit, Stress und heimlichen Groll geradezu vor. Bei Gesprächen in der Firmenkantine hört man immer wieder emotionsgeladene Aussagen wie: *Die Arbeit ödet mich an ... Am Wochenende lebe ich auf ... Ich zähle die Tage bis Freitag! ... Ich hasse den Montag ... Das ist nur ein Job, schließlich muss man ja von irgendetwas leben ...* Wir verschwenden so viel Energie damit, uns diese Präferenzen einzuhämmern, dass kaum mehr Raum bleibt, einen Schritt zurückzutreten und unsere Arbeit oder Freizeit aus einer anderen Warte zu betrachten.

Zen-Meister sagen, dass diese fortwährende Bewertung von Menschen und materiellen Dingen in Kombination mit unserem Hang zur Selbstkritik viel Leid verursacht. Barrieren beim Zuhören zu errichten ist eine von vielen Möglichkeiten, uns jeden Tag aufs Neue zu bestrafen. Da wir uns von unserer kostbaren Freizeit magisch angezogen fühlen, bringen wir die Arbeit möglichst schnell hinter uns. Infolgedessen machen wir Fehler, lassen fünf gerade sein und haben hinterher ein schlechtes Gewissen, weil wir wissen, dass wir nicht unser Bestes gegeben haben. Wenn wir uns an diese Barrieren klammern, blockieren wir unsere Kreativität und unseren Horizont, sind nicht offen für neue Ideen und Erfahrungen. Wir geraten in einen inneren Konflikt, in dem wir uns leicht ablenken lassen und unzufrieden sind, was wiederum Konzentration und Gedächtnisleistung schwächt. Wahrscheinlich bedarf es erst einer mächtig großen Gehaltserhöhung oder einer Katastrophe, um uns aufzurütteln und unsere Arbeit in einem anderen Licht zu sehen.

Genau so verhalten wir uns, wenn wir anderen zuhören. Entweder sind die Argumente unseres Gesprächspartners konträr zu unserer Weltsicht und wir versuchen ihn zu bekehren, oder sie stimmen mit unseren überein. Mit Werturteilen und verbalen Attacken auf Vorstellungen, die uns nicht passen, schaffen wir eine Form des Leidens. Sie kostet Energie, sowohl innere (wir fühlen uns frustriert und angespannt) als auch äußere (Spannungen zwischen uns und dem Sprecher). Die Folge sind schlechte Beziehungen zu anderen Menschen, verpasste Chancen und geringe Selbstachtung, die *wahren Ursachen* unseres Kummers.

Die Meditation, vor allem die Atemmeditation, ist ein natürlicher und wirksamer Weg, die Kakophonie in unserem Kopf zum Schweigen zu bringen. Die erhöhte Konzentration ermöglicht einen besseren Zugang zu allen Tätigkeiten, die wir im Alltag bewältigen müssen, ungeachtet ihrer wünschenswerten oder unerwünschten Merkmale: Sie fördert nicht nur den Zustand der tiefen, inneren Ruhe und Gelassenheit, sondern auch (im Laufe der Zeit) eine Einstellung zur Arbeit, die breiter und ausgewogener angelegt ist. Wir werden sehen, dass die verschiedenen Aspekte einer Tätigkeit in Abhängigkeit zueinander bestehen und sich ergänzen. Ihre Vorlieben können bestehen bleiben, aber sie sind flexibler im Bewusstsein gespeichert. Das hat zur Folge, dass Ihnen Veränderungen weniger Angst machen.

Diese ausbalancierte innere Einstellung ist unmittelbar mit dem Zuhören verknüpft. Achtsames Zuhören schließt laut unserer Definition die Fähigkeit ein, die ungeteilte Aufmerksamkeit über einen längeren Zeitraum auf das gesprochene Wort zu richten. Diese Konzentration auf eine Botschaft gestattet uns,

Informationen zu verarbeiten und in unserem Gedächtnis zu speichern, und sie bestimmt, wie gut Sie sich Minuten oder Jahre später daran erinnern.

Konzentration ist das A und O bei jedweder sinnvollen Tätigkeit. Diese Fähigkeit wurde uns zum Glück in die Wiege gelegt. Sie erfordert keine spezielle Schulung, nur ständige Anwendung in der Praxis. Denken Sie an Aktivitäten, die über eine längere Zeitspanne Ihre ungeteilte Achtsamkeit beanspruchen, zum Beispiel eine wichtige Prüfung, Autofahren bei Schneetreiben oder Schachspielen. Die Konzentration erhält Antrieb durch das innere Bestreben, ein positives Ergebnis zu erzielen: gute Noten in der Schule, sicher nach Hause gelangen oder den besten Schachzug wählen. Je mehr wir uns auf jeden einzelnen Schritt in diesem *Prozess* konzentrieren, desto positiver das Ergebnis. Wenn Sie *jede* Prüfungsfrage sorgfältig durchlesen, nach trickreichen Formulierungen suchen und Ihre Antworten am Schluss noch einmal in aller Ruhe durchgehen, erhöhen sich Ihre Chancen auf eine Spitzennote. Wenn Sie dagegen an nichts anderes als das Ergebnis denken, nämlich eine Traumnote zu schreiben, setzen Sie sich selbst unter Druck, was die Leistung mit Sicherheit beeinträchtigt.

Es gibt Aktivitäten, die anfangs ein hohes Maß an Konzentration erfordert haben, aber nach geraumer Zeit so zur Routine werden, dass sie ohne langes Nachdenken ablaufen wie Fußboden wischen oder Lebensmittel einkaufen. Diese Tätigkeiten sind eine willkommene Gelegenheit für unser Gehirn, abzuschalten und zu entspannen. Wir sind in der Lage, sie zu tun, während wir gleichzeitig an andere Dinge denken: Wir können essen *und dabei* lesen, im Internet surfen *und dabei* Musik hören. Derartige Kombinationen machen Spaß. Die Gefahr jedoch ist, dass wir die Fähigkeit, mehrere Aufgaben gleichzeitig zu erledigen, überstrapazieren und in Situationen missbrauchen, wo wir uns auf eine einzige Aktivität fokussieren müssten, wie zuhören. Unsere Umwelt, die uns ständig mit Außenreizen bombardiert, stellt unsere angeborene Fähigkeit, zu entspannen und uns voll auf eine einzige Aufgabe zu konzentrieren, auf eine harte Probe.

Vor einiger Zeit musste ich am Flughafen eine Stunde auf den Abflug meiner Maschine warten. Zufällig lief mir eine ehemalige Klassenkameradin aus der Highschool über den Weg, die ich vor mehr als zwanzig Jahren zuletzt gesehen hatte. Wir beschlossen, in eine nette Hotelbar gegenüber zu gehen, etwas zu trinken und zu erzählen, was sich in der Zwischenzeit in unserem Leben zugetragen hatte. Vor dem Eingang forderte uns ein Schild auf: TRETEN SIE EIN UND ENTSPANNEN SIE SICH. Kaum hatten wir die Schwelle überschritten, fiel unser Blick auf fünf Fernsehgeräte; bei jedem war ein anderer Sender eingeschaltet. Dazu kam das Klappern von Geschirr aus der angrenzenden Küche und ein Radio, das hinter dem Tresen lief. Einige der Gäste an den Tischen versuchten sich den Anschein zu geben, als setzten sie die Unterhaltung fort, während ihre Augen von Fernseher zu Fernseher huschten. Dabei konnte einem schwindelig werden! Wir mussten unsere gesamte Konzentration aufbieten, um uns rein akustisch zu verstehen, und es war noch mühseliger, ein zusammenhängendes Gespräch zu führen. Offenbar hielten viele Leute eine Umgebung, die genug »Zerstreuung« bietet, für entspannend.

Sie überschätzen Ihre Kompetenz, wenn Sie glauben, Sie könnten das Abendessen zubereiten, ein Meeting mit Ihrer Außendienstmannschaft planen und Ihrem Sohn bei den Hausaufgaben helfen – alles gleichzeitig, wohlgemerkt. Möglich, dass Sie auf diese Weise Zeit sparen und alles in einer halben Stunde oder weniger geschafft haben, aber wie steht es mit der Qualität? Wenn Sie ehrlich sind, müssen Sie eingestehen: das Essen war gerade noch genießbar, zwei der sieben wichtigsten Punkte auf der Tagesordnung für Ihre Mitarbeiterbesprechung haben Sie glatt übersehen, und Ihr Sohn kann mit Ach und Krach sechs von den zehn Wörtern seiner Vokabel-Hausarbeit richtig buchstabieren. Sie haben sich zum Ziel gesetzt, aus Gründen der *Zeitersparnis* mehrere Fliegen mit einer Klappe zu schlagen, aber die Ergebnisse sind alles andere als befriedigend. Das hat zur Folge, dass Sie sich ausgelaugt und inkompetent fühlen.

Diese Unachtsamkeit wird leicht zur Gewohnheit und schleicht sich auch in Tätigkeiten ein, die äußerste Konzentration erfordern. Oft blicken wir auf die Woche, den Monat oder das Jahr zurück und fragen uns, wo die Zeit geblieben ist. Viele können sich beim besten Willen nicht daran erinnern, denn die Gegenwart ist ihnen im Nebel zerronnen, weil ihr Blick auf die Vergangenheit oder die Zukunft gerichtet war. Die Aufmerksamkeit ist in alle Winde zerstreut, und unsere Arbeitsqualität reicht gerade noch aus, um ungestraft davonzukommen. Solche Leistungsdefizite schwächen das Selbstwertgefühl und die Fähigkeit, ein erfülltes Leben zu führen.

Eknath Easwaran weist in seinem Buch *Hilfe durch die Kraft des Wortes* auf die Gefahren der Unachtsamkeit hin. Er ist der Meinung, dass eine Arbeit, die hastig und unter äußerem Druck erledigt wird, keine Freude macht, weil sie als Muss empfunden wird. Diese Eile trübt das Urteilsvermögen. Deshalb neigen wir mehr und mehr zu Zeit sparenden Patentlösungen, Schnellverfahren und oberflächlichen Leistungen.

Wenn diese Unachtsamkeit mit persönlichen Barrieren gepaart ist, sind wir nicht mehr im Stande, uns auf die Botschaft zu konzentrieren. Das Gegenmittel besteht darin, solchen Ablenkungen den Kampf anzusagen und die Aufmerksamkeit bewusst auf den Kommunikations*prozess* zu richten: indem wir auch auf der emotionalen Ebene eine Beziehung zum Gesprächspartner herstellen, auf seine Sichtweise eingehen und sie als gültig anerkennen, auch wenn wir nicht mit ihr konform gehen. Die Konzentration auf den Prozess gewährleistet das positive Ergebnis, das Sie sich erhoffen – Wiederholungskäufe, Kooperation von schwierigen Personen, bessere aktive Erinnerung. Wenn Sie achtsam zuhören, können die negativen inneren Barrieren (siehe Kapitel 4) nicht »dazwischenfunken«. Falls sie Ihre Konzentrationsfähigkeit trotzdem blockieren, sollten Sie noch eine Weile in sich gehen und Gewissensforschung betreiben.

Im Zuge meiner Suche nach praktischen Möglichkeiten, die Konzentration zu verbessern und effektiver zuzuhören, stieß ich auf die Schriften des zen-buddhistischen Mönchs Thich Nhat Hanh. Sein Buch *Das Wunder der Achtsamkeit* war für mich eine große Bereicherung. Zen legt höchsten Wert darauf, ganz im Hier und Jetzt zu sein. Thich Nhat Hanh beschreibt Achtsamkeit als das Bemühen, unser Bewusstsein für die gegenwärtige Realität lebendig zu halten. Den Augenblick in jeder Tätigkeit zu leben und mit Aufmerksamkeit bei ihrem Ablauf zu bleiben, bürgt für die Qualität des Ergebnisses.

Diese Form der Achtsamkeit lässt sich besonders anschaulich anhand einer rein mechanischen Tätigkeit erfahren, zum Beispiel Geschirr spülen. Thich Nhat Hanh sagt: »Es gibt zwei Wege, Geschirr zu spülen. Der erste ist, Geschirr zu spülen, damit man sauberes Geschirr hat, und der zweite, Geschirr zu spülen, um Geschirr zu spülen.« Wenn wir den Abwasch möglichst schnell hinter uns bringen und nur an die Tasse Tee denken, die wir uns danach gönnen wollen, spülen wir das Geschirr nicht, um Geschirr zu spülen, und sind in dieser Zeit nicht richtig lebendig. Wir können das Wunder des Lebens nicht einmal begreifen. »Wenn wir nicht in der Lage sind, das Geschirr zu spülen«, fährt er fort, »werden wir unseren Tee vermutlich auch nicht trinken können. Denn während wir unseren Tee trinken, werden wir nur an andere Dinge denken und die Tasse in unseren Händen kaum wahrnehmen.«

Wenn Sie »zuhören«, aber gleichzeitig mit Ihren eigenen Interessen und Plänen beschäftigt sind, sprechen Sie im Grunde mit sich selbst und hören nicht wirklich hin. Sie haben die Gegenwart verlassen, um in der Zukunft zu sein. Sie sind physisch anwesend, aber mental wechseln Sie hin und her zwischen vergangenen Erfahrungen und künftigen Erwartungen.

Eine weitere Herausforderung beim achtsamen Zuhören ist, dass ein Mensch im Durchschnitt 125 Wörter pro Minute spricht, obwohl wir bis zu 500 verarbeiten könnten. In dieser »Leerlaufzeit« können wir uns mit unserer eigenen Aufgabenliste befassen, oder aber wir hören aufmerksam zu, indem wir das Gesagte mental zusammenfassen und die darin liegenden Möglichkeiten sehen. Dabei achten wir auch auf die Betonungen und das Engagement, das sich in seiner Gestik und Mimik offenbart. Wenn Sie sich in den Film des Sprechers einblenden, nutzen Sie Ihre Ressourcen, ein kompetenter, intelligenter Zuhörer zu sein.

Wenn es Ihnen schwer fällt, abschweifende Gedanken, Werturteile und andere Störfaktoren auszublenden, während Sie versuchen, in den Film des Sprechers einzusteigen, sollten Sie üben, im Hier und Jetzt zu bleiben. Schlechte Zuhörer haben wenig Geduld mit der Gegenwart. Die Gedanken an das Gestern und Morgen sind verlockender. Unsere Barrieren haben eine niedrige Toleranzschwelle, wenn Informationen oder Ideen nicht mit den eigenen korrespondieren oder zu langatmig sind. Ihre Ungeduld macht sich bemerkbar, wenn Sie sich aus dem Film des Sprechers ausklinken oder den Drang verspüren, ihn zu unterbrechen.

Hier können die täglichen Meditationsübungen helfen. Wenn Sie Ihren Atem zwanzig Minuten und länger beobachten, ein- oder zweimal am Tag, wächst das Gefühl des Wohlbefindens im Hier und Jetzt. Versuchen Sie nicht krampfhaft, Gedanken an die Vergangenheit oder Zukunft zu unterdrücken; das wäre ein Zeichen dafür, dass sich Ungeduld einschleicht. Nehmen Sie die Gedanken zur Kenntnis, und lassen Sie sie ziehen. Lenken Sie Ihre Aufmerksamkeit sanft auf Ihren Atem und in die Gegenwart zurück. Spüren und hören Sie, wie der Atem gleichmäßig ein- und ausströmt. Nach einer Weile atmen Sie weniger bewusst, und am Ende sind Sie in der Lage, sich zurückzunehmen und den Atem sich selbst zu überlassen. Das Gleiche geschieht beim achtsamen Zuhören: nach einer Weile reguliert es sich auch ohne unser Zutun. Wir können von unseren Barrieren zurücktreten und mühelos die ganze Botschaft aufnehmen.

Die Zeit, die wir mit Zuhören, Beraten, Lehren oder anderen Tätigkeiten im Hier und Jetzt verbringen, kann genauso erinnerungswürdig sein wie ein Augenblick im Leben, in dem die Zeit stillzustehen schien. Der Unterschied besteht darin, dass die

Wahrnehmung beim achtsamen Zuhören geschärft und das Bewusstsein auf mehreren Ebenen aktiviert ist. Sie tauchen in die Welt des Sprechers ein, um zu sehen, welche Motive er hat und ob seine Körpersprache mit der verbalen Botschaft übereinstimmt oder ihr widerspricht. Sie nehmen seine Stimmungslage, sein Energieniveau und andere unterschwellige Nuancen wahr. Wenn Sie vom Film des Sprechers gebannt sind, ist Ihre Aufmerksamkeit im Hier und Jetzt; die Zeit scheint stillzustehen. Achtsames Zuhören hat nichts mit Trance oder Hypnose zu tun. Sie nehmen Ihre Umgebung wahr, aber nicht als Ablenkung, sondern aus der inneren Ruhe heraus.

Ashvagosha, ein buddhistischer Philosoph aus dem ersten Jahrhundert, beschreibt das achtsame Zuhören auf humorvolle Weise:

> Wenn wir einem Freund lauschen, sollten wir auch dann, wenn ein Papagei angeflogen kommt und sich auf seinem Kopf niederlässt, nicht in helle Aufregung geraten, auf den Störenfried weisen und ausrufen: »Verzeih, dass ich dich unterbreche, aber auf deinem Kopf befindet sich ein Papagei.« Wir sollten unsere Aufmerksamkeit einzig dem widmen, was unser Freund zu sagen hat, auf dass wir diesem Drang mit den Worten entgegenwirken können: »Sei still und lenke mich nicht ab. Ich werde ihm nachher von dem Vogel erzählen.«

Er beschreibt Achtsamkeit als »Pfeil mit einer Spitze«, als ein Mittel, um die Aufmerksamkeit ungeteilt an eine einzige Tätigkeit zu binden. Wenn Sie derart konzentriert sind, schaffen Sie das gleiche Arbeitspensum, nur mit besserer Qualität und folglich besseren Ergebnissen. Viele meiner Sprachschüler berichten, dass sie dadurch gelernt haben, Prioritäten zu setzen und Aktivitäten zu streichen, mit denen man nur Zeit verschwendet. Achtsamkeit ist keine Anstrengung, vor der Sie zurückschrecken müssten: denken Sie daran, dass eine einzige Minute der Achtsamkeit viele Minuten der Unachtsamkeit wettmacht.

Meine erste Erfahrung mit der Achtsamkeit flog mir vor einigen Jahren beim Unterricht für fernöstliche Kampfkünste zu. (Wenn ich die Geschichte in meinen Kursen erzähle, gibt es immer ein paar Teilnehmer, die eine Budo-Sportart betreiben und zustimmend nicken.) In meiner ersten Unterrichtsstunde zeigte mir mein Lehrer nach einer kurzen Atemmeditation eine Abfolge von drei ineinander übergehenden Bewegungen, die ich alleine üben sollte. Er wies mir eine Ecke des Raums zu und widmete seine Aufmerksamkeit den höheren Dan. Ich konnte nicht umhin, den Schüler mit dem schwarzen Gürtel zu bemerken, der direkt neben mir einen Jong-Bong herumwirbelte (einen 1,80 Meter langen Holzstab), den er allem Anschein nach meisterhaft unter Kontrolle hatte. Vor mir trainierten andere Schüler Abwehrtechniken mit dem Messer. Der Lehrer bemerkte, dass ich unaufmerksam war, während ich die dreiteilige Übung machte. Nach mehreren Ermahnungen wurde ich zu fünfzig Liegestützen verdonnert, was mir umgehend half, mich zu konzentrieren. Seit meinem ersten Schuljahr war ich nicht mehr so gedemütigt und an den Pranger gestellt worden. Mit jeder Unterrichtsstunde besserte sich meine Konzentration, aber nicht wegen der Strafe: Der Grund war die Freude zu spüren, dass sich meine Aufmerksamkeit ausschließlich auf meine Aufgabe richtete, die darin bestand, jede Bewegung bestmöglich auszuführen. Allmählich wuchs ich über meine vermeintlichen physischen Leistungsgrenzen hinaus. Was ich stets auf mein mangelhaftes Koordinationsvermögen geschoben hatte, stellte sich als mangelnde Konzentration und Achtsamkeit beim Zuhören heraus.

Nach drei tränen- und prüfungsreichen Jahren rückte das Ziel, mit jeder Bewegung eine harmonische Einheit von Körper, Seele und Geist zu erreichen, in greifbare Nähe. Nach jeder Trainingsstunde hielt meine Achtsamkeit länger an: Zuerst nur bis zu meiner Haustür, später konnte ich sie tage- und am Schluss wochenlang aufrechterhalten. Mein Aktivitäten im Berufs- und Privatleben spiegelten dieses erhöhte Bewusstsein wider. Sogar das Putzen der Räume nach dem Budo-Training gemeinsam mit den anderen Schülern (anfangs hatte ich diese Arbeit entwürdigend gefunden) gab mir das Gefühl, einen Beitrag zum Wohl aller zu leisten. Nach einer Weile fiel mir auf, dass es die höheren Gürtelträger waren, die sich erboten, die Toiletten und die Ecken zu schrubben. Kein Dienst war ihnen zu niedrig; jeder wurde konzentriert und sorgfältig ausgeführt. Heute verstehe ich besser, was Hingabe bedeutet, und warum Mönche in einem Kloster mit Freude ihren Tag für Tag gleich bleibenden Pflichten nachgehen.

Ein ähnlich harmonisches Zusammenwirken von Körper, Seele und Geist beschreibt Mihaly Czikszentmihaly in seinem Buch *Flow, das Geheimnis des Glücks*. Er definiert eine Flow-Erfahrung als positiven Zustand der Konzentration und völliger Versenkung in eine Tätigkeit. Maler, Tänzer und Hochleistungssportler, die er befragte, erklärten, dass sie bei der Ausübung ihrer Kunst oder ihres Hobbys einen Zustand der konzentrierten Energie erreichten, der ihnen das Gefühl vermittelte, »schwerelos zu sein« oder vom »Fluss getragen zu werden«. Diese Flow-Erfahrung verbessert bei entsprechender Häufigkeit die Lebensqualität. Das Gegenteil von Flow ist Unachtsamkeit. Wenn wir unaufmerksam zuhören, erzeugen unsere Barrieren einen inneren Widerstand gegen die Botschaft; unsere Gedanken schweifen ab, und wir sind zerstreut.

In meinen lichtesten Momenten, wenn Interesse und innere Beteiligung am Gesagten meine Barrieren überwindet, ist das Flow-Gefühl oder die Erfahrung der Zeit-Losigkeit überwältigend. Wenn ich zum Beispiel mit Freunden vor Tagesanbruch jogge, bin ich manchmal so vertieft in das, was mir jemand erzählt, dass ich weder aus der Puste gerate, wenn ich einen steilen Hügel hinauflaufe, noch die klirrende Kälte bemerke. Ich laufe mühelos, fühle mich topfit und leicht, fast euphorisch.

Nehmen Sie sich die Zeit darüber nachzudenken, ob und wann Sie dieses Gefühl bei einer Aktivität erlebt haben. Dabei kann es sich um eine einfache Tätigkeit wie einen Kuchen glasieren oder eine komplexe wie die Lösung einer Gleichung aus der Quantenphysik handeln. Wie können wir diese Flow-Erfahrung beim Zuhören herbeiführen?

In meinen Kursen trainieren wir die Achtsamkeit in sanfteren Lernschritten. Als Erstes richten wir unsere Aufmerksamkeit auf einen Krug mit Orangensaft. Die Teilnehmer betrachten die Farbe, ein tiefes Orange, während der Saft in ihre Becher gegossen wird. Gemeinsam riechen wir den Zitrusduft und spüren, wie uns das Wasser im Mund zusammenläuft. Wir trinken einen Schluck und genießen die saure, herbe Geschmacksnote. Wir denken an die Arbeit, die erforderlich war, um diesen Becher Orangensaft zu produzieren, und malen uns den Baum, von dem die Orangen stammen, in seiner ganzen Pracht aus. Wir stellen uns die Leute vor, die es ermöglicht haben, dass der Saft auf unserem Tisch steht. Diese Erfahrung, bei der alle Sinne einbezogen sind, erstreckt sich bis zum letzten Schluck. Während die Teilnehmer zuhören und über den Saft nachsinnen, lässt interessanterweise niemand den Blick durch den Raum schweifen: Alle sind visuell und mental auf den Saft konzentriert.

Bei dieser Übung geht es darum, eine einfache Tätigkeit, die wir mechanisch verrichten, zum Leben zu erwecken. Oft gehen wir blind durchs Leben und messen unseren täglichen Aktivitäten wenig oder gar keine Bedeutung mehr bei. Stellen Sie sich vor, Sie würden mit Hingabe Kaffee trinken, eine Besprechung abhalten oder den Kühlschrank abtauen: um wie viel zufriedener wären Sie am Ende des Tages! Ich bin sicher, dass meine Kursteilnehmer ihren Orangensaft nach dieser Erfahrung nie wieder so trinken wie früher. Und wenn sie Ihre Achtsamkeit auffrischen möchten, gießen sie sich ein Glas Orangensaft ein.

Achtsamkeit bringt uns in Kontakt mit der Erfahrung des Augenblicks, ungeachtet der Tätigkeit, die wir verrichten. Beim Zuhören entsteht durch diese Achtsamkeit Kontakt zum Sprecher.

Unachtsamkeit bedeutet, dass wir tatenlos zusehen, wie unser egodominiertes Selbst – mit Statusdenken, früheren Erfahrungen und anderen Barrieren beschäftigt – eine emotionale Distanz zu anderen schafft. Einem achtsamen Zuhörer fehlt diese zwanghafte Selbstbezogenheit, die unsere Konzentration zunichte macht. Wir sind zufriedener und denken positiver, wenn wir nicht ständig Nabelschau betreiben.

Der direkteste Weg zur Verbesserung unserer Konzentrationsfähigkeit und Achtsamkeit ist die tägliche Meditation. Sie hilft, ein Gespür für das Hier und Jetzt zu entwickeln und macht es uns leichter, diesen Zustand der hundertprozentigen Präsenz auf das Zuhören zu übertragen. Das geräuschlose, gleichmäßige, tiefe Ein- und Ausatmen vermittelt uns ein Gefühl der inneren Ruhe, das die Aufmerksamkeit fördert. Wer regelmäßig meditiert (ich selbst seit den siebziger Jahren eingeschlossen), merkt schon nach wenigen Tagen, dass die Konzentrationsfähigkeit wächst. Anders ausgedrückt: Wenn es Ihnen nicht gelingt, sich auf Ihre Atmung zu konzentrieren, können Sie auch nicht erwarten, Ihre Aufmerksamkeit auf andere Dinge zu konzentrieren.

Regelmäßige Meditation neutralisiert persönliche Vorurteile und negative Selbstgespräche. Diese Barrieren tauchen von Zeit zu Zeit wieder auf, aber sie lassen sich beiseite schieben und behindern uns immer weniger. Da das Bewusstsein frei von Lärm selbstbezogenen Gedanken ist, entsteht Raum für die Belange anderer. Hier beginnt das einfühlsame oder empathische Zuhören.

Wenn Sie in die Stille gehen, können Sie Störgeräusche ausblenden und die unterschiedlichen Schichten einer Botschaft gleichzeitig wahrnehmen. Genau so, wie die Welle vom Wind gestaltet wird, ist die Sprache eine Manifestation der Gedanken. So wie die Welle Sandkörner und Algen bewegt, reflektieren Gestik, Mimik und Phonetik das gesprochene Wort. Wir können die Welle mit ihren lebenserhaltenden Elementen bewundern oder aber entscheiden, die zerstörerische Kraft zu sehen, mit der sie gegen das Ufer anbrandet und Treibgut ausspeit. Was ist Ihnen lieber: einen sprechenden Kopf anzustarren oder mit dem Sprecher den Augenblick zu leben und an dem Reichtum teilzuhaben, den er zu bieten hat?

Meine Sprachschüler fragen oft: »Muss ich ständig voll konzentriert sein? Ist das nicht anstrengend? Kostet das nicht zu viel Zeit?« Im Idealfall sollten wir, um uns die Achtsamkeit zur Gewohnheit zu machen, jede Tätigkeit sorgfältig und aufmerksam verrichten. Machen Sie sich bewusst, wie oft Sie unachtsam sind – eine rote Ampel überfahren, ohne Schlüssel aus dem Haus gehen, eine Telefonnummer falsch aufschreiben. Das kostet Energie, Nerven und Zeit. Achtsamkeit spart Zeit, weil wir denken, während wir handeln. Wenn wir das Arbeitstempo drosseln und ganz bei der Sache sind, passieren weniger Fehler und Missgeschicke.

Immer wenn ich eine Aufgabe halbherzig erledige, fällt mir auf, dass ich dreimal so lange dafür brauche. Heute wollte ich beispielsweise einen Traubensaft aus einem Konzentrat zubereiten. Statt den Inhalt vorsichtig mit dem Löffel aus der Dose zu entfernen, kippte ich das Konzentrat auf einen Schlag in einen Krug. Meine weißen Küchenschränke und mein gelber Pullover waren mit purpurfarbenen Spritzern übersät. Ich musste umgehend Fleckenentferner und ein weißes sauberes Tuch holen, um die Bescherung auf meinem Pullover zu beseitigen. Das nahm fünf Minuten in Anspruch. Weitere zwei Minuten dauerte es, um die Flecken auf den Schränken mit Scheuermittel zu bearbeiten, den Lappen unter fließendem Wasser auszuspülen und meine Hände zu waschen. Den Traubensaft hatte ich in weiteren zwei Minuten mit Wasser gemischt. Ich brauchte also neun Minuten für eine Arbeit, die ich in drei Minuten geschafft hätte, wenn ich von Anfang an mit meinen Gedanken bei der Sache gewesen wäre.

Ein anderes Mal gab ich meiner Sekretärin einen handgeschriebenen Brief zum Tippen. Ich hatte verschiedene Abkürzungen verwendet, weil es schnell gehen musste, und den Entwurf durchgelesen, aber achtlos. Statt mir eine halbe Minute Zeit zu nehmen, um den Brief mit meiner Sekretärin durchzugehen oder einige Kürzel auszuschreiben, musste ein Brief, der aus zwei Absätzen bestand und normalerweise in fünf Minuten getippt gewesen wäre, fünfzehn Minuten lang überarbeitet werden, die von ihrer und meiner Zeit abgingen.

Ein anderes Beispiel: Eine Kollegin, die in Urlaub ging, bat mich, drei wichtige Punkte in einen Finanzbericht einzufügen. Selbstgefällig (schließlich schrieb ich ein Buch über das Zuhören) verzichtete ich darauf, mir die spielentscheidenden zwanzig Sekunden Zeit zu nehmen, um die Punkte zu wiederholen oder zu notieren. Zwei Tage später, beim Abfassen des Berichts, konnte ich mich nur noch an etwa neunzig Prozent der Informationen erinnern. Um an die verschütteten zehn Prozent heranzukommen, verbrachte ich eine geschlagene Stunde damit, eine andere Informationsquelle auszugraben.

Bestimmt fallen Ihnen ein Dutzend Situationen in Ihrem eigenen Leben ein, die Sie durch achtloses Verhalten Zeit, Geld und Schlimmeres gekostet haben. Die Zeit, die ich in die Meditation investiere, um meine Achtsamkeit zu erhöhen, wird durch die Steigerung meiner Effizienz bei allen Tätigkeiten mehr als wettgemacht.

Statt zu schimpfen, wenn Sie sich bei einer Unachtsamkeit ertappen, entdecken Sie darin einen Ansporn, künftig aufmerksamer zu sein. Beschließen Sie, sich in Zukunft für die Momente der Achtsamkeit zu loben, die Ihren Tag aufwerten.

Anfangs mag es noch so scheinen, als würde es mehr Zeit erfordern, Ihre Arbeit zu erledigen. Sie sind daran gewöhnt, alles in Eile zu verrichten, so dass Ihnen eine Minute mehr wie eine Ewigkeit vorkommt. Trotzdem verbessern sich Ihre Konzentrationsfähigkeit und Effizienz. Tätigkeiten, die Sie achtsam verrichten, sind meistens schon beim ersten Mal ohne Fehl und Tadel. Es besteht keine Notwendigkeit, sie doppelt und dreifach zu überprüfen oder so lange zu wiederholen, bis Sie mit dem Ergebnis zufrieden sind. Achtsamkeit spart also Zeit.

ÜBUNG
Achtsam werden

1. Wählen Sie Aktivitäten aus, die Sie normalerweise in aller Eile erledigen, wie Abwaschen, Frühstücken oder zur U-Bahn gehen. Beziehen Sie sämtliche Sinne ein, um Ihre Achtsamkeit zu erhöhen. Vermeiden Sie, mehrere Dinge gleichzeitig zu erledigen, zum Beispiel essen und lesen. Nehmen Sie sich eine Tätigkeit vor, und spüren Sie von Anfang bis Ende jedem Aspekt nach. Nehmen Sie, während Sie zur U-Bahn gehen, die Erde unter Ihren Füßen, den Rhythmus Ihres Atems, die Temperatur der Luft und die Brise auf Ihrem Gesicht wahr. Kommentieren Sie dabei lautlos Ihre Sinneseindrücke: »Ich spüre den harten Boden unter meinen Füßen. Mein Atem strömt langsam und gleichmäßig ein und aus. Die Luft ist kühl und riecht nach Rauch aus den Schornsteinen, und der Wind wirbelt mir Laub vor die Füße.« In der buddhistischen Literatur nennt man dieses Sammeln von Sinneseindrücken *mentales Erfassen*. Wenn Sie bei der achtsamen Ausführung einer Arbeit an jeden Schritt denken oder ihn laut kommentieren, bleibt Ihre Aufmerksamkeit in der Gegenwart, an die Tätigkeit gebunden. Wenn Sie merken, dass Sie in die Vergangenheit oder Zukunft abschweifen, nehmen Sie Ihre Gedanken kurz zur Kenntnis (sie können wichtig sein, wie »Ach du meine Güte, ich habe meinen Schirm vergessen!«), um dann mit Ihrer Aufmerksamkeit gezielt in die Gegenwart zurückzukehren. Nehmen Sie wahr, dass Sie voll in der augenblicklichen Realität sind, ausschließlich auf die Erfahrung des Gehens konzentriert. Anfangs haben Sie vielleicht das Gefühl, dass Sie mehr Zeit für den Weg brauchen. Sie ertappen sich häufig dabei, dass Ihnen andere Dinge durch den Kopf gehen. Wenn sich Ihre Konzentration verbessert, wird Ihnen der tägliche zehnminütige Spaziergang zur U-Bahn genau so viel Spaß machen wie Ski fahren am Wochenende.

2. Überprüfen Sie Ihre Achtsamkeit jeden Tag in regelmäßigen Abständen. Damit können Sie Ihre Konzentration ungemein steigern. Wenn ich zum Beispiel Klavier übe oder Tennis spiele und Flüchtigkeitsfehler mache, stelle ich oft fest, dass ich in diesen wenigen Sekunden unachtsam war. Ich habe mir vorgestellt, als gefeierte Pianistin in der Carnegie Hall aufzutreten oder war darauf aus, das Tennismatch zu gewinnen, statt einfach nur mein Bestes zu geben. Wenn ich mich dabei ertappe, wende ich meine Aufmerksamkeit sofort wieder der Musik oder dem Tennisball zu. In Sekundenschnelle verbessert sich meine Leistung. Dieses kurze Nachlassen der Konzentration kann auch beim Zuhören vorkommen. Wenn Sie es bemerken, richten Sie Ihre Aufmerksamkeit unverzüglich wieder auf den Sprecher. Das gilt auch für die Meditation. Gedanken dringen in Ihr Bewusstsein ein, während Sie versuchen, beim Atmen zu bleiben. Lassen Sie die Gedanken ziehen, genauso mühelos, wie sie gekommen sind, und konzentrieren sich wieder auf die Atmung.

3. Nachdem Sie sich angewöhnt haben, jeden Tag ein paar einfache Tätigkeit achtsam zu verrichten, wenden Sie nun die gleiche Achtsamkeit beim Zuhören an. Beginnen Sie damit, einer Kollegin zuzuhören, die ihr Wochenende beschreibt, oder einem Kind, das von der Schule erzählt. Bringen Sie sich von Anfang bis Ende in die Geschichte ein, als wäre es Ihre Erfahrung. Das ist wie das Einblenden in Ihren Film. Beobachten Sie, wie viel mehr Sie von der Botschaft aufnehmen, wenn Sie ihre Freude, Verlegenheit oder andere Gefühle nachempfinden. Sie werden erstaunt sein über Ihre Fähigkeit, sich an mehr Informationen zu erinnern, einschließlich subtiler Empfindungen, die unausgesprochen mitschwingen. Sie merken, dass Ihre Gedanken nicht abschweifen und der Kontakt zu Ihrem Gesprächspartner nicht abreißt. Als Nächstes üben Sie das achtsame Zuhören in Diskussionen, die mehr Fakten und weniger persönliches Engagement enthalten, wenn bei-

spielweise Ihr Chef die Umsatzziele für den Monat bekannt gibt oder einen Vortrag über Qualitätssicherung hält. Hören Sie die Worte, aber nehmen Sie die dahinter verborgenen Motive wahr. Überlegen Sie, welchen Bezug diese Ziele oder Themen zu Ihrer Tätigkeit haben und wie man sie kreativ umsetzen könnte. Wie lässt sich die Realisierung dieser Ziele abwechslungsreicher oder interessanter gestalten?

4. Wir sind fähig, Informationen drei- bis viermal schneller aufzunehmen, als ein durchschnittlicher Sprecher sie zu präsentieren vermag. Dem Gehirn fällt es leicht, diese Leerlaufzeit für andere Dinge zu verwenden, vor allem wenn die Informationen ziemlich trocken sind. Halten Sie nach dem Körnchen Gold, der großen Lernchance Ausschau, indem Sie mit Ihrer Aufmerksamkeit in der Gegenwart bleiben. Statt an Ihre Einkaufsliste oder an Aktivitäten zu denken, die am kommenden Wochenende geplant sind, sollten Sie die grauen Zellen auf Trab bringen, um das bisher Gesagte zu rekapitulieren. Richten Sie Ihr Augenmerk auf die Möglichkeiten, die mit dem Thema verbunden sind. (Wie man sich in langweiligen Meetings konzentriert, werden Sie an späterer Stelle erfahren.)

5. Noch einfacher ist es, den Grundstein für effektives Zuhören zu legen, wenn Sie jeden Tag sechzig Sekunden von Ihrer Zeit abzwacken, um eine achtsame Minute einzulegen. Planen Sie beispielsweise jeden Tag um Punkt zwölf, sich voll auf die Tätigkeit zu konzentrieren, die Sie gerade verrichten. Sich voll auf den Augenblick einzulassen, in dem es keine negativen Gedanken, Werturteile, Vergangenheit oder Zukunft gibt, macht Spaß und wird Sie zu weiteren achtsamen Minuten auf Ihrem Weg inspirieren.

7

SICH SELBER ZUHÖREN

Teil 1: Das wichtigste Element – unser Reaktionsstil

Es gibt einen Weg zwischen Stimme und Präsenz
Auf dem eine Information fließt:
In diszipliniertem Schweigen öffnet er sich
Bei abschweifenden Reden schließt er sich.

RUMI

Ein achtsamer Zuhörer erlaubt dem Sprecher zu sagen, was er fühlt und denkt, ohne Zensur. Wenn wir jemanden ständig unterbrechen oder ablehnen, uns in seinen Film einzublenden, entmutigen wir ihn langfristig, Kontakt zu uns herzustellen.

Ich erinnere mich an die Radiomeldungen nach der Schießerei an der Columbine Highschool in Littleton, Colorado, im April 1999, bei der zwölf Schüler und ein Lehrer den Tod fanden. In einer Talkshow, an der auch Schüler einer Highschool teilnahmen, wurde über die möglichen Motive der Täter spekuliert – zwei Mitschüler, die das Massaker von langer Hand geplant hatten. Irgendwann kam zwangsläufig auch das Thema Kommunikation mit Eltern und Mentoren zur Sprache. Einige Schüler erklärten, sie könnten einfach nicht mit ihren Eltern reden. Als der Moderator nachhakte, stellte sich heraus, dass sie »keinen Bock« auf die *Reaktionen* hatten – die immer gleiche Leier, wenn es um Probleme wie Gruppenzwang, Sex, Drogen oder Noten ging. Am meisten fürchteten die Teenager Reaktionen wie Verbote oder Ratschläge. Einige hatten Angst vor den negativen Werturteilen der Eltern; deshalb kapselten sie sich ab oder zogen die Gesellschaft Gleichaltriger vor, die glimpflicher mit ihnen umgingen.

Eingeschliffene Reaktionsmuster lassen sich ändern – nicht indem Sie neue Tricks in Ihr Repertoire aufnehmen oder Ihre Rolle variieren, sondern indem Sie sich selbst zuhören und auf die Auswirkungen Ihres Verhaltens achten. Machen Sie sich als Sprecher bewusst, wie viel Aufmerksamkeit Ihre Worte und Gedanken binden. Der Inhalt ist wahrscheinlich schon wenige Tage oder Wochen nach der Interaktion vergessen. Was die Zuhörer behalten, ist die Kernaussage Ihrer Botschaft – dass Sie beispielsweise verkrampft, selbstbezogen, unbedarft, unsicher oder überdreht waren. In diesem Kapitel geht es um die Innensicht, die Fähigkeit, sich selbst aufmerksam zuzuhören, um eingeschliffenen Reaktionsmustern auf die Spur zu kommen.

Die erste Übung besteht darin, Unterhaltungen zu belauschen (Hand aufs Herz, wer tut das nicht hin und wieder!), zum Beispiel im Restaurant oder bei einer Party; achten Sie darauf, wie die Leute auf die Ausführungen ihrer Gesprächspartner reagieren – sie erläutern ihren Standpunkt, fügen eigene Informationen hinzu oder nicken schweigend. Diese Reaktionen verraten eine Menge über ihre Qualität als Zuhörer und ihre Persönlichkeit. Denken Sie an Menschen, zu denen Sie auf Anhieb einen Draht finden, und woran es liegen mag. Und nun denken Sie an jemanden, mit dem Sie es frustrierend finden zu reden. Sie werden feststellen, dass die Reaktionen dieser Personen auf das, was Sie sagen, eine wichtige Rolle spielt.

Wenn Sie wissen wollen, warum Ihre Kinder nicht mit Ihnen reden oder warum die Leute einen Bogen um Sie machen, um einer Unterhaltung aus dem Weg zu gehen, sollten Sie prüfen, ob ein bestimmter Reaktionsstil dafür verantwortlich sein könnte.

Lesen Sie die drei nachfolgenden Aussagen einzeln durch, und notieren Sie auf einem separaten Blatt Papier Ihre spontane Reaktion. Wenn Ihnen auf Anhieb nichts einfällt, lassen Sie den Platz frei. Bei diesem Test gibt es keine falschen Antworten.

1. Ein Kollege sagt: »Wenn der Chef nicht aufhört, jeden Vorschlag, den ich mache, zu kritisieren, lasse ich mich in eine andere Abteilung versetzen.«
   Ihre Reaktion: _____
   _____
   _____
   _____

2. Ein Bekannter im Fitness-Center sagt: »Es ist jedes Mal ein Kampf, mich aufzuraffen und herzukommen. Mein Job und meine Kinder sind so nervenaufreibend, dass ich kaum noch die Energie aufbringe, etwas für mich selbst zu tun. Außerdem habe ich ein schlechtes Gewissen, wenn Janet mit den Kindern zu Hause hockt, während ich trainiere.«
   Ihre Reaktion: _____
   _____
   _____
   _____

3. Ihr Mann/Partner sagt: »Das ist bisher das beste Job-Angebot! Ich frage mich nur, ob es die Arbeit ist, die mir Spaß machen wird, oder das Geld, das ich damit verdienen kann?«
   Ihre Reaktion: _____
   _____
   _____
   _____

4. Ihre halbwüchsige Tochter sagt: »Mein Klassenlehrer wird dich wahrscheinlich anrufen. Er meint, der Aufsatz sei nicht von mir – du weißt schon, der, mit dem ich mir so viel Mühe gegeben habe. Er denkt, ich hätte ihn aus dem Internet abgekupfert.«
Ihre Reaktion: _____

_____

_____

_____

Achten Sie im Verlauf einer realen Interaktion darauf, wie oft Sie rein *automatisch* reagieren statt bewusst zu antworten. Wie häufig kommen automatische Floskeln über Ihre Lippen, wenn jemand Beschwerden, Kritik oder seine Gefühle äußert? Solche Reaktionen sind Programmierungen, innere Barrieren, für jedermann sichtbar, der richtig zuhört. Wenn Freunde, Familienangehörige und Kollegen Gespräche mit Ihnen meiden, haben Sie vielleicht zugelassen, dass Selbstinteresse, Vorurteile, Schwarzseherei und Statusdenken die Unterhaltung bestimmen. Andere Leute, deren Gesellschaft Sie schätzen, können Ihnen dagegen selbstvergessen und ohne Werturteil zuhören. Ihre Reaktionen spiegeln ein selbstloses Einfühlungsvermögen in Ihr Problem wider; sie lassen sich auf Ihren Film ein!

Wir untersuchen jetzt einige Reaktionsstile, die ich »Zuhör–Stopper« nenne:

- Verneinung
- Verhör
- Ratschläge erteilen
- Psychoanalyse (ohne Ausbildung)

Dann schauen wir uns einige »Zuhör–Mutmacher« an:

- Schweigen
- Positive Bestätigung
- Wiederholung des Gesagten mit eigenen Worten

Keine dieser Reaktionsweisen ist in sich falsch. Es ist nur so, dass einige den Kontakt im Gespräch mehr fördern und bereichern als andere. Ihre Aufgabe besteht darin, die Barrieren zu erkennen, die sich in Ihren Kommentaren spiegeln und ein achtsames Zuhören verhindern. Wenn Sie diese Hürden Schritt für Schritt abbauen, werden Sie flexibler in Ihren Reaktionen und sensibler für die Wahrnehmungen anderer. Eine erzwungene oder künstlich aufgepfropfte Veränderung Ihres Reaktionsstils ist weder effektiv noch ratsam. Wenn Sie jedoch achtsam und ohne Wertung zuhören, reagieren Sie natürlich und ermutigen eine offene, für alle Beteiligten befriedigende Kommunikation.

Leugnen in unverfälschter Form (»Nein, das war ich nicht« oder »Nein, das stimmt nicht«) ist vor Gericht oder in einer Situation angebracht, in der Fakten zur Debatte stehen. Es geht darum, Tatbestände zu klären. Es ist wichtig, zwischen den konstruktiven und destruktiven Formen des Leugnens zu unterscheiden. Natürlich wäre es uns lieber, wenn andere unseren Standpunkt teilen, aber in einer freundschaftlichen, lebhaften Debatte Ablehnung dieser Art aufschluss- und lehrreich sein. Die Fähigkeit, eine abweichende Meinung zu vertreten und sie mit stichhaltigen Argumenten zu untermauern, ist charakteristisch für kompetentes Kommunizieren. Wenn Sie zum Beispiel einen Vertrag aushandeln und das Gefühl haben, dass Sie unter Druck gesetzt oder übervorteilt werden, sollten Sie Ihre Einwände geltend machen.

Es gibt indes destruktive Formen des Verneinens, die den Kontakt zwischen Sprecher und Zuhörer beeinträchtigen. Eine besteht darin, die Sicht des anderen pauschal abzuwerten oder abzulehnen. »Stell dich nicht so an; so schlimm kann es doch nicht sein!« oder »Mach doch nicht so ein Getue« sind typische Beispiele für die subtile Form des Leugnens. Ihr Kind kommt nach Hause und erzählt, dass es in der Schule ausgelacht wurde. Sie sagen darauf hin: »Das bildest du dir sicher nur ein.« Für Ihr Kind heißt das im Klartext: »Du bist auf dem Holzweg. Du sagst mir nicht die Wahrheit. Du hast eine blühende Fantasie.« Oder Ihr

Sohn macht eine abfällige Bemerkung über einen Klassenkameraden. Wenn Sie mit erhobenem Zeigefinger erwidern: »Das finde ich aber nicht nett von dir«, oder: »So etwas sagt man nicht«, schließt er daraus, dass Neid, Wut oder heimlicher Groll unangemessene Gefühle sind, und wird sich hüten, sie in Zukunft in Ihrer Gegenwart zum Ausdruck zu bringen. Eltern, die ständig die Empfindungen ihrer Kinder leugnen, liebäugeln mit der Katastrophe; das ist einer der Gründe, warum Kinder sich in ihr Schneckenhaus zurückziehen und die Eltern nicht mehr in ihre Sorgen und Nöte einweihen. Eine achtsame Reaktion wäre: »Das muss schwer für dich gewesen sein. Lass uns überlegen, wie sich solche Situationen künftig vermeiden lassen.« Sie erfolgt ganz natürlich, wenn Sie Ihre eigene Sichtweise zurückstellen und sich in den Film des Kindes einblenden.

Wenn Sie Ihren heranwachsenden Sohn ermutigen, über seine Gefühle zu sprechen, nachdem die Beziehung zu seiner Freundin in die Brüche gegangen ist, fällt es Ihnen vielleicht schwer, ruhig zuzuhören, wie er Rachepläne schmiedet. Die Versuchung ist groß, dazwischenzufunken und ihn zu ermahnen, sich wie ein Erwachsener zu benehmen, aber damit leugnen Sie nicht nur seine Verletzung, sondern auch die Tatsache, dass ein Teenager noch kein Erwachsener ist. Sie helfen ihm mehr, wenn Sie aufmerksam zuhören und sich in seinen Film einblenden, ohne ihn zu unterbrechen oder zu verurteilen. Sobald die Wut verraucht ist, könnten Sie ihn fragen: »Gibt es noch andere Möglichkeiten, sie wissen zu lassen, wie sehr dich die Trennung mitgenommen hat?« oder »Willst du wissen, was ich an deiner Stelle tun würde?«

In dem Spielfilm *Patch Adams* veranschaulicht Schauspieler Robin Williams, welche Vorteile es hat, die Sichtweise anderer zu akzeptieren, statt sie zu leugnen. Sein Bettnachbar in der psychiatrischen Klinik wachte nachts mehrmals auf, weil er auf die Toilette musste. Während er sich unruhig hin- und herwälzte, brachte er Patch ebenfalls um seinen Schlaf. Als dieser wissen wollte, warum er nicht gleich aufstand und ins Bad ging, erklärte der Mann, er habe Angst vor den Eichhörnchen, die ihm den Zugang versperrten. Zuerst versuchte Patch Adams, ihn zu überzeugen, dass er unter Einbildungen litt und Eichhörnchen außerdem friedliche Geschöpfe sind, vor denen man nichts zu befürchten hat. Doch damit machte er alles nur noch schlimmer. Zu guter Letzt blendete sich Patch in seinen Film ein: Er beseitigte die Eichhörnchen im Zuge einer imaginären Schießerei. Erst dann war sein Bettnachbar beruhigt, und beide konnten schlafen.

Abrupt das Thema wechseln, die Augen verdrehen oder die Bemerkungen des Sprechers glatt ignorieren, das ist leugnen in seinen schlimmsten Auswüchsen. A erzählt beispielsweise am Mittagstisch in der Kantine, wie sehr sie den Besuch bei den Verwandten in ihrer Heimatstadt genossen hat, und prompt fährt B ihr ins Wort: »Also, *wir* waren letzten Sommer in der *Karibik*, das war ein *Traum*urlaub!« B hat die Aufmerksamkeit der Zuhörer an sich gerissen. Sie hat A verwehrt, die Erlebnisse noch einmal Revue passieren und andere daran teilhaben zu lassen. Sie hat die Gefühle von A ignoriert. Wetten, dass A sich künftig genau überlegen wird, was sie im Beisein von B erzählt?

Was wäre, wenn B sich stattdessen in A's Film eingeblendet und gesagt hätte: »Das scheint ein richtig erholsamer Urlaub gewesen zu sein. Apropos Heimatstadt, wo bist du eigentlich geboren?« Wäre B bereit gewesen, sich in A hineinzuversetzen und ihre Begeisterung ohne Wertung zu akzeptieren, hätte sie damit eine potenzielle Verbündete am Arbeitsplatz gewonnen.

Wenn Kinder immer wieder mit negativen Antworten konfrontiert werden, lernen sie, ihren Gefühlen und ihrer Intuition zu misstrauen, und laufen Gefahr, unsensibel für die Gefühle und Bedürfnisse anderer zu werden.

Das Verhör ist eine Reaktion, die den Sprecher besonders viel Kraft kostet. Stellen Sie sich vor, Sie haben gerade eine persönliche Schlappe hinnehmen müssen und kommen angeschlagen nach Hause, wo Sie prompt von Ihrem Partner ins Kreuzverhör genommen und mit Fragen bombardiert zu werden: »Was war denn heute schon wieder los?«, »Wie bist du bloß auf *die* Idee gekommen?«, »Hast du den Verstand verloren?« Reaktionen, die einen persönlichen Angriff, Kritik oder Unterstellungen enthalten, werden als strafend empfunden. Ein Mann verlegt seine Schlüssel, und als er seiner Frau das Dilemma erklärt, sagt sie verächtlich: »Wie kann man nur!« Solche Reaktionen wecken im Sprecher Minderwertigkeits- und Schuldgefühle, und die Folge ist Schweigen oder ein Streit, bei dem die Fetzen fliegen.

So genannte offene oder frei beantwortbare Fragen machen anderen Mut, Gefühle auszudrücken, und weisen häufig den Weg zu einer Lösung. Fragen wie »Kannst du dich erinnern, wo du deine Schlüssel zum letzten Mal gesehen hast?« oder »Wie war dein Tag?« oder »Wie gehst du mit dieser Situation um?« tragen zur Entspannung bei und rücken ein Problem in die richtige Perspektive. Gelegentliche Zwischenfragen des Zuhörers, die auf eine *Klärung* des Sachverhalts abzielen, gewährleisten, dass die Informationen richtig verstanden wurde, zum Beispiel »Du glaubst also, dass Tiefkühlgemüse nahrhafter ist als frisches?« oder »Was verstehst du unter ›frischem‹ Gemüse?«

Fragen können aber auch ein Vorwand sein, um die Unterhaltung an sich zu reißen. Bei einem informativen Gespräch mit einem Biologen wäre es angemessen, mit der Frage »Welcher Unterschied besteht zwischen der Molekularstruktur von Tiefkühlgemüse und frischem Gemüse?« nachzuhaken. Falls Sie dieses Thema jedoch mit einer Diätetikerin erörtern, lenken Sie die Sprecherin mit solchen tief schürfenden Fragen nur von der ursprünglichen Botschaft ab (die darin bestanden haben mag, Ihnen Tipps für eine gesunde Ernährung zu geben). Fragen, die als Mittel dienen, den Gesprächsverlauf zu manipulieren, können eine Interaktion im Keim ersticken. Ein achtsamer Zuhörer stellt Fragen, um den Sprecher und seine Sichtweise besser zu verstehen. Ein unachtsamer Zuhörer ist dagegen bestrebt, mit seinen Fragen die eigenen mehr oder weniger verborgenen Ziele zu erreichen.

Hüten Sie sich davor, einen freundschaftlichen Kontakt in ein Verhör umzuwandeln, indem Sie endlose Fragen stellen, aber nichts von sich selbst preisgeben. Damit machen Sie es Ihrem Opfer schwer, sich aus der Situation herauszulavieren. Er kann nur schwerlich herausfinden, ob Sie wirklich am Thema interessiert sind oder andere, verdeckte Motive haben. Überlassen Sie Verhöre der Polizei, wenn Sie Wert auf langfristige Kundenbeziehungen legen.

Ratschläge stehen oft im Zusammenhang mit Leugnen. Das ist ein häufiger Reaktionsstil bei Beratern und dem ältesten Kind in einer großen Familie. Als Älteste von fünf Geschwistern wurde mir diese Unart häufig zur Last gelegt. Deshalb eine Faustregel: *Erteilen Sie nur dann Ratschläge, wenn Sie darum gebeten werden, und fassen Sie sich kurz.* Wenn Sie unaufgefordert einen Rat geben, haben Sie vielleicht das Gefühl, dem anderen einen Gefallen zu erweisen, sind aber blind für die Tatsache, dass er seine Probleme durchaus alleine lösen kann.

Manchmal wird das, was Sie als Information betrachten, ebenfalls als Ratschlag aufgefasst. Ein Beispiel wäre der frisch gebackene Schwiegersohn, der sich in seiner Freizeit mit der Börse beschäftigt und sich für einen Experten hält, auch wenn der Millionengewinn noch auf sich warten lässt. Der Schwiegervater erwähnt, dass er mit dem Gedanken spielt, eine bestimmte Aktie zu kaufen. In der Hoffnung, der gut betuchten, angeheirateten Verwandtschaft zu imponieren, lässt sich der junge Mann über deren Aktieninvestitionen aus und weist auf Schwachpunkte in der Strategie hin. Den offenkundigen Mangel an Interesse ignorierend, erteilt er blind seine Ratschläge. Die Schwiegereltern, sichtlich verstimmt, versuchen krampfhaft, das Thema zu wechseln. Das Ende vom Lied: der Schwiegersohn ist beleidigt, weil seine Meinung nichts gilt, und die Schwiegereltern empfinden die Andeutung, sie wären unfähig, ihre Finanzen alleine zu managen, als anmaßend. Damit sind die Weichen für eine schlechte Beziehung gestellt.

Wenn wir unaufgefordert Ratschläge erteilen, übermitteln wir die Botschaft, dass wir dem Empfänger nicht zutrauen, seine Probleme alleine zu lösen – eine Kränkung ohnegleichen. Informationen, die er annehmen oder ablehnen kann, zum Beispiel ein kostenloser Tipp oder die Erwähnung eines Kontakts, der von Interesse für ihn sein könnte, werden dagegen positiv bewertet. Sie mögen nicht immer hilfreich sein, aber zumindest sind sie nicht beleidigend. Wer unaufgefordert Ratschläge erteilt, auch wenn sie noch so gut, vernünftig und nett gemeint sind, verfällt leicht in einen Prediger-Ton. Chronische Besserwisser genießen das Gefühl der eigenen Macht und Uneigennützigkeit. Nichts bläht das Ego mehr auf, als wenn jemand tief Luft holt und jeden Satz mit der Formulierung beginnt: »Wenn ich an deiner Stelle wäre, würde ich ...« Dieser Reaktionsstil verfestigt die Barrieren des Sprechers, die auf Bewertung und Statusdenken beruhen.

Das Tüpfelchen auf dem i ist, dass der Rat dem Ratgeber oft mehr bringt als der Person, der er zugedacht ist. Stellen Sie sich einen muskelbepackten, aggressiven Vater vor, dessen sanftmütiger, zart gebauter Sohn von seinen Mitschülern tyrannisiert wurde. Als er davon erfährt, sagt er: »Hör zu, mein Sohn, solche Typen verstehen nur eine Sprache. Wehr dich!« Dieser Rat ist ein doppeltes Ärgernis: Er wurde nicht nur ungebeten erteilt, sondern lässt auch die körperliche und seelische Konstitution des Jungen außer Acht. Statt aufmerksam zuzuhören, wie der Sohn die Situation emotional verkraftet hat, bewirkt der Vater mit seiner Reaktion, dass es dem Junge anschließend noch schlechter geht. Der Rat mag richtig oder falsch gewesen sein, wichtig ist, dass er achtlos gegeben wurde.

Die Neigung, unaufgefordert Ratschläge zu erteilen, kann ein großes Hindernis für die Eltern-Kind-Beziehung sein. Viele Jugendliche vermeiden es aus eben diesem Grund, mit den Eltern über ihre Probleme zu sprechen. (Eltern bringen zu ihrer Verteidigung vor, dass sie schließlich die Verantwortung für ihre Kinder tragen und sie nur vor Fehlern bewahren wollen.) Mehr als die Hälfte meiner Sprachschüler tut sich nach eigenen Angaben schwer, mit den Eltern zu kommunizieren. Am häufigsten beklagen sie, dass ein Elternteil oder beide ständig Werturteile fällen oder ungebetene Ratschläge erteilen, unter dem Deckmantel der »Orientierungshilfe«. Vermutlich wollen sie ihren Kindern damit nur helfen, aber sie vergessen häufig, dass sie als Heranwachsende genauso uneinsichtig waren und ihre eigenen Erfahrungen sammeln wollten. Eltern, geblendet von Schulbuchweisheiten, Erfahrung und Nackenschlägen, finden es oft schwer, sich in den Film ihrer heranwachsenden Kinder einzublenden. Man muss in der Lage sein, sich selbst zuzuhören und Selbstkontrolle zu üben, um zu vermeiden, dass jedes Wort wie harsche Kritik klingt. Andere Reaktionsstile, etwa Wiederholung des Gesagten in eigener Formulierung, Schweigen und positive Bestätigung, sind Methoden, die Vertrauen aufbauen. Sobald Sie sich im Film Ihrer Tochter befinden, stellen Sie vielleicht fest, dass sie selbst bereits verschiedene Lösungen in Erwägung gezogen hat. Alles, was sie braucht, ist Ihre Resonanz.

Wenn Sie Reaktionen zurückhalten können, die anderen Ihre subjektive Meinung aufdrängen, wie Ratschläge, Verhör und Negieren, lässt Ihr Hang zu Vorurteilen und Diskriminierung nach. Sollte es Ihnen darüber hinaus gelingen, die negativen Selbstgespräche zu unterlassen, werden Sie aufgeschlossener für neue Ideen und andere Perspektiven.

Wenn Sie gerne Ratschläge erteilen, haben Sie wahrscheinlich auch eine Schwäche für die Psychoanalyse– ohne fundierte Ausbildung, versteht sich. Vielleicht sind Sie der Ansicht, kraft der Ihnen verliehenen Gabe der Erkenntnis wären Sie viel hell- und weitsichtiger als Ihre Gesprächspartnerin, und es sei eine Schande, diese Gottesgabe nicht zu nutzen, um an die Wurzel ihres Problems vorzudringen. Wenn ich an meine Highschool-Zeit zurückdenke, beeinflusste mich die Bekanntschaft mit dem Existenzialismus, den Sinn des Lebens und das menschliche Verhalten in Frage zu stellen. Nach ein paar Semestern Psychologie war es ungemein verlockend, nach Symptomen für eine manische Depression, Schizophrenie oder Zwangsneurose Ausschau zu halten und darin die wahre Ursache der physischen Erkrankungen zu sehen, unter denen meine Freunde und Verwandten litten.

Endlose Gespräche und tief schürfende Selbstanalysen (mit Perspektiven, die wie das Wetter wechselten) waren Wasser auf die Mühlen meiner Vorliebe, psychologische Diagnosen zu erstellen. Abgesehen davon, dass ich meine jüngeren Geschwister und alle, die so unvorsichtig waren, mich in ihre Probleme einzuweihen, mit kostenlosen Ratschlägen versah, weckten die frisch erworbenen Schulbuchweisheiten das Gefühl in mir, als »Expertin« für ihre geistig-seelische Gesundheit verantwortlich zu sein. Erbittert über ihre mangelnde Bereitschaft, meine Empfehlungen für ein glückliches Leben zu befolgen, begann ich, mein eigenes Verhalten unter die Lupe zu nehmen. Ich erkannte, dass ich mit meiner Tiefenanalyse Freunde und Familienangehörige lediglich dazu bewogen hatte, in meiner Gegenwart kein Wort mehr über ihre Gefühle verlauten zu lassen. Dieser missionarische Eifer ist auch bei vielen verbreitet, die selber eine Psychotherapie erfolgreich abgeschlossen haben und erpicht darauf sind, ihre Methode zur Überwindung von Angst oder Depression weiterzuvermitteln. Auch wenn diese Hilfe noch so gut gemeint ist, sie kann als Verletzung der Privatsphäre aufgefasst werden und hat den Charakter eines Verhörs. Die Psychoanalyse wie die Ratschläge sollte man den geschulten Experten überlassen. Wenn Sie nicht qualifiziert sind, Freud zu spielen, empfiehlt es sich, zu schweigen, aufmerksam zuzuhören und achtsam zu sein.

Alle, die sich eingestehen müssen, dass sie die Geduld anderer mit ihren Ratschlägen und Analysen gelegentlich überstrapazieren, sollten sich mit unserem nächsten Reaktionsstil anfreunden: Schweigen. Schweigen gehört zu den wichtigen, doch leider am wenigsten geübten Verhaltensweisen. (Wobei wir unterscheiden müssen, ob jemand schweigt, weil er aufmerksam zuhört, oder weil er wütend, gelangweilt oder desinteressiert ist. Negatives Schweigen wird meistens von motorischer Unruhe, Unterbrechen des Blickkontakts oder anderen Zeichen der Unaufmerksamkeit begleitet. Diese Form des Schweigens kann sich zerstörerisch auf eine Beziehung auswirken.) Die Fähigkeit, zu schweigen, zuzuhören und Blickkontakt zu halten, ist der Schlüssel zu einer Schatztruhe von Informationen, die Ihnen der Sprecher präsentieren wird.

Bei unseren Vorfahren, unsere Großeltern eingeschlossen, stand das Schweigen höher im Kurs. Früher, als es gang und gäbe war, dass Frauen ihr Recht auf freie Meinungsäußerung an den Vater oder Ehemann abtraten und Kinder in Gegenwart von Patriarchen und Alten (Frauen eingeschlossen) respektvoll den Mund hielten – in dieser Zeit also hatte man eine homogenere Einstellung zum Schweigen.

Heute empfinden viele das Schweigen als unbehaglich. Unsere Ohren sind an einen konstant hohen Geräuschpegel gewöhnt, so dass uns ein Moment der Stille aus dem Konzept bringt. Vielleicht legen wir uns deshalb bereits zurecht, was wir als Nächstes sagen wollen, während der andere noch spricht; oder fühlen uns gezwungen, das Schweigen mit einer Bemerkung oder einer Gegenaussage zu überbrücken. Diese »Pausenfüller«, ein Produkt unserer eigenen inneren Unruhe, verhindern, dass wir über die oberflächliche Information hinaus auf die tieferen Ebenen einer Botschaft vordringen. Wir lassen dem Sprecher keine Zeit, seine Ideen zu entwickeln, geben ihm keine Chance, zum Kern seines Problems zu kommen. Solange wir der Überzeugung sind, Zuhören sei eine egoaktive Übung und wir müssten die Kontrolle über ein Gespräch behalten, damit es einen Nutzen hat (durch Unterbrechen, Fragen, Ratschläge), wird es uns schwer fallen, den Wert des Schweigens und der Stille zu entdecken.

In der fernöstlichen Kultur gilt Schweigen immer noch als eine der höchsten und erstrebenswertesten Tugenden. In den Ländern des Westens, wo Hektik und fortwährende Geschäftigkeit vorherrschen, wird Schweigen als unerwünschtes, unproduktives Verhalten entwertet. Wer in Meetings oder Gruppendiskussionen zur Schweigsamkeit neigt, muss damit rechnen, dass man ihm mangelndes Interesse, mangelnde Motivation und mangelnde Teamfähigkeit vorwirft.

Wenn zwei oder mehr Menschen zusammenkommen, fühlen wir uns gezwungen, stille Phasen zu überbrücken, indem wir pausenlos Fragen stellen, lachen oder einen Satz für andere beenden. Um dem Schweigen zu entfliehen, lassen wir den Blick durch den Raum schweifen, trinken einen Schluck oder räuspern uns. Im Fahrstuhl versuchen wir, das Schweigen zu ignorieren, indem wir unverwandt auf die Anzeige der Stockwerke starren.

Nur in der Sicherheit der eigenen vier Wänden, wenn die Kinder schlafen, oder unter dem Sternenhimmel an einem mondhellen See empfinden wir die Stille als wohltuend und das Schweigen als Balsam für die Seele. Da viele von uns im Berufs- oder Privatleben mit Menschen aus verschiedenen Kulturen in Berührung kommen, sollten wir mehr Gespür und Sensibilität für die verschiedenen Wahrnehmungen und Fehldeutungen des Schweigens entwickeln, um Missverständnissen vorzubeugen. Aus einer kulturübergreifenden Studie von Satoshi Ishii und D. W. Knopf aus dem Jahre 1976 geht hervor, dass sich Amerikaner im Durchschnitt doppelt so lange unterhalten (sechs Stunden und dreiundvierzig Minuten) wie die Japaner (drei Stunden und einunddreißig Minuten). Bei den Menschen im Westen kommt das Reden an erster, das Zuhören an zweiter und das aufmerksame Beobachten an dritter Stelle. In den fernöstlichen Kulturen ist die Reihenfolge umgekehrt: Beobachten, Zuhören, Reden.

Ein wichtiges Merkmal zwischenmenschlicher Beziehungen in Japan ist das Konzept des *enryo-sasshi*. 1984 wies Ishii darauf hin, dass Japaner ihre Botschaft vereinfachen und eine langatmige Erläuterung ihrer Ideen vermeiden; sie gehen davon aus, dass der Zuhörer die volle Bedeutung auch so zu erfassen vermag. In einem Artikel, in dem er die Einstellung zum Schweigen in Japan und Amerika aus der kulturspezifischen Warte miteinander verglich, hieß es: »Der psychologische »Ausgang«, den die kodierten Botschaften passieren, wenn sie im Rahmen des *enryo* (Selbstkontrolle oder Zurückhaltung) gesendet werden, ist wesentlich kleiner als der »Eingang«, *sasshi* genannt, den sie passieren, um aufgenommen werden.«

Angehörige einer westlichen Nation, die berufliche Kontakte zu fernöstlichen Kulturen haben, sollten auf *enryo-sasshi* achten, denn wer sich in epischer Breite über seine Ideen und Gefühle auslässt, offenbart, dass sein *enryo* zu wünschen übrig lässt. Ein solches Verhalten gilt als unhöflich. Ein Mensch mit ausgeprägtem *sasshi* wird dagegen hoch geachtet, weil er fähig ist, die ganze Botschaft durch Erfassen des Zusammenhangs, der Körpersprache und der Atmosphäre in gleich welcher Situation zu entschlüsseln. Man geht davon aus, dass er nach Wissen strebt und aufgeschlossen ist.

Wenn Sie beginnen, achtsam zuzuhören, ändert sich Ihre Einstellung zum Schweigen. Sie entdecken plötzlich ganz neue Seiten an Menschen, mit denen Sie jeden Tag in Kontakt kommen. Das unproduktive, weil vorgetäuschte taktische Zuhören macht dem aufrichtigen Bestreben Platz, Informationen zu sammeln. Der angeborene Wissensdurst wird freigesetzt, nachdem er jahrzehntelang in einem Teufelskreis gefangen war, weil sich unsere Gedanken ausschließlich um die eigene Person gedreht haben. Die Beziehungen zu Familienangehörigen und Kollegen werden reicher, weil Schweigen und Stille Raum und Zeit für das Bemühen schaffen, andere zu verstehen.

Die meisten von uns wissen nicht, was Schweigen wirklich bedeuten kann. Schweigen ist mehr als Stille auf der äußeren Lebensbühne. Schweigen, für viele ein unbequemer »Bettgenosse«, kann Einkehr in die innere Stille sein. Bei der Atemmeditation sind Sie vielleicht hin und wieder für einen kurzen Moment in diese tiefe, innere Stille abgetaucht, sobald das Stimmengewirr im Kopf nachgelassen hat. In diesen seltenen Augenblicken sind Sie voll im Hier und Jetzt, denken weder an frühere Fehler noch an künftige, die Ihnen unterlaufen könnten. Das Unbehagen, das wir angesichts des Schweigens empfinden, ist der Hauptgrund für die Probleme, die wir mit dem Zuhören haben. Wenn uns jemand über einen längeren Zeitraum aufmerksam zuhört, ist das ein Geschenk, in dessen Glanz wir uns sonnen und die Tiefen unserer Seele offenbaren können.

Eines Tages kam eine stattliche, elegant gekleidete Frau in den Vierzigern, die ich Ellen nennen möchte, zu uns in die Klinik; sie klagte über zeitweilige Heiserkeit. Die medizinische Untersuchung ergab keine Anomalien im Rachenbereich oder an den Stimmbändern. Sie machte den Eindruck, als sei sie ein herzlicher, selbstbewusster, fröhlicher Mensch. Ich begann mit der üblichen Liste von Fragen, um herauszufinden, wie sie ihre Stimme jeden Tag benutzte. Ellen beschrieb sich als dynamische Managerin, die ständig telefonierte und Mitarbeiterbesprechungen moderierte. In ihrer Freizeit war sie eine Leseratte, spielte Flöte und gönnte sich einmal in der Woche eine Massage und einen Besuch bei der Kosmetikerin. Während der Schilderung ihrer ereignisreichen Lebensweise wäre mir nie in den Sinn gekommen, die Frau zu unterbrechen, um zum nächsten Punkt auf meiner »Tagesordnung« überzugehen. Ich war versessen darauf zu erfahren, wie sie diese Fülle von Aktivitäten unter einen Hut brachte. Ellen mit ihrem herzlichen Lächeln und ihrer selbstbewussten Art faszinierte mich, doch dann merkte ich, dass ihre Stimme immer leiser und ihr Atem schwerer wurde. Sie räusperte sich ständig und ließ Anzeichen des Unbehagens erkennen.

Plötzlich hielt sie inne und holte tief Luft. Ich saß stumm da, völlig überwältigt, und begann mich zu sammeln, um mit meiner Anamnese fortzufahren. Doch in Ellen ging eine Veränderung vor: Binnen zehn Sekunden bewölkte sich ihre strahlende Miene, und sie begann lautlos zu weinen. Ich war sprachlos. Ich hätte zu diesem Zeitpunkt ein paar beschwichtigende Worte murmeln können, wie ich es in meinem Beruf gelernt hatte, aber ich wollte den Gedankenfluss nicht unterbrechen, den ich kommen sah. Mit noch leiserer, angespannter Stimme ließ Ellen ihre Wut über ihre problematische Ehe, die kränkelnden Eltern und den bevorstehenden Prozess heraus, den eine ehemalige Mitarbeiterin gegen sie angestrengt hatte. Dann folgte ein weiteres Tränenbad. Als Ellen ihre Geschichte beendet hatte, klang ihre Stimme fast wieder normal. Es war ihr schrecklich peinlich, meine Zeit derart »verschwendet« zu haben, aber sie fühlte sich erleichtert. Sie gestand, dass sie dem Psychiater, bei dem sie eine Therapie machte, einen Großteil dieser Informationen vorenthalten hatte. Uns beiden war klar, dass die sporadischen Probleme mit der Stimme stressbedingt waren, und wir einigten uns auf die notwendigen Maßnahmen. Aus heutiger Sicht habe ich damals in puncto Schweigen einen Weltrekord aufgestellt, aber es war das Beste, was ich für Ellen tun konnte.

Wenn Sie sich vom Film Ihres Gegenübers mitreißen lassen wie ich (meine eigenen Ziele spielten angesichts der schockierenden Enthüllungen die zweite Geige), überlegen Sie nicht, was Sie als Nächstes sagen werden. Ihr Gesprächspartner wird Ihr Schweigen zu würdigen wissen und die Chance nutzen, auf den wahren Kern des Problems zu sprechen zu kommen.

Durch dieses Einblenden und Zuhören entwickeln Sie ein Gespür für das Schweigen, das beredter sein kann als Worte. Enttäuschung, Widerwille, Herzenskummer, Vorahnungen, Schuldgefühle, Hoffnung und andere Empfindungen, für die der Sprecher keine Worte findet, werden in der Stille laut und deutlich. Viele emotionale Verluste im Leben sind auf die Gewohnheit zurückzuführen, nur den Worten Aufmerksamkeit zu schenken, den Fußabdrücken und Schatten einer Botschaft, was wir als »zuhören« bezeichnen.

Zu oft werden jene Augenblicke, die man braucht, um einem Gefühl auf den Grund zu gehen, durch Fragen, Bemerkungen oder Themenwechsel jäh unterbrochen. Ich habe das früher auch gemacht, weil ich das Schweigen und die Stille unbehaglich fand. Ich hielt es für wichtig, die Kontrolle über den Verlauf einer Sitzung zu behalten und mit meinen Therapiezielen voranzukommen. Eine Frau wie Ellen war nötig, um mir vor Augen zu führen, dass aufmerksames, emotional unterstützendes Schweigen oft die beste Therapie ist. Für Ellen war es ein Katalysator, der sie befähigte, den Zusammenhang zwischen ihrer Stresssituation und ihrer Stimme zu erkennen.

Ich habe ähnliche Erfahrungen mit Patienten gemacht, die vor einer Operation zur Beratung an mich verwiesen wurden. Bei

manchen, die an Kehlkopfkrebs leiden, müssen die Stimm-
bänder entfernt werden. Ein solcher Eingriff kann verheerende
Auswirkungen haben, vor allem für Menschen, die mit der Stimme ihren Lebensunterhalt verdienen. Meine Aufgabe besteht
darin, sie über die Kommunikationsalternativen nach der Operation aufzuklärten. Gelegentlich ist ein Patient darunter, der auf-
gebracht ist, weil seine Probleme mit der Stimme zu lange übersehen oder falsch diagnostiziert wurden. Sie gelten bei
Fachleuten als »Problempatienten«. Sie brauchen ein Ventil für
ihre Empfindungen, werden aber durch Reaktionen wie Leugnen oder Ratschläge daran gehindert, Dampf abzulassen. Das
Letzte, was sie hören wollen, ist ein künstlicher Stimmersatz. In
solchen Situationen stelle ich mich kurz vor und erkläre, dass
ich ihnen nach der Operation helfen kann, wieder zu kommunizieren. Dann frage ich, wie sie sich fühlen. Von dem Moment an
schweige ich und blende mich in ihren Film ein. Sie sind froh,
über ihre Erfahrungen, ihre Familie und ihre Sorgen zu sprechen, weinen oder schreien ihre Wut und Angst heraus. Manchmal muss ich ihnen Mut zusprechen, weil sie plötzlich an der
Fähigkeit des Chirurgen zweifeln oder sich fürchten, bei der
Operation zu sterben. Mit ihren Ehe- oder Lebenspartnern können sie über diese Sorgen oft nicht reden. Am Ende des Gesprächs entschuldigen sich viele für ihren Ausbruch und danken
mir überschwänglich. Obwohl ich mit den Punkten, die auf
meiner Tagesordnung standen, nicht zum Zug gekommen bin,
haben sie das Gefühl, dass ich ihnen einen großen Dienst erwiesen habe.

Schweigen ist eine Tugend, weil Sie dem Sprecher damit ein
gutes Gefühl vermitteln. Die Stille bewirkt, dass die Gedanken,
die er sich auf einer tieferen Ebene seines Bewusstseins macht,
zum Vorschein kommen können. Wenn Sie ihm die Zeit lassen,
laut zu denken, in einer Atmosphäre, in der er sich angenommen fühlt, fördern Sie seine Fähigkeit, das Leben aus eigener
Kraft zu bewältigen, und wecken in ihm den Wunsch nach Ihrer Gesellschaft.

Schweigen ist auch ein machtvolles Verhandlungsinstrument. Was auf der Prioritätenliste Ihres Gesprächspartners ganz oben steht, ist nicht unbedingt ein Eigenheim oder eine Gehaltserhöhung. Dahinter kann sich die Angst vor einem Prestige- oder Kontrollverlust verbergen. Wenn ein Arbeiter eine Lohnerhöhung und kürzere Arbeitszeiten fordert, beklagt er sich vielleicht nur über die steigenden Kosten und die mangelnde Flexibilität des werkseigenen Kinderhorts. Geben Sie dem Schweigen Raum – dann kommen unter Umständen die wahren Probleme zur Sprache, was endlose, unproduktive Debatten und wachsende Konflikte auf beiden Seiten erspart.

Ich muss gestehen, dass ich Schweigen oft viel spannender finde. Früher war ich an einen Erfahrungsaustausch gewöhnt, bei dem sich Reden und Zuhören die Waage hielten, doch seit geraumer Zeit ziehe ich es vor, mich zurückzunehmen, vor allem wenn meine Gesprächspartner es genießen, mich an ihren Erfahrungen teilhaben zu lassen.

Eines Tages gingen mein Mann und ich mit dem Hund im Wald spazieren. Dabei begegneten wir Chester und seinem Frauchen Kate. Sie ist eine faszinierende Frau, die mir häufig über den Weg lief, und immer hatte sie etwas Interessantes zu erzählen. Dieses Mal ließ sie sich über die Seele des Hundes und seine Beziehung zum Menschen aus. Als Hundeliebhaberin konnte ich ihren Standpunkt verstehen. Zunächst verspürte ich noch den leisen Drang, ihr ins Wort zu fallen, um meine eigenen Empfindungen und Erfahrungen zum Besten zu geben, aber dann gelang es mir doch, mich zurückzunehmen und in ihren Film einzublenden, zumal sie ihre Theorie mit solchem Eifer untermauerte. Zum einen hätte ich ihre Ausführungen mit meinem Beitrag nicht wesentlich ergänzen können, und zum anderen spürte ich kein zwingendes Bedürfnis nach Rückmeldung. Es war hochinteressant ihr zuzuhören. Dann sprach Kate über Yoga und wie sehr sich ihr Leben dadurch verändert habe. Da ich ebenfalls regelmäßig Yoga mache, hätte ich sie gerne auf unser gemeinsames Interesse hingewiesen, aber dafür blieb einfach kein Raum. Und das war völlig in Ordnung! Ich hatte nicht das Gefühl, zu kurz zu kommen oder die Unterhaltung auf mich lenken zu müssen, sondern ging voll in Kates Film auf. Als wir uns dem Tor näherten, gestand sie, dass sie gerne ein Hundebuch schreiben würde, aber zu wenig über die technischen Aspekte wisse. Ich erwähnte, dass ich selbst gerade ein Buch schrieb. Auf die Frage nach dem Thema erwiderte ich, dass es um das Zuhören ginge. Es erübrigt sich wohl darauf hinzuweisen, wie peinlich es ihr war, dass sie mir während des Spaziergangs nicht die Chance gegeben hatte, zu Wort zu kommen. Sie war erst beruhigt, als ich ihr sagte, wie interessant ich das Gespräch gefunden und wie sehr ich das Zuhören genossen hatte. Daraufhin meinte sie: »Obwohl ich pausenlos geredet habe, tut es gut, mit jemandem zusammen zu sein, der das Gleiche empfindet!« Erst da wurde mir bewusst, dass Schweigen eine Form der Teilhabe sein kann.

Achten Sie darauf, wie entspannt und flexibel Ihre Körperhaltung wird, wenn Sie sich im Film Ihres Gesprächspartners befinden. Sie halten mühelos Blickkontakt, nicken hin und wieder und beugen sich nach vorne. Schweigen wird nicht als unbehaglich empfunden, weil Sie auf natürliche Weise mit jeder Faser Ihres Körpers zuhören, wie im Kino oder Theater! Haltung und Mimik reagieren auf die Botschaft und denjenigen, der sie übermittelt. Es bleibt kein Raum für selbstbezogene innere Dialoge und Gedanken an die Vergangenheit oder Zukunft. Das Bewusstsein ist darauf konzentriert, nicht nur die Worte und Gesten des Sprechers aufzunehmen, sondern auch den Empfindungen nachzuspüren, die in der Botschaft mitschwingen. (An späterer Stelle werden Sie erfahren, welch starker Verbündeter das Schweigen werden kann, wenn Sie in stressreichen Situationen zuhören.)

Einem Freund Mut zuzusprechen, der gerade eine schwere Zeit durchmacht, ist nie einfach. Sie haben das Bedürfnis zu reden, um zu zeigen, dass sie Anteil nehmen. In solchen Situationen ist unterstützendes Schweigen die beste Reaktion. Dadurch ermutigen Sie ihn, Gefühle zu äußern, Wut und Ärger herauszulassen und Probleme zu offenbaren. Sie reagieren, indem Sie *nicht* das Wort ergreifen.

Eng verbunden mit dem Schweigen ist die angemessene, unterstützende Bestätigung. Aussagen wie »Ja, ich sehe, dass du dich in einer schwierigen Situation befindest« oder »Ich bin sicher, dass du das Richtige tun wirst« stärken das Selbstvertrauen und den Lebensmut des Betroffenen. Solche Reaktionen sind frei von Werturteilen und leugnen den Schmerz nicht; sie bekräftigen, dass wir mit ihm fühlen. Obwohl geteiltes Leid halbes Leid sein kann, beispielsweise das Wissen, dass andere das Gleiche durchgemacht haben, können die meisten, die in diesem Augenblick von Arbeitslosigkeit oder einer Familientragödie betroffen sind, keinen Trost daraus ableiten, wenn Sie auf eine ähnliche Erfahrung oder den Silberstreifen am Horizont hinweisen.

Wenn die Bestätigung aufrichtig gemeint ist und mit einem einfühlsamen Ton und einer schlichten Geste einhergeht, wird sie dankbar akzeptiert. Angenommen, Bob kommt nach einem anstrengenden Arbeitstag heim und beklagt sich bei seiner Frau Kelly, dass er die Nase voll hat: Die Intrigen in der Firma machen ihn fertig und seine Arbeit bietet ihm schon lange keine Herausforderung mehr. Beide wissen, dass es keine schnelle Problemlösung gibt – sie brauchen das Geld, um über die Runden zu kommen, und freie Stellen sind in Bobs Tätigkeitsbereich dünn gesät. Würde Kelly ihrem Mann vorschlagen, umgehend zu kündigen, käme es gewiss zu einem Streit. Was Bob in diesem Moment braucht, sind keine klugen Ratschläge, sondern Bestätigung und Unterstützung. Worte wie »Ich weiß, dass du dich bemühst, das Beste aus der Situation zu machen; ich muss gestehen, ich bewundere deine Geduld!« hätten vermutlich genau den richtigen Anstrich. Ist diese bestätigende Reaktion allerdings nicht aufrichtig gemeint, wird sie vom Sprecher als Entwertung seiner Erfahrung oder als mangelndes Einfühlungsvermögen gedeutet.

Ein Medizinstudent erzählte mir einmal, dass der Chefarzt ihnen verboten hatte, Patienten bei der Visite mit Floskeln wie »Ich verstehe« abzuspeisen. Er vertrat die Auffassung, solange die Studenten eine Krankheit und ihre emotionalen Nebenwirkungen nicht aus eigener leidvoller Erfahrung kannten, könne von »verstehen« keine Rede sein.

Versuche, jemandem nach dem Verlust eines nahe stehenden Menschen Trost zu spenden, erweisen sich oft als Bumerang. Abgedroschene Phrasen zum Beispiel »Wenigstens musste sie nicht leiden« oder »Er hat es jetzt besser, das weiß ich« sind unterschwellige Mittel, dem Film des Hinterbliebenen auszuweichen. Wir wollen uns nicht einlassen auf die Trauer und suchen bei Gemeinplätzen Zuflucht. Damit leugnen wir das Recht der Betroffenen auf ihre Gefühle, um die Kontrolle zurückzuerlangen. Was sie jetzt brauchen ist aber eine Möglichkeit, über ihre Gefühle und den Menschen zu reden, um den sie trauern. Nicht Mitleidsbekundungen, sondern aufmerksames Schweigen und Einfühlungsvermögen sind in einer solchen Situation geboten.

Die Wiedergabe mit anderen Worten ist mein bevorzugter Reaktionsstil, weil er Sprecher und Hörer am meisten nutzt. Er fördert nicht nur Klarheit und Reflexion, sondern vermittelt dem Gesprächspartner auch, dass Sie Ihr Bestes tun, um ihn zu verstehen. Durch die Wiederholung kann außerdem die Bedeutung hinter den Worten gründlicher verarbeitet werden.

Achtsame Zuhörer können zwischen *wortgetreuer Wiedergabe* (möglichst genaue Wiederholung des Gesagten) und *freier Wiedergabe* (Zusammenfassung der wichtigsten Punkte mit eigenen Worten) wählen. Die wortgetreue Wiedergabe ist angezeigt, wenn es um Informationen wie Zahlen, Zeiten und Daten oder andere präzise Einzelheiten geht. Ein Beispiel ist, wenn ich meiner Sekretärin sage: »Lori, ich brauche drei Kopien von diesem Bericht. Schicken Sie das Original an Mr. Smith und jeweils eine Kopie an Dr. Jones und Dr. Jackson. Die dritte verbleibt bei meinen Akten.« Lori wiederholt wortgetreu: »Also noch einmal: das Original an Mr. Smith, eine Kopie an Dr. Jones, eine an Dr. Jackson und eine zu den Akten.« Anhand dieser Reaktion bin ich sicher, dass ich die Information richtig übermittelt habe. Sie bietet mir die Möglichkeit, das Gesagte noch einmal zu hören, zu überprüfen und notfalls zu klären, und ich kann davon ausgehen, dass der Auftrag korrekt ausgeführt wird. Durch die wortgetreue Wiedergabe hat auch Lori die Gelegenheit, das Gesagte noch einmal zu hören und sich zu vergewissern, dass sie alle nötigen Informationen besitzt, um die Arbeit zu erledigen.

Dieser Reaktionsstil ist besonders hilfreich bei Wegbeschreibungen. Wie oft haben Sie schon einen Passanten angehalten und nach dem Weg gefragt, nur um gleich darauf festzustellen, dass Sie sich die Informationen nicht merken konnten? Ihr Hang zu negativen Selbstgesprächen hat Sie davon abgelenkt, voll im Hier und Jetzt zu sein. Völlig konfus bedanken Sie sich, kurbeln die Scheibe hoch und versuchen, jemand anderen zu finden, der Ihnen Auskunft geben kann.

Schreiben wir die Szene um: Dieses Mal benutzen wir die wortgetreue Wiedergabe der Informationen, um Unklarheiten zu beseitigen, und die Visualisierung, um sich den Inhalt besser einzuprägen. Sie halten also den Passanten an und stellen sich den Weg bildlich vor. Sie sehen, wie Sie an der Ampel links und nach dem Stoppschild rechts abbiegen. Im Anschluss sagen Sie: »Moment, ich möchte sicher sein, dass ich alles verstanden habe«, und wiederholen die Wegbeschreibung. Ich habe noch nie erlebt, dass ein Passant Einwände erhoben hätte. Die Wiedergabe des Gehörten ist eine Zeit sparende und effektive Kommunikationsmethode. Wenn Sie die Information mit Ihren eigenen Worten richtig wiedergeben, können beide Parteien davon ausgehen, dass die Botschaft richtig angekommen ist.

Die Zusammenfassung, mit der man sich vergewissert, dass man die Bedürfnisse und/oder Gefühle des Sprechers verstanden hat, ist normalerweise der erste Schritt zur Festigung einer Beziehung. Diese Überprüfung gibt Aufschluss darüber, ob man »die gleiche Sprache« spricht. Sie ist vor allem in stressreichen Situationen oder Verhandlungen sehr hilfreich, denn während einer hitzigen Debatte gelingt es uns nicht immer, hundertprozentig zuzuhören oder die richtigen Worte zu finden. Dann reagieren wir erbost, wenn der Gesprächspartner uns falsch interpretiert. Als achtsamer Zuhörer blenden Sie sich in seinen Film ein und schaffen eine Verknüpfung zwischen Worten, Gestik, Mimik und Tonfall, um nach bestem Wissen Schlussfolgerungen zu ziehen, aber es bleiben letztlich Schlussfolgerungen. Deshalb müssen Sie diese mit dem Gesprächspartner abgleichen, zum Beispiel durch Fragen wie: »Wollen Sie damit sagen, dass es Ihnen lieber wäre, wenn ich nicht Gleitzeit arbeiten würde?« oder Aussagen wie: »Ich spüre, dass dieses Projekt Sie entmutigt und Sie lieber etwas anderes machen würden.« Manchmal bedarf es erst einer Zusammenfassung durch einen achtsamen Zuhörer, damit der Sprecher die Situation überschauen und Gedanken oder unterschwellige Schwingungen, die von ihm ausgehen, klären kann.

Ihre Mitarbeiterin Irene kommt eines Tages in Ihr Büro, um Sie davon in Kenntnis zu setzen, dass sie kündigen möchte: Eine Baustelle in der Nähe ihres Hauses verwandle den morgendlichen Weg zur Arbeit in ein Abenteuer mit ungewissem Ausgang, und außerdem leide ihre heranwachsende Tochter unter massiven Verhaltensstörungen. Irene kommt deswegen häufig zu spät, und obwohl eine Kollegin so lange ans Telefon geht, hat sie ein schlechtes Gewissen, weil andere für sie einspringen müssen.

In diesem Fall wäre ein wortgetreue Wiedergabe der Probleme unproduktiv. Mit einer Zusammenfassung lassen Sie Ihre Mitarbeiterin dagegen wissen, dass Sie die Botschaft verstanden haben: »Irene, ich sehe, dass es bei Ihnen daheim im Moment ziemlich hektisch zugeht. Die Arbeit macht Ihnen aber Spaß, und Sie sorgen dafür, dass alles klappt, auch wenn Sie nicht da sind. Sie wollen also kündigen, weil Sie sich nicht darauf verlassen möchten, dass andere für Sie einspringen. Habe ich das richtig verstanden?« Irene nickt, und die Erleichterung, die sich in ihrem Gesicht spiegelt, ist unverkennbar. Die Zusammenfassung ihres Problems eröffnet einen anderen Lösungsweg als die Kündigung, zum Beispiel eine Reduzierung der Arbeitsstunden oder eine andere Anfangszeit.

Wenn ich das Gesagte auf diese Weise zusammenfasse, sind meine Gesprächspartner oftmals erleichtert, genau wie Irene. Manchmal liege ich mit meinen Versuchen, die Botschaft zu deuten, daneben und brauche Nachhilfe. Wie auch immer – die Zusammenfassung zahlt sich in jedem Fall aus. Bei der wortgetreuen Wiedergabe besteht die Gefahr, dass sie in Situationen, in denen es um Gefühle und schwer fassbare Empfindungen geht, als sarkastisch oder verächtlich gedeutet werden kann. Die Zusammenfassung übermittelt die unterschwellige Botschaft: »Ich wiederhole, was du nach meiner Auffassung gesagt hast, weil ich deinen Standpunkt verstehen möchte.«

Die Wiedergabe ist folglich ein Ansporn, über den Inhalt der Botschaft nachzudenken, ohne ein Werturteil zu fällen oder durch die Blume einen Rat zu erteilen. Bei den Organisationen mit telefonischer Krisenintervention lernen die Berater, durch Wiedergabe die Problemsicht eines selbstmordgefährdeten Anrufers abzuklären und dafür zu sorgen, dass der Gesprächsfluss in Gang bleibt. Da die visuelle Kommunikation entfällt, ist mehr als ein gelegentliches »Aha« erforderlich, um einen unter Stress stehenden Anrufer wissen zu lassen, dass ihm die Person am anderen Ende der Leitung aufmerksam zuhört.

In meinen Kursen kann die Wiedergabe mit anderen Worten unliebsame Überraschungen mit sich bringen. Sie enthüllt oft eine schwache Konzentrations- und Merkfähigkeit, doch bei entsprechender Übung lassen sich Aufmerksamkeit und Gedächtnisleistung rasch verbessern. Ein Teilnehmer liest dem Partner eine aus zwei oder drei Etappen bestehende Wegbeschreibung oder einen kurzen informativen Abschnitt vor. Der Partner wiederholt das Gesagte. Der Vorleser gibt Rückmeldungen über die Genauigkeit der Wiedergabe und korrigiert notfalls. Schon nach den ersten Minuten wird deutlich, warum wir Informationen so häufig nicht richtig mitbekommen oder falsch verstehen.

Die Wiedergabe wird oft als unnatürliche Reaktionsweise angeprangert. Den Kritikern möchte ich sagen, dass sie Recht haben: Sie kann wie jeder andere Reaktionsstil durch übermäßigen Gebrauch flach und mechanisch werden. Und es mag merkwürdig klingen, wenn man dem Sprecher sagt, dass man sichergehen möchte, seine Botschaft verstanden zu haben – ist das nicht das A und O einer guten Kommunikation? Doch wenn man den Zweck der Wiedergabe kennt, wird man vorsichtig damit umgehen.

Die Wiedergabe ist ein reguläres Element in meiner Stimmtherapie. Gleich bei der ersten Sitzung bitte ich Patienten, die ihrer Stimme noch mächtig sind, Fragen zu stellen, falls sie etwas nicht verstanden haben, denn ich würde mich von Zeit zu Zeit vergewissern. Damit sind ideale Voraussetzungen für eine aktive Beteiligung geschaffen. Nachdem ich das Therapieziel der Sitzung erklärt und die Übungen mit ihnen gemacht habe, frage ich oft: »Warum haben wir diese Übung gemacht? Worum ging es dabei?« Wenn der Patient die Frage nicht beantworten kann, das heißt, wenn er das Ziel nicht mit eigenen Worten wiederzugeben vermag, weiß ich, dass er nicht richtig zugehört oder verstanden hat oder dass meine Eingangserklärung nicht deutlich genug rübergekommen ist. In letzterem Fall hat er weder verbal noch nonverbal zu erkennen gegeben, dass Klärungsbedarf bestand.

Mit entsprechender Übung bringt sich ein Patient zunehmend in die Sitzung ein, weil er weiß, dass *er* die Verbindung zwischen dem angestrebten Ziel und dessen Verwirklichung herstellen muss. Wenn er es noch einmal mit eigenen Worten schildert, ist er motivierter, die Übungen zu machen, da er den Zusammenhang mit dem Ziel erfasst hat. Das sehe ich daran, dass er fähig war, ihn in Worte zu fassen. Diese Techniken wende ich auch bei meinen Kursen an. Die Teilnehmer beschreiben die Übungen und führen sie aus. Am Ende der Stunde wird dann rekapituliert, zum Beispiel:

Ich: Heute hatten Sie Fragen zur Koordination zwischen Atemunterstützung und Stimmhöhe. Diesen Prozess haben wir schrittweise durchgesprochen; ist jetzt alles klar?

Patient: Ja, ich kann auf beides gleichzeitig achten. Es klingt besser und fühlt sich besser an.

Ich: Um sicherzugehen, dass ich den Ablauf richtig erklärt habe, bitte ich Sie, die Methode noch einmal kurz zu beschreiben und vorzuführen.

Nachdem der Sprachschüler die Übung erklärt und vorgeführt hat, kann ich Schwachstellen korrigieren. Auf diese Weise sind beide Seiten mit dem Ergebnis zufrieden: Der Sprachschüler hat etwas dazugelernt und wir haben uns beide aktiv in den Lernprozess eingebracht.

Diese Form der Wiedergabe ist in jeder Lehrer-Schüler-Situation angemessen, weil beide gleichermaßen an der richtigen Umsetzung der einzelnen Lernschritte interessiert sind, um ein positives Ergebnis zu erzielen. Viele Leute zögern, Fragen zu stellen. Sie wollen sich nicht wegen ihrer mangelnden Kenntnisse blamieren oder haben Hemmungen, die Zeit und/oder Geduld des Gesprächspartners über Gebühr zu beanspruchen. In jeder Lern- oder Verkaufssituation sollten Sie den Sprecher ermutigen, den Lern- oder Verkaufs*prozess* mit eigenen Worten zusammenzufassen, damit Sie sicher sein können, den Inhalt der Information richtig übermittelt zu haben. Weisen Sie darauf hin, dass Fehler menschlich und nichts Ehrenrühriges sind. Verzichten Sie auf Bewertungen wie richtig oder falsch; hier geht es ausschließlich um die Klärung eines Sachverhalts. Es ist beispielsweise wichtig, dass Ihre Kunden genau wissen, wie sie die von Ihnen gekaufte Ausrüstung benutzen. Sie werden dankbar sein und nicht vergessen, dass Sie sich Zeit genommen haben, um zuzuhören und Fragen zu beantworten – ein Zeichen dafür, dass Ihnen die Zufriedenheit Ihrer Kunden am Herzen liegt.

Aufrichtigkeit zwischen Kunde und Verkäufer, Lehrer und Schüler oder Therapeut und Patient ist von entscheidender Bedeutung für den Kommunikationserfolg; beide Seiten müssen das Gefühl haben, gleichwertige Partner zu sein. In einer ausgeglichenen, barrierelosen Atmosphäre fühlen sich Schüler und Patienten wohl, so dass sie sich trauen, Fragen zu stellen, Prob-

leme mit dem Lernprozess zu klären und offen über ihre Fortschritte (oder den Mangel daran) zu sprechen. Die Wiedergabe
fördert das wechselseitige Geben und Nehmen. Gewöhnen Sie
sich diese Technik vor allem in solchen Situationen an, und Sie
werden sehen, dass Ihre Fähigkeit, Informationen zu verarbeiten, rasant wächst!

Flexibilität in der Anwendung dieser und anderer Reaktionsstile erfordert Übung und die Bereitschaft, sich selbst zuzuhören.
Für welchen Reaktionsstil Sie sich entscheiden, hängt von der
jeweiligen Situation ab. Wenn Sie sich in den Film Ihres Gesprächspartners einblenden und Ihre eigenen Ziele und Interessen für eine Weile ausblenden, werden Sie nicht nur sensibler
für die Bedürfnisse anderer, sondern auch flexibler und natürlicher in Ihren Reaktionen. Denken Sie auch an die zahlreichen
Kombinationsmöglichkeiten. Im zuvor geschilderten Beispiel
wären Schweigen und Bestätigung ein gutes Gespann. Die
Wiedergabe mit eigenen Worten lässt sich mit allen Reaktions-
stilen verbinden, wenn Klärungsbedarf besteht.

Wenn wir eingeschliffenen Reaktionsmuster auf einen Gesprächspartner durchleuchten, entdecken wir eher, mit welcher
inneren Einstellung wir zuhören. Während Sie sich mit anderen
unterhalten, finden Sie als Zuhörer heraus, wer Sie wirklich
sind. Ungebetene Ratschläge, Leugnen und Verhör sind beispielsweise *selbstbezogene* Reaktionsstile und übermitteln die
Botschaft: Dieser Mensch ist forsch, von Eigeninteressen bestimmt und eingleisig. Im Gegensatz dazu sind Wiedergabe des
Gesagten, Schweigen und Bestätigung Reaktionsstile, die den
Sprecher unterstützen. Sie werden als Mensch wahrgenommen,
der selbstsicher, für neue Ideen aufgeschlossen und einfühlsam
ist.

Blättern Sie jetzt noch einmal zur Übung am Anfang des
Kapitels zurück, um Ihre Reaktionen einzuordnen. Welche Botschaft haben Sie über sich selbst verbreitet? Achten Sie beim
nächsten Gespräch oder wenn Sie anderen zuhören einmal
bewusst darauf, dass die meisten guten Zuhörer (zu denen wir

einen »guten Draht« haben) auf die Bedürfnisse des Sprechers eingehen, während schlechte Zuhörer sich auf die eigenen Bedürfnisse fokussieren.

Ertappen Sie sich

1. Beim Lesen des Kapitels haben Sie vermutlich den einen oder anderen mechanischen Reaktionsstil bei sich entdeckt. Achten Sie darauf, wie oft am Tag sich dieses eingeschliffene Muster wiederholt, und welche Reaktionen Sie damit auslösen. Denken Sie darüber nach, ob ein anderer Reaktionsstil angemessener wäre.

2. Lehnen Sie sich entspannt zurück, und hören Sie aufmerksam zu, wenn sich andere unterhalten. Erkennen Sie die einzelnen Reaktionsstile? Achten Sie auf die Reaktion der Sprecher angesichts bestimmter Verhaltensweisen. Überlegen Sie, wie Sie sich verhalten hätten. Denken Sie dabei auch daran, dass die Kombination verschiedener Reaktionsstile einen guten Zuhörer auszeichnet.

3. Nachfolgend finden Sie sieben Aussagen, die von verschiedenen Personen stammen könnten. Wie würden Sie nach allem, was Sie über achtsame Reaktionen gelernt haben, darauf sagen oder *nicht* sagen?

- Ich trenne mich von meiner Frau.
- Es ist schwer, nette Männer kennen zu lernen.
- Meinst du, ich sollte eine Therapie machen?
- Der Staat sollte die Asylanten nach Hause zurückschicken; die leben doch nur auf unsere Kosten.
- Meine Frau ist der Ansicht, dass ich Viagra brauche.
- Ich kann mich einfach nicht aufraffen, ins Training zu gehen.
- In diesem Hosenanzug sehe ich wie eine Wurst in der Pelle aus.

4. Wählen Sie einen effektiven Reaktionsstil aus (zum Beispiel Schweigen oder Wiedergabe), den Sie mindestens einmal am Tag bewusst anwenden. Suchen Sie sich dafür jemanden aus, mit dem Sie sich häufig unterhalten. Lassen Sie ihn reden, ohne ihn zu unterbrechen. Versuchen Sie nicht, das Gespräch an sich zu reißen oder ihn zu belehren. Schweigen Sie, oder fassen Sie das Gesagte zusammen, wenn Sie das Gefühl haben, dass Ihr Gesprächspartner Wert auf Rückmeldungen legt, doch enthalten Sie sich jeder Bewertung. Denken Sie daran, dass Sie auf diese Weise wesentlich mehr von ihm und über ihn erfahren.

5. Üben Sie die Wiedergabe-Technik. Es gibt verschiedene Möglichkeiten, dafür zu sorgen, dass sie Ihnen in Fleisch und Blut übergeht. Sprechen Sie beispielsweise beim nächsten Spaziergang einen Passanten an und fragen nach dem Weg zu einem nahe gelegenen Ziel. Wiederholen Sie die Beschreibung als Bestätigung, dass Sie alles gehört und behalten haben. Beide Parteien fühlen sich gut bei diesem Prozess, weil die Übermittlung und Verarbeitung der Botschaft korrekt war. Oder machen Sie von der Wiedergabe-Technik Gebrauch, wenn jemand Ihnen unterstellt, dass Sie *nicht* zugehört haben! Beweisen Sie, dass Sie auf dem Laufenden sind, indem Sie das Gesagte mit Ihren eigenen Worten wiederholen. Vermutlich wird man schon nach wenigen Malen bemerken und lobend erwähnen, dass Sie viel aufmerksamer als früher sind. In vielen Fällen kann eine so kleine Veränderung in Ihrem Kommunikationsverhalten einen großen Unterschied bewirken.

6. Ermutigen Sie andere, Ihre Botschaft mit eigenen Worten zusammenzufassen. Wenn es Ihrem Sohn schwerfällt, den Anweisungen des Lehrers aufmerksam zu folgen, trainieren Sie seine Konzentrationsfähigkeit zunächst mit einfachen Aufträgen wie: »Würdest du bitte nach oben gehen, die gelbe Strickjacke aus der Kommode holen und sie Mike geben? Hast

du alles verstanden? Dann wiederhole zur Sicherheit noch einmal, was ich gesagt habe.« Belohnen sie ihn für seine Kooperationsbereitschaft, und Sie werden bemerken, wie sein Selbstwertgefühl mit jedem Erfolg wächst.

7. Wenn Sie Ihre tägliche Atemmeditation gewissenhaft durchführen, wird Ihnen das Schweigen und die Stille bald völlig natürlich vorkommen. Sobald Sie Ihre Aufmerksamkeit auf den Atem richten, merken Sie, wie die Kakophonie in Ihrem Kopf abklingt. Die Neigung, sich zurechtzulegen, was Sie sagen werden, während die andere Person spricht, lässt nach. Je mehr Übung Sie mit der Meditation haben, desto länger werden Sie den Zustand der Ruhe halten und achtsam zuhören können, frei von Barrieren und inneren Ablenkungen. Ihre Reaktionen werden die Bedürfnisse des Sprechers und nicht die eigenen Interessen widerspiegeln.

8

SICH SELBER ZUHÖREN

Teil 2: Die Nervensägen

Gepriesen sei der Mensch, der nichts zu sagen
hat und darauf verzichtet, uns Fakten stich-
haltig beweisen zu wollen.

Eliot

Wenn wir uns selbst beim Reden zuhören würden, wären wir wahrscheinlich erstaunt, wie oft wir achtlos daherreden. Wir gehen so in unserer Rolle als Sprecher auf, dass wir – oft ohne böse Absicht – mit unsensiblen Bemerkungen ins Fettnäpfchen treten, zu vage oder zu viel reden, ohne Gespür für die Auswirkungen unseres Verhaltens. Achtlose Worte wirken erwiesenermaßen *demotivierend* und hemmend auf den Prozess des Zuhörens.

Unlängst wurde ich von einer Patientin korrigiert, die für ihre Detailgenauigkeit bekannt ist, weil ich eine zwanzigjährige Rezeptionistin als »Mädel« bezeichnet hatte. Das war nicht abwertend gemeint, sondern mir einfach herausgerutscht, aber meine Patientin fand es diskriminierend.

Ein anderer Patient, der in Neuengland geboren war und wusste, dass ich aus Chicago stamme, fragte mich nach Unterschieden in der Mentalität der Bostoner und Chicagoer. Früher hätte ich achtlos erwidert, dass die Bostoner nach meiner Erfahrung zugeknöpft und konservativ sind. Ein solches Werturteil hätte ihn vermutlich in Harnisch versetzt. Heute bemühe ich mich, auf die Gefühle meines Gesprächspartners Rücksicht zu nehmen, *bevor* ich den Mund aufmache, und würde beispielsweise sagen: »Die Bostoner scheinen mehr Wert auf ihre Privatsphäre zu legen«, oder: »Die Bostoner brauchen länger, bis sie mit jemandem warm werden.« Beide Aussagen enthalten meine Wahrnehmungen, ohne die Gefühle anderer zu verletzen.

Haben Sie, als Sie das letzte Mal mit einem aufgebrachten Kunden konfrontiert wurden, das Feuer noch geschürt, indem Sie fadenscheinige Entschuldigungen vorgebracht oder sich auf »die Politik unseres Hauses« herausgeredet haben? Das ist schlecht! Jeffrey Gitomer, ein namhafter PR-Berater, hat herausgefunden, dass Kunden bei dem Wort *Firmenpolitik* rot sehen. Das nächste Mal sollten Sie sich in Ihren Kunden hineinversetzen und bestätigen: »Ich sehe, das ist wirklich ein Problem. Es lässt sich am schnellsten beheben, wenn wir ...« Damit erhöht sich die Wahrscheinlichkeit, dass Sie diesen Kunden bei der Stange halten.

Denken Sie an Situationen zurück, in denen jemand Sie verbal gekränkt oder verärgert hat. Geschah das mit Absicht? Konnte er die Verlegenheit oder Irritation hinter Ihrem eingefrorenen Lächeln spüren? Vermutlich nicht. Er war vollauf mit sich selbst beschäftigt und hatten keinen Blick für Ihren Film.

Achtlose Worte können so frustrierend sein, dass wir vielleicht deshalb immer mehr auf »ferngesteuerte« Kommunikationsformen wie E-Mail, Chatrooms im Internet und Faxe ausweichen. Wir stellen die gewünschten Verbindungen her, vermeiden aber die Probleme, die mit einem persönlichen Kontakt einhergehen. Gelegentlich habe ich Sprachschüler, die auf Geheiß des Arbeitgebers an meinen Kursen teilnehmen. Sie geben zu, dass sie auf Distanz zu ihren Kunden Wert legen. Sie beklagen sich über die mangelnde Effizienz und Zufriedenheit im persönlichen Kontakt oder Telefongespräch, nicht nur mit Kunden, sondern teilweise auch mit Familienangehörigen und Freunden. Sie meiden den persönlichen Kontakt, weil die Gesprächspartner nicht zur Sache kommen, sich töricht verhalten, alles komisch finden oder um den heißen Brei herumschleichen. Sie neigen dazu, andere zu unterbrechen, sich zu beschweren, Werturteile zu fällen, unaufgefordert Ratschläge zu erteilen und langatmige Monologe zu halten. Sie gehen, wie eine wachsende Anzahl von Online-Benutzern, den meisten Menschen möglichst aus dem Weg.

Leugnen, endlose Verhöre oder die gefürchteten Ratschläge sind nur einige Reaktionen, an denen eine echte Kommunikation scheitert, die sich aber mit mehr Achtsamkeit vermeiden ließen. Versetzen Sie sich zur Abwechslung einmal in die Lage Ihres Kunden, und zwar im wahrsten Sinne des Wortes: Rufen Sie in Ihrer Firma an, mit einer Frage oder Beschwerde und vorzugsweise am späten Nachmittag (zum Beispiel zehn Minuten vor Feierabend). Wie freundlich werden Sie behandelt? Wie fühlen Sie sich, nachdem Sie den Hörer aufgelegt haben – gut oder frustriert? Ist man Ihnen mit Wertschätzung oder Groll begegnet? Als Nächstes hören Sie die Ansage auf Ihrem Anrufbeantworter ab; was für einen Eindruck macht sie? Haben Sie das Gefühl, dass Sie willkommen sind, oder kommen Sie sich wie eine Nummer vor? Klingt Ihre Stimme auch nur eine Spur aufrichtig, wenn Sie sagen, dass Sie *gerne* zurückrufen?

Interessanterweise werden Sie sensibler für Ihre eigenen Worte, wenn Sie mehr auf den Film Ihres Gesprächspartners achten. Wenn Sie das nächste Mal etwas sagen, was Sie hinterher bereuen, überlegen Sie, was Sie dazu veranlasst hat – Selbstinteresse, Befriedigung des Egos oder Respektlosigkeit gegenüber dem Sprecher? Freuen Sie sich über Ihre wieder entdeckte Achtsamkeit; sie wird künftig achtlose Momente verhindern. Machen Sie sich deswegen nicht fertig! Erinnern Sie sich lieber daran, dass Sie die besten Absichten hatten. Beim nächsten Mal werden Ihre Bemerkungen angemessener sein, wenn Sie Ihr Augenmerk einzig auf die Sichtweise Ihres Gesprächspartners richten. Sie werden weniger sagen und mehr erfahren. Ihre Gedanken werden nicht abschweifen auf der Suche nach eigenen Geistesblitzen, die anderen zeigen, wie gescheit und unterhaltsam Sie sind.

Ein weiterer Vorteil der Meditation besteht darin, dass wir lernen innezuhalten, bevor wir das Wort ergreifen. Die Meditation entlarvt die Maske des Selbst – jenen Teil des Egos, der selbstbezogen, selbstgerecht und in Folge der eigenen Barrieren anfällig für Selbsttäuschungen ist. Wenn Sie nicht an Meditation und Achtsamkeit gewöhnt sind, wird es Ihnen unbeholfen und mechanisch vorkommen, innezuhalten und nachzudenken, bevor Sie reden. Sie müssen das mentale »Verkehrschaos« auflösen, vergessen, was andere von Ihnen halten, mit dem Schweigen und der Stille vertraut werden, sich an das Gesagte erinnern und die Antwort achtsam formulieren. Dieser langwierige Prozess kann Sie entmutigen, das Sich-selbst-Zuhören zur Gewohnheit zu machen. Zum Glück bewirkt die täglich wachsende Achtsamkeit, dass Sie die ganze Botschaft irgendwann völlig natürlich und mühelos aufnehmen und Ihre Worte sorgfältiger und präziser wählen. Diese Worte sollten so genau wie möglich Ihre Gefühle und Wünsche beschreiben, denn es gibt viele Interpretationsmöglichkeiten. Abgesehen von den Worten können auch andere Sprechmerkmale babylonische Verwirrung schaffen: Durch Sprechtempo, Pausen, Stimmhöhe, Betonung, Lautstärke, Mimik und Blickkontakt in verschiedener Kombination wird ein Informationscocktail zusammengebraut, dessen Inhalt über Ihre Absicht hinausgeht.

Achtsames Zuhören schließt die Fähigkeit ein, sich selbst zuzuhören und die nötigen Korrekturen vorzunehmen. Wenn Sie eine Aktennotiz verfassen, wählen Sie die Worte sorgfältiger aus. Da sie den Kommunikationsinhalt *sehen* können, fällt es Ihnen leichter, die Botschaft zu überprüfen und vage oder unzutreffende Informationen zu überarbeiten. Warum lassen wir beim Sprechen weniger Sorgfalt walten? Wie oft haben sie »links« gesagt, obwohl Sie rechts meinten, oder »Dienstagmorgen« statt Donnerstagmorgen, ein Versprecher, der Sie später teuer zu stehen kam?

Genauso umsichtig wie Sie auf einem steilen, holperigen Pfad einen Fuß vor den anderen setzen, sollten Sie Ihre Worte wählen, um Verletzungen oder folgenschwere Fehler zu vermeiden. Sie geben eine Äußerung von sich, hören noch einmal in sich hinein und beobachten die Reaktion Ihres Gesprächspartners, ob er die Bedeutung erfasst hat. Falls Sie häufig Abweichungen zwischen Ihrer Absicht und seiner Reaktion bemerken, sollten Sie überprüfen, ob Sie 1) Ihre Gedanken präzise formuliert haben; 2) Tonfall oder Körpersprache im Widerspruch zum Informationsinhalt standen; 3) der Zuhörer die Worte aus einer anderen kulturellen Warte gedeutet hat; oder 4) der Zuhörer Ihre Sichtweise nicht akzeptieren oder die Information nicht richtig verarbeiteten konnte. Sich selbst genau so aufmerksam zuhören wie anderen ist eine Kunst. Sie erfordert Achtsamkeit, Ihre Absichten angemessen zu formulieren, und Einfühlungsvermögen für die Wahrnehmung anderer.

Wie bereits gesagt, können Barrieren Ihre Fähigkeit, anderen zuzuhören, beeinträchtigen. Sie sind auch eine Hürde für das *intrapersonale* Zuhören. Achten Sie darauf, wie in den nachfolgenden Beispielen Statusdenken, persönliche Zielsetzungen und negative innere Dialoge der Absicht der Botschaft entgegenwirken. Eine achtsamer Zuhörer muss diese Sperre beseitigen, um in Kontakt mit sich selbst und anderen zu bleiben.

Der beste Weg zum Verständnis eines anderen Menschen besteht darin, sich in seinen Film einzublenden. Sie können nicht fortwährend Gedanken lesen oder einen Eiertanz aufführen, aber Sie können achtlose Kränkungen und Fehler vermeiden, wenn Sie in heiklen Situationen mehr Gespür entwickeln. Die Kunst, sich selbst zuzuhören und den Gesprächspartner gleichzeitig wahrzunehmen, kann Anweisungen, persönlichen Meinungsaustausch von »Herz zu Herz« und gezielte Fragen einschließen. Wäre es Ihnen möglich gewesen, in der einen oder anderen Situation bessere Ergebnisse zu erzielen, wenn Sie sich selbst zugehört hätten? Werfen wir einen Blick auf einige unserer wenig wünschenswerten Sprachgewohnheiten.

Fluchen, um Zuhörer aufzuschrecken oder Missfallen zu bekunden, sollte man tunlichst vermeiden. Schimpfwörter oder obszöne Redensarten wirken abstoßend und lassen auf die Unfähigkeit schließen, sich intelligenter auszudrücken. Sogar Ausrutscher wie »Mist« oder »verdammt« sind in manchen Firmen verpönt. Vor allem in hochoffiziellen Situationen sollten Sie sich aller Äußerungen enthalten, die als respektlos oder fehl am Platz aufgefasst werden könnten, wie »Jesus Maria und Josef!« oder »verfluchter Mist«. Sie untergraben damit nicht nur Ihre eigene Glaubwürdigkeit, sondern stoßen unter Umständen auch jemanden vor den Kopf.

Sind Sie ein Mensch, der es einfach nicht lassen kann, andere zu unterbrechen? Diese Unsitte rangiert bei vielen auf Platz eins. Dahinter verbirgt sich das unhöfliche, egozentrische Bedürfnis, den Gesprächsverlauf zu kontrollieren. Wenn Sie dazu neigen, sollten sich die Gretchenfrage stellen, ob nicht Statusdenken oder Selbstbezogenheit dahinter stecken. Unterbrechen kann auch bedeuten, dass Sie einen Satz für den Sprecher beenden. Damit versichern Sie ihm (und allen anderen Teilnehmern der Gesprächsrunde), dass Sie den Anwesenden Zeit sparen, indem Sie seine Gedanken lesen und vorwegnehmen, was er sagen wollte. Peinlich wird es allerdings, wenn Sie falsch geraten haben!

Heutzutage setzt man für einen Arzttermin im Durchschnitt zwischen zehn und fünfzehn Minuten an (die Wartezeiten nicht eingerechnet). Die Ärzte stehen unter Druck und müssen versuchen, diese kurze Zeitspanne bestmöglich zu nutzen. Um eine Untersuchung einigermaßen pünktlich zu beenden, sind Unterbrechungen manchmal unerlässlich. Studien haben indes gezeigt, dass Ärzte einem Patienten in der Regel nicht länger als *siebzehn Sekunden* zuhören, ohne zu unterbrechen. Wenn es Patienten gestattet ist auszureden, hören die meisten nach fünfundvierzig Sekunden von selber auf. Umfragen haben ergeben, dass beide Seiten letztlich unzufrieden sind, wenn der Kommunikationsfluss unterbrochen wird. Hört der Arzt dagegen ohne Unterbrechung zu, wird das Ergebnis von beiden höher bewertet.

Berater in gleich welchem Fachbereich wissen um den Vorteil, wenn sie in den ersten fünfundvierzig Sekunden bewusst auf die Kontrolle einer Interaktion verzichten. Denken Sie darüber nach! Eine Zeitspanne von *weniger als einer Minute* kann den Unterschied zwischen einer offenen, aufrichtigen Kommunikation bewirken oder dem Gefühl, unpersönlich und schnell abgefertigt zu werden.

Doch nicht alle Unterbrechungen werden als störend empfunden. Hin und wieder können Sie die Erläuterungen Ihres Gesprächspartners mit ermutigenden Kommentaren wie »Das interessiert mich brennend!« oder einer Prise Humor würzen: »Genau, das sind Riesenschuhe, richtige Elbkähne!« Solche positiven Formen der Unterbrechung sind sogar willkommen, weil sie Interesse und aktive Beteiligung an der Entwicklung des Themas bekunden. Wenn Sie bei einer Gruppendiskussion die Ohren spitzen, werden Sie eine Fülle unhöflicher Störungen und eine Hand voll Verhaltensweisen entdecken, die Ähnlichkeit mit einer annehmbaren Unterbrechung haben. Wo zieht man die Grenzlinie? Wann wird eine Zwischenbemerkung als akzeptable Unterbrechung und wann als negativ besetzte Störung empfunden?

Deborah Tannen benutzt in ihrem Buch *Talking from 9 to 5* den Begriff *Überlappung,* um die negativen Nebenbedeutungen der Unterbrechung zu neutralisieren. Die Sprachforscher Carl Zimmermann und Candace West beschreiben Überlappung als Situationen, in denen jemand eine Modulationsstelle im Satz des Sprechers als Überleitung benutzt, um seine eigenen Gedanken zu äußern (indem er beispielsweise das letzte Wort als Anknüpfungspunkt nimmt). Tannen erklärt, dass sich eine Überlappung in eine Unterbrechung verwandelt, wenn das *Gleichgewicht* der Unterhaltung gestört ist. Wird der Sprecher ständig mit Kommentaren oder Versuchen, das Thema zu wechseln, aus dem Konzept gebracht oder gezwungen, das Ruder herumzureißen, ist die Kommunikation unausgewogen. Symmetrie entsteht nur dann, wenn beide Parteien gleichermaßen zu Wort kommen, eine Idee gemeinsam weiterentwickeln oder gegensätzliche Meinungen ausdiskutieren, ohne dass es Gewinner oder Verlierer gibt. Tannen beschreibt dieses symmetrische Kräftemessen, um Boden zu gewinnen, als Aufbau einer Beziehung im Sinne einer ritualisierten Gegnerschaft, ähnlich wie in einem sportlichen Wettbewerb.

Ein grundlegendes Unterscheidungsmerkmal zwischen Überlappung und Unterbrechung ist die Absicht, die sich hinter solchen Zwischenbemerkungen verbirgt. Sie teilt sich durch den Zeitpunkt, die Formulierung und die erkennbaren Empfindungen hinter den Worten mit. Wenn Ihr Ziel darin besteht, den Kontakt zum Sprecher zu unterstützen und eine Beziehung aufzubauen, werden solche Zwischenbemerkungen positiv gewertet. Falls Sie jedoch damit bezwecken, sich zu behaupten und Ihrem Gesprächspartner zu zeigen, wer hier das Sagen hat, wird Ihr Einwurf als Störung empfunden. Sie sollten sich allerdings darüber im Klaren sein, dass sich einige Leute sogar durch die positiven Formen der Unterbrechung gestört fühlen. (Dagegen werden negative Formen der Unterbrechung in einer Debatte oft als Führungsqualität wahrgenommen und »abgesegnet«.) Tannen erklärt, bei der Entscheidung, ob eine Überlappung als Unterbrechung gewertet wird, sei der Zusammenhang wichtig (zwanglose Unterhaltung versus Vorstellungsgespräch), aber auch der persönliche Stil des Sprechers (emotional engagiert im Gegensatz zu sachlich-neutral) und die Wechselbeziehung zwischen den verschiedenen Stilen.

Sie können den Sprecher auch nonverbal unterbrechen. Ständiger Wechsel der Körperhaltung oder Wegschauen irritieren den Sprecher und können als Wunsch gedeutet werden, sich in seinen Monolog *einzuschalten* oder *abzuschalten*. Wenn Sie sich in seinen Film eingeblendet haben, stellt sich der Körper ohne Ihr Zutun auf die Botschaft ein. Körperhaltung und Blickkontakt sind verhältnismäßig konstant. Sie signalisieren hin und wieder mit einer Geste, einem Kopfnicken oder einem »Aha«, dass Sie aufmerksam zuhören. Ein erhobener Finger, ein Zupfen am Arm oder sich vorbeugen kann als überlappende oder unterbrechende Geste gedeutet werden. Dem anderen in einer Diskussion die Möglichkeit geben, sich zu Wort zu melden, fördert das kooperative Zuhören. Ein guter Zuhörer ermutigt den Sprecher durch eine Kombination aus Schweigen, Blickkontakt und verbaler Unterstützung, mit der Präsentation seiner Idee fortzufahren. Er unterlässt jeden selbstsüchtigen Versuch, den Gedankenfluss des Partners zu unterbrechen.

Wenn jemand ohne Unterlass redet, hat er oft Angst vor dem Schweigen. Eine »Quasselstrippe« schwadroniert ohne Punkt und Komma über Dinge, die niemanden interessieren.

Wenn jemand ungeachtet Ihrer glasigen Augen, gefesselt vom Klang der eigenen Stimme endlose Monologe hält, hat er vermutlich das Gefühl, *Ihnen* einen riesigen Gefallen zu erweisen. Wie oft mussten Sie bei einer Party oder Firmenveranstaltung stundenlanges Blabla über sich ergehen lassen? Um Ihr Gedächtnis aufzufrischen und Sie zu motivieren, das eigene Verhalten genauer zu beobachten, lassen Sie uns eine Minute mit einer solchen Nervensäge verbringen.

Eine freundliche Kollegin nähert sich Ihnen, erpicht auf einen kleinen Plausch, und beginnt, Sie mit Feuereifer über den neuesten Büroklatsch ins Bild zu setzen. Sie stellen anhand des unangebrachten Themas fest, dass Sie definitiv *keine* Lust haben, sich in diesen Film einzublenden. Die Sprecherin übersieht geflissentlich Ihre abweisende Miene; sie plappert munter drauf los, um Sie mit in den Abgrund zu ziehen. Sie befinden sich in einem Dilemma: Wie winden Sie sich aus dieser einseitigen Unterhaltung heraus?

Eine andere Situation: Sie merken, dass es Ewigkeiten dauert, bis der Sprecher zur Sache kommt. Sie müssen nicht nur die ellenlange Einleitung ertragen, sondern wissen auch, dass Ihnen das Schlimmste noch bevorsteht! Ihr Gegenüber ist so tief in seinen eigenen Film abgetaucht, dass er blind für den Schweiß ist, der Ihnen inzwischen von der Stirne tropft. Er bemerkt nicht, dass Sie unruhig auf Ihrem Sitz hin- und herrutschen, das Gewicht von einem Fuß auf den anderen verlagern oder sich Hilfe suchend im Raum umblicken. Er redet ungerührt weiter und lässt seinen Blick schweifen. In solchen Situationen verspüre ich immer den Drang, mich klammheimlich aus dem Staub zu machen, um festzustellen, ob die Person überhaupt bemerken würde, dass ich nicht mehr da bin. Ich fühle mich vom Sprecher als Stütze benutzt. Und um dem Fass die Krone aufzusetzen, lässt er die Namen wichtiger Leute fallen oder brüstet sich mit einem Fachjargon, der Ihnen nicht vertraut ist. Zu diesem Zeitpunkt sind Sie bereits so genervt, dass Sie nur noch um ein Wunder beten! Eine Entführung durch Außerirdische, ein Besuch von der Steuerfahndung und sogar ein kleines Erdbeben wären recht – *alles,* was Sie von diesem Schwätzer erlöst! Solange die Schockwirkung eines solchen Monologs anhält, schwören Sie sich, niemals eine solche Nervensäge zu werden. Dass Sie eine Erfahrung für urkomisch, aufregend oder interessant halten, bedeutet noch lange nicht, dass alle anderen das Gleiche empfinden.

Wenn Sie sich selbst aufmerksam zuhören, beantworten Sie Fragen ohne Umschweife, sprechen Themen an, die der Unterhaltung angemessen sind, und wählen Worte, die widerspiegeln, was Sie wirklich meinen. Meiden Sie Erzählungen und Belange, die nur für Sie von Interesse sind. Eine Geschichte aussitzen zu müssen, die versandet, oder auf einem Thema herumzureiten, dass andere anödet oder verletzt, ist eine besonders ausgeklügelte Form der Sozialfolter. Einige Leute geben nicht eher Ruhe, bis Sie sich ihrer Sichtweise anschließen (und die gesundheitlichen Vorteile von rotem Fleisch anerkennen, auch wenn Sie ein gestandener Vegetarier sind, oder vice versa).

Ich hatte einmal einen Klienten, der Marketingberater war. Sein bester Rat lautete: »Man soll mit dem Reden aufhören, sobald der Kunde Ja gesagt hat.« Wenn es Ihnen gelungen ist, ein Geschäft unter Dach und Fach zu bringen, lassen Sie sich nicht vom Überschwang der Begeisterung zu achtlosen Worten hinreißen: Versprechungen, die Sie nicht halten können, sich tausendmal bedanken, die Konkurrenz »madig« machen. Ihr Kunde könnte sich fragen, ob er wirklich die richtige Entscheidung getroffen hat.

Oft werde ich gefragt: »Wie geht man mit jemandem um, der unaufhörlich redet? Oder ständig vom Thema abschweift?« Im Gespräch mit potenziellen Mitarbeitern, Kunden oder Gästen bei einer Cocktailparty, die achtlos daherreden, können Sie diplomatisch eingreifen, ohne den Sprecher zu kränken. Um ihn wieder auf Kurs zu bringen, sagen Sie: »Entschuldigen Sie, aber ich habe mich falsch ausgedrückt. Ich würde gerne wissen ...« Oft hat der Gesprächspartner die Frage vergessen und redet nur weiter, weil er hofft, dass sie ihm dabei wieder einfällt. Das kann man häufig in Radiosendungen beobachten. Der Moderator stellt eine zwei- oder dreiteilige Frage, und der Talkgast begibt sich auf eine Umlaufbahn, die das eigentliche Thema nur kurz streift.

Im Gesundheitswesen kommt man oft mehrmals am Tag mit mehreren Patienten in Berührung, die eine Menge zu erzählen haben; oft ist der Besuch des Krankenhauses der einzige Sozialkontakt. Angehört zu werden ist der erste Schritt zur Heilung. Leider steht hier, wie in allen Bereichen mit »Publikumsverkehr«, nur eine begrenzte Zeit für den Einzelnen zur Verfügung. Ich habe gelernt, mit diesem Dilemma umzugehen, indem ich mir die Zeit, die ich mit Zuhören verbringen kann, wie eine Hand voll Kekse vorstelle. Mit zunehmender Achtsamkeit hoffe ich, von Tag zu Tag mehr Kekse verteilen zu können, doch derzeit ist die Anzahl noch begrenzt.

Einige Leute brauchen mehr Kekse als andere, aber sie vermehren sich trotzdem nicht auf wundersame Weise. Nachdem ich so lange aufmerksam zugehört habe, wie es meine Zeit erlaubt, muss ich unterbrechen und sagen: »Tut mir Leid, Mrs. Johnson, ich wollte, ich hätte mehr Zeit für Sie. Aber meine nächste Patientin wartet bereits. Wie wäre es, wenn Sie alles, was Sie sonst noch auf dem Herzen haben, aufschreiben und die Notizen in mein Fach legen? Dann könnten wir uns morgen in aller

Ruhe darüber unterhalten.« Manchmal hilft die Niederschrift der Anmerkungen oder Fragen, Gedanken zu klären oder festzustellen, dass ein Thema bereits angesprochen wurde. Wenn Sie so ehrlich wie möglich begründen, warum Sie nicht länger zuhören können, ist der Kunde zufrieden und hat die Möglichkeit, das Gespräch zu beenden.

Oft werde ich gefragt: »Soll ich, wenn mich ein Thema nicht interessiert, aus Höflichkeit so tun, als würde ich zuhören, oder unterbrechen?« Die meisten Leute stimmen darin überein, dass ihnen die Unterbrechung immer noch lieber wäre als geheucheltes Interesse seitens ihrer Zuhörer. Und je länger wir mit dem Ausstieg aus dem Gespräch warten, desto unangenehmer wird er. Es kommt selten vor, aber sobald ich merke, dass ich keine Geduld, kein Interesse oder keine Zeit zum Zuhören habe, entschuldige ich mich in höflichem Ton und sage, dass ich weitermachen muss. Ich lehne es ab, mir Notlügen auszudenken. Es ist schlimm genug, wenn andere nicht hören wollen, was man zu sagen hat, aber oft ist es noch verletzender, mit einer fadenscheinigen Ausrede abserviert zu werden. Ich ziehe es vor, mir selbst und der Erkenntnis treu zu bleiben, dass ich nur eine begrenzte Anzahl von Keksen zur Verfügung habe. Trotzdem gibt es natürlich Zeiten, wo der eine oder andere zusätzliche Kekse, sprich Zuwendung braucht (wir selbst eingeschlossen!). Dann ist Geduld wichtig. Zuhören kann manchmal das Beste sein, was wir für einen Menschen tun können.

Ich hatte einmal die Gelegenheit, bei der Besprechung eines neu ernannten Bereichsleiters und seiner zehn Abteilungsleiter dabei zu sein. Nach dem Resümee der Jahresziele des Unternehmens bat er die Teilnehmer, die Projekte und Probleme ihrer Abteilungen in groben Zügen zu schildern. Er fügte hinzu: »Berücksichtigen Sie bei Ihrer Beschreibung bitte den Bezug, in dem Ihre Projekte zueinander stehen, und ob nicht einige in Teamarbeit durchgeführt werden könnten.« Und dann wies er darauf hin, die Sitzung müsse in einer halben Stunde geschlossen werden: ein Wink mit dem Zaunpfahl, sich kurz zu fassen. Nur *vier der zehn*

Manager wurden den Anforderungen in allen Punkten gerecht. Sie präsentierten ihre Projekte in allgemein verständlichen Formulierungen. Die Beschreibungen waren kurz und prägnant, die fachlichen Einzelheiten auf ein Minimum beschränkt. Sie kamen der Aufforderung des Bereichsleiters nach, auf gemeinsame Interessen mit anderen Abteilungen zu achten. Sie stellten Blickkontakt zu den Anwesenden her und hielten sich an die drei Minuten Redezeit, die ihnen zustanden. Der Bereichsleiter, selber ein Kommunikator, der auf Achtsamkeit bedacht war, lobte die Fähigkeit dieser Führungskräfte, sich auf das Wesentliche zu beschränken – ein Gebot der Höflichkeit gegenüber den anderen Teilnehmern.

Das Meeting wurde um achtzehn Minuten überzogen, weil ein Abteilungsleiter annähernd zehn Minuten unentwegt redete. Bis zum heutigen Tag ziehen ihn die Kollegen damit auf, dass er eine Stoppuhr braucht, wenn er um einen kurzen Lagebericht gebeten wird. Der schlechte Ruf, der Menschen vorauseilt, die sich nicht selbst zuzuhören, lässt sich nur schwer abschütteln. Aus dem unterdrückten Lächeln des Bereichsleiters ging hervor, dass er genau wusste, wem er zutraute, Termine einzuhalten, messerscharf zu denken und im Team zu arbeiten.

So können sich Barrieren in der Praxis auswirken. Dieses Beispiel zeigt, dass sie uns nicht nur vom Sprecher trennen, sondern auch von anderen Zuhörern; und Ihr Chef ist vermutlich die letzte Person, zu der Sie auf Distanz gehen möchten. Aufschlussreich war auch, dass die übrigen sechs Manager als unermüdlich in ihrem Arbeitseinsatz galten: Sie machten oft Überstunden und arbeiteten auch am Wochenende. Mindestens vier waren so mit ihrer eigenen Tagesordnung beschäftigt, dass ihnen ihre Einzelkämpfer-Mentalität und die schwer verdaulichen Präsentationen gar nicht bewusst zu sein schienen. Dass sie ihren Mitarbeitern aufmerksamer zuhören, wage ich zu bezweifeln.

Folgende Verhaltensweisen, die in Marathonsitzungen gang und gäbe sind, lassen ebenfalls darauf schließen, dass jemand sich selbst nicht zuhört:

- Ständig Fachbegriffe und Kürzel verwenden, die nur Eingeweihte kennen, zum Beispiel das »MAC-Projekt«
- Zu viele Einzelheiten präsentieren
- Anekdoten einstreuen, die niemanden interessieren
- Unentwegt Füllwörter wie »Ähm« oder »Ah« benutzen
- »Namedropping«, um anderen damit zu imponieren, was für wichtige Leute man kennt
- Lange Pausen einlegen
- Blickkontakt mit den Zuhörern meiden
- Einen Sprecher mit nebensächlichen Fragen unterbrechen
- Selbstabwertende Äußerungen von sich geben

Letzteres ist eine Unsitte, die besonders bei Frauen verbreitet ist, zum Beispiel: »Tut mir Leid, aber ich schaffe es nie, mich an die Zeitvorgabe zu halten«, oder: »Hoffentlich vergesse ich nichts in meinem Bericht über die aktuellen Projekte in meiner Abteilung.« Die Sorgfalt, mit der Sie Ihre Worte wählen und auf Ihre Zuhörer eingehen, sagt viel über Ihre Kompetenz und Ihre Fähigkeit aus, die Rechte anderer zu respektieren. Wenn man Ihnen zur Last legt, zu viel zu reden, heißt das im Klartext, dass Sie anderen keine Chance geben, sich aktiv am Gespräch zu beteiligen. Oft sind wir so vertieft in unseren eigenen Film, dass wir die offenkundigen Signale übersehen, anderen das Wort zu erteilen. Als Faustregel sollten Sie sich merken, Ihre Kommentare auf zwanzig Sekunden oder weniger zu beschränken. Wenn Sie diese Grenze überschreiten, laufen Sie Gefahr, die Geduld und Aufmerksamkeit Ihrer Zuhörer auf eine harte Probe zu stellen. Richten Sie Ihre inneren Antennen aus, um die nonverbalen Signale von anderen zu empfangen, die am Ideen- und Meinungsaustausch teilnehmen wollen. Sie erkennen eine solche Person daran, dass sie

- unruhig auf dem Sitz hin- und herrutscht,
- den Zeigefinger hebt, um sich zu Wort zu melden ,
- sich nach vorne beugt und hörbar Luft holt,

- den Blickkontakt mit Ihnen unterbricht,
- hastig nickt und den Mund aufmacht, als wollte sie etwas sagen.

Erkennen Sie den Unterschied zwischen störenden Verhaltensweisen und solchen Anzeichen, die schon im Vorfeld darauf hinweisen, dass jemand Ihnen am liebsten ins Wort fallen möchte. Ihn auszumachen ist unabdingbar für einen achtsamen, rücksichtsvollen Zuhörer.

Wie oft beginnen Sie einen Satz mit dem Wörtchen *Ich*? Die Syntax vieler Sprachen fördert die Verwendung der ersten Person Singular, die auf eine subjektive Meinung oder eigene Erfahrung hinweist. Die Verwendung an einer so augenfälligen Stelle des Satzes spiegelt die Bedeutung wider, die unsere Kultur dem Eigeninteresse beimisst. Unsere mehr oder weniger heimliche Zielsetzung, die man als *Ich-Meiner-Mir-Mich* oder Ego-Barriere bezeichnen könnte, ist das größte Hindernis, wenn es gilt, anderen *und* sich selbst zuzuhören.

Die häufige Verwendung des Wortes *Ich* trägt dazu bei, sich dem Zuhörer zu entfremden. Bei einem Fachseminar, das ich besuchte, meldete sich ständig eine Teilnehmerin zu Wort, um ihre persönlichen Erfahrungen mit den Behandlungsmethoden zum Besten zu geben, die der Übungsleiter vorstellte. Die meisten Aussagen begannen mit *Ich,* oder das Wort wurde im Satz durch Betonung hervorgehoben: »*Ich* fand das Verfahren gut, weil *ich* damit gute Ergebnisse bei meinen Patienten erzielt habe«, oder: »Nach gründlicher eigener Recherche bin *ich* zu einer anderen Schlussfolgerung gelangt.« Nach einem halben Tag signalisierte ein Aufstöhnen der Zuhörer, dass sie den meisten auf die Nerven ging. Ihre langatmigen Kommentare wurden als Besserwisserei und Rücksichtslosigkeit gedeutet.

Unlängst besuchte ich ein Training für den Leistungsschwimmer-Nachwuchs, das von zwei bekannten Triathleten durchgeführt wurde. Die Teilnehmer schwammen, was das Zeug hielt, in der Hoffnung auf Tipps zur Verbesserung ihrer Technik. Beide Trainer begannen mit einer fünfköpfigen Gruppe. Sie waren gleichermaßen freundlich und erfahren, doch sie unterschieden sich in einem wichtigen Punkt: Der eine bezog sich *ständig* auf seine eigene Person, wenn ihm eine Frage gestellt wurde. Ein Teilnehmer wollte beispielsweise wissen: »Wie kann ich schneller werden?« Daraufhin antwortete der Trainer: »Als *ich* mit dem Leistungssport anfing, habe *ich* eine Stoppuhr benutzt und meine Zeit pro Bahn jedes Mal um ein paar Sekunden verbessert.« Danach benutzte er häufig Redewendungen wie »*Ich* würde« oder »*Ich* mache ...« Seine Reaktionen waren entmutigend. Was die Teilnehmer sich erhofft hatten, waren Antworten, die auf *ihre* individuelle Situation, etwa die körperliche Kondition, Anzahl der Jahre seit Beginn des Leistungssports und den aktuellen Leistungsstand Bezug nahmen. Die Ego-Barriere verhinderte ein aufmerksames Zuhören. Der andere Trainer erteilte ähnliche Ratschläge, aber in anderen Formulierungen, wie »Versucht mal, die Zeit zu nehmen, die ihr für die Bahnen braucht – das heißt, wenn ihr bereits problemlos eine halbe Meile schafft«, oder er fragte die Teilnehmer, was sie bereits ausprobiert hatten. Die fortwährende Verwendung des Wörtchens *ich* löst Befremden bei den Zuhörern aus und mindert das Vertrauen. Wenn sich Ihr Ego aus dem Rampenlicht zurückzieht, werden Sie Bewunderung ernten und die Bereitschaft fördern, Ihren Empfehlungen zu folgen, weil Sie die Bedürfnisse Ihrer Zuhörer berücksichtigen.

Auf diesen offensiven Gebrauch des Wörtchens *ich* wurde eine meiner Freundinnen hingewiesen, die in einer Dreier-Wohngemeinschaft mit einem einzigen Telefonanschluss lebte. Da neunzig Prozent der Anrufe für sie waren, hatte sie unbedacht folgende Ansage auf dem Anrufbeantworter aufgenommen: »Sie haben die Nummer ... gewählt. Leider bin *ich* im Moment nicht zu erreichen. Hinterlassen Sie bitte eine Nachricht, und *ich* werde Sie so schnell wie möglich zurückrufen.« Erstens ging sie davon aus, dass der Anrufer wusste, wer »ich« war, und zweitens ließ sie völlig außer Acht, dass er vielleicht ein anderes Mitglied der WG sprechen wollte.

Sie können auf den persönlichen Aspekt hinweisen, ohne andauernd das Wörtchen *ich* zu benutzen. Beginnen Sie den Satz mit »Es könnte sein« oder »Erfahrungsgemäß« oder »Allem Anschein nach«.

Es ist ein Armutszeugnis für die Beschaffenheit unserer zwischenmenschlichen Beziehungen – aber einige Leute meinen, sie müssten sich ständig entschuldigen, wenn sie andere an ihren Gedanken teilhaben lassen. Einmal fuhr ich bei einem Skiausflug mit einem jungen Mann im Sessellift. Er lächelte und sagte Hallo. Ich erwiderte den Gruß und machte eine Bemerkung über das gute Wetter und den hervorragenden Zustand der Piste. Er erzählte, dass er den Tag aus vollem Herzen genieße; er habe seine siebenjährige Tochter im Skikurs abgeliefert und ihr bei der ersten Unterrichtsstunde zugesehen. Er strahlte dabei vor Stolz, so dass ich nicht umhin konnte, mich in seinen Film einzublenden: Ich sagte ihm, dass ich mir vorstellen könne, was für ein gutes Gefühl das sei. Daraufhin begann er, mir etwas von seiner Tochter zu erzählen. Nach höchstens einer Minute hielt er mitten im Satz inne und entschuldigte sich verlegen, dass er mich damit *behellige*. Verdutzt erwiderte ich, es sei mir ein Vergnügen gewesen zuzuhören.

Jede Gelegenheit, mich in den Film einer anderen Person einzuklinken, erweitert meinen Erfahrungshorizont. Es tut gut, am Glück anderer teilzuhaben. Es ist ein nachhaltiges Erlebnis, das Ego hintan zu stellen und die Verbundenheit mit einem anderen Menschen auf der spirituellen Ebene zu spüren, und wenn auch nur für einen kurzen Augenblick. Jedes Mal, wenn Sie sich selbst vergessen und in den Film eines anderen Menschen einblenden, sind Sie dem Ziel, sich von den Fesseln des Selbstinteresses zu befreien, ein Stück näher gerückt. Und keine Sorge, dass Ihnen Ihr Ego abhanden kommen könnte: Es klebt an uns wie eine Klette.

Es ist alarmierend, dass wir nur einen geringen Teil unseres Wortschatzes benutzen. Die meisten der Begriffe haben mehrfache

Bedeutung. Anders ausgedrückt: Wir haben geringe Chancen, genau so verstanden zu werden, wie es in unserer Absicht lag. Vielleicht kennen Sie Chisholms »Drittes Gesetz«: *Auch wenn Sie etwas so deutlich erklären, dass niemand Sie missverstehen kann, wird es einer tun.*

Auch hier kommt wieder die Fähigkeit ins Spiel, sich selbst zuzuhören. Achten Sie darauf, dass Ihre Worte und Gedanken eine Einheit bilden. Manchmal ist eine kurze »Generalprobe« auf dem Weg zu einem wichtigen Meeting eine gute Gelegenheit, die Formulierungen noch einmal zu überdenken. Beschränken Sie die Anzahl der Worte auf ein Mindestmaß. Skizzieren Sie die Hauptpunkte im Kopf oder auf einem Blatt Papier. Wiegen Sie jedes Wort sorgfältig ab, und überprüfen Sie von Zeit zu Zeit, ob Ihr »Zuhörer« alles verstanden hat. Streichen Sie vage Begriffe oder Phrasen wie »Ich bin anhand verschiedener Indikatoren zu der Auffassung gelangt, dass Albert eine tendenziell positive Sozialisation in seinen Interaktionen mit Klassenkameraden und Lehrern erkennen lässt« und ersetzen Sie solche Bandwurm-Sätze durch »Albert kommt mit anderen besser aus«. Diese »Selbstzensur«, Wort für Wort oder Satz für Satz, ist vor allem dann nötig, wenn die Diskussion vielschichtig oder emotional aufgeladen ist. Als zusätzliche Überprüfung sollten Sie Ihre Zuhörer ermutigen, die Botschaft zu wiederholen oder mit eigenen Worten zusammenzufassen, damit Sie sicher sein können, dass Sie richtig angekommen ist. Diese drei Schritte – proben, selbst bewerten, überprüfen durch andere – geben Ihnen ein gewisses Maß an Sicherheit, dass Sie Kontakt zu Ihrem Zuhörer haben.

Auch von nonverbalen Anmerkungen oder Lauten kann eine Botschaft ausgehen, die nicht beabsichtigt ist. Für einige bedeutet ein Kopfnicken oder ein »Aha« Zustimmung, für andere lediglich: »Ich höre aufmerksam zu.« Es gibt keine weltweit übereinstimmende Interpretation der Körpersprache oder Mimik. Bei der kulturellen Vielfalt im Berufs- und Privatleben können wir nicht erwarten, dass die nonverbalen Reaktionen von Menschen anderer Nationalität unseren eigenen entsprechen. Ein Kopfnicken in einem Kulturkreis (im japanischen beispielsweise) bedeutet: »Ich gehe mit dir konform.« In Indien zeigt die gleiche Geste eine abweichende Meinung an.

Gesten und Variationen im Tonfall dienen dazu, wichtige Wörter oder Sätze zu *unterstreichen* und zu *bestätigen*. Sie helfen dem Zuhörer, die wichtigen Punkte zu erkennen, ähnlich wie man mit einem Textmarker Schlüsselbegriffe auf einer Seite markiert, um sie sich leichter einzuprägen.

Der negative innere Dialog ist eine weitere Barriere, die verhindert, dass wir aufmerksam zuhören. Wenn Sie als Sprecher in Gegenwart anderer negative Bemerkungen über sich selbst machen, richten Sie doppelten Schaden an. Sie müssen solchen selbstabwertenden Äußerungen zuhören oder Freunde bitten, Sie darauf aufmerksam zu machen. Sie pflegen andere Aspekte Ihres Images gewissenhaft – Garderobe, Pünktlichkeit, die Fähigkeit, sich kurz zu fassen –, warum in aller Welt sollen Sie Ihre Unzulänglichkeiten herausposaunen? Jede negative Bemerkung, die Sie im Beisein anderer über sich selbst vom Stapel lassen, wird umgehend als Wahrheit akzeptiert (denn Sie müssen es ja schließlich am besten wissen).

A liest beispielsweise bei einer Mitarbeiterbesprechung am frühen Morgen die falsche Spalte eines Berichts vor und entschuldigt sich mit den Worten: »Tut mir Leid, aber um die Zeit bin ich noch nicht fit!« Und wenn Sie etwas verlegt haben, ertappen Sie sich vielleicht bei der Bemerkung: »Wenn mein Kopf nicht angewachsen wäre, würde ich ihn auch noch verlieren.« Derartige Bemerkungen, die Fehler entschuldigen sollen, untergraben Ihr Image und schaffen eine Kluft zwischen Ihnen und eben jenen Personen, mit denen Sie eine erfolgreiche Beziehung aufbauen möchten.

Um Gewohnheiten abzulegen, mit denen Sie sich selbst das Wasser abgraben, sollten Sie sich die negativen inneren Dialoge (siehe Kapitel 4) bewusst machen und solche Programmierungen löschen. Wenn Ihnen ein Fehler unterlaufen ist oder Sie kurzfristig den Faden verloren haben, entschuldigen Sie sich und kehren zum Thema zurück. Wenn Sie ein wichtiges Dokument nicht gleich finden oder die Fakten nicht stimmen, lassen Sie die anderen wissen, dass Sie Ihr »automatisches Suchsystem« aktivieren bzw. die nötigen Korrekturen vornehmen werden. *Punkt.* Niemand verlangt, dass Sie sich verbal an den Pranger stellen, auch wenn Sie Murks gemacht haben.

Hören Sie sich auch bei privaten Unterhaltungen in der Gruppe zu. Lästern Sie gerne? Neigen Sie dazu, andere wegen ihres Äußeren auf unfaire Weise zu kritisieren oder wegen ihres Verhaltens zu maßregeln? Vielleicht greifen Sie zu solchen Taktiken, um selber gut dazustehen, doch damit untermauern Sie nur Ihre Barrieren wie Statusdenken und Vorurteile. Statt Ihre Vorzüge zu unterstreichen wirken Sie misstrauisch und unsicher. Halten Sie sich in Zukunft aus solchen Verbalattacken heraus; das ist der erste Schritt, einem der größten Feinde des achtsamen Zuhörens das Handwerk zu legen.

Wie oft gelingt es Ihnen, Ihr Ego hintanzustellen und anderen ein aufrichtiges Kompliment zu machen? Das Ungleichgewicht zwischen den negativen und positiven Bemerkungen, die wir Tag für Tag von uns geben, ist erschreckend. Einmal, als ich auf die Reparatur meines Autos wartete, wurde ich Zeuge von sechs Gesprächen zwischen Werkstattmeistern und Mechanikern. Nachdem ich mir einige Minuten lang die wenig schmeichelhaften und demotivierenden Bemerkungen angehört hatte, in die nur selten ein »Danke« oder »Sehr gut« eingestreut war, begann ich, eine Strichliste zu führen. Im Verlauf von 25 Minuten brachten die Herrschaften es auf 37 verunglimpfende Äußerungen; ein Lob oder eine Ermutigung bekam ich ganze zweimal zu hören. Seltsam war, dass diese Werkstatt einen guten Ruf und beachtlichen Erfolg hatte. Ich möchte nicht wissen, was dort los ist, wenn die Geschäfte einmal schlecht gehen sollen. Später stellte ich fest, dass eine solche Unausgewogenheit zwischen Lob und Tadel keineswegs ungewöhnlich ist.

Kein Wunder, dass Arbeit nicht die Befriedigung bringt, die wir uns erhofft hatten. Warum sollen wir uns auch engagieren und abrackern, wenn niemand es zu schätzen weiß? Wenn wir uns selbst hören, verstehen wir vielleicht eher, warum die Fluktuationsrate in unserer Abteilung so hoch ist, warum Kinder unsere Gesellschaft meiden oder unsere Ehe nur noch auf dem Papier besteht. Interessant ist, dass wir oft positiv über andere *denken*, es aber nicht äußern. Woran liegt das?

Einige Psychologen meinen, dass wir viel zu sehr auf unsere negativen inneren Dialoge fixiert sind, um andere auf ein Podest zu heben. Wenn Sie dafür sorgen, dass ich negative und positive Selbstgespräche die Waage halten (siehe Kapitel 4), fällt es Ihnen leichter, anderen die verdiente Anerkennung zuteil werden zu lassen. Wenn Sie einfühlsam mit sich selbst umgehen, begegnen Sie anderen ebenfalls mit mehr Einfühlungsvermögen.

Ein ernst gemeintes Lob wie »Alle Achtung, deine Präsentation war Spitze« oder »Susanne, nochmals danke für die Extra-Kopie; sie hat mir heute beim Meeting gute Dienste geleistet« kann ein Lichtblick für den Rest des Tages sein. Wenn Sie jemanden loben, weil er Ihnen geholfen, eine Spitzenleistung erbracht oder einfach seine reguläre Arbeit zu Ihrer Zufriedenheit verrichtet hat, verbessert sich meistens auch Ihr Selbstgefühl.

Lobhudelei ist eine weit verbreitete Unsitte, vor allem bei Frauen; zum Beispiel: »Entschuldigung, Sie haben bestimmt alle Hände voll zu tun, aber ...« oder »Sie stimmen vielleicht nicht mit mir überein, aber ...« Solche Floskeln sind kein Zeichen von Höflichkeit oder Respekt, sondern ein augenfälliger Beweis für Minderwertigkeitskomplexe und das Gefühl der eigenen Nichtigkeit. Sie werden häufig in Gegenwart von Personen geäußert, denen wir uns unterlegen fühlen und die wir zu beeindrucken hoffen. Wenn Sie respektvoll zur Sache kommen, statt unterwürfiges Verhalten mit verbalen Schnörkeln zu verbrämen, ermöglichen Sie den Aufbau einer Beziehung, die symmetrischer und produktiver ist.

Tonfall und Modulation übermitteln ihre eigenen Botschaften. Zögern teilt sich mit, wenn Sie eine Grundsatzerklärung in eine unausgesprochene Frage verwandeln: »Das Thema Nachtauslieferung hat oberste Priorität???« oder »Großkunden wie Hinz und Kunz sind wichtig???« Solche »Fragezeichen« deuten auf mangelndes Selbstvertrauen oder gönnerhaftes Verhalten hin.

Ich erinnere mich an eine Kollegin aus der Verwaltung, die einen solchen Ton anschlug, als ich neu in der Klinik war und von administrativen Dingen nicht viel Ahnung hatte. Vielleicht wollte sie mich als Mentorin unter ihre Fittiche nehmen, aber ich fand ihre Art herablassend – so als wolle sie prüfen, ob ich ihre Anweisungen verstanden hatte. Sie sagte beispielsweise: »Denken Sie daran, die monatlichen Statistiken in mein Büro zu bringen, ja?« Die gleiche Gewohnheit hatte sie in privaten Gesprächen: »Man kann froh sein, wenn man einen Hund hat, nicht wahr?« Dieser Tonfall, den sie beinahe automatisch anschlug, ließ auf einen inneren Zwiespalt schließen und stiftete Verwirrung. Achten Sie also auf den Tonfall, wenn Sie eine Äußerung machen, und entwickeln Sie ein Gespür für die Reaktionen Ihrer Zuhörer. Wenn andere Sie als unentschlossen wahrnehmen oder Ihren Standpunkt hinsichtlich eines Themas in Frage stellen, haben Sie dies vielleicht provoziert.

Noch schwerer ist es, einem Sprecher zuzuhören, der einen Monolog herunterleiert. Falls Sie zu diesen Menschen gehören, empfehle ich Ihnen eine Stimmtherapie oder Sprechunterricht bei einem Schauspiellehrer. In den meisten Fällen lassen sich solche Sprechgewohnheiten merklich verbessern. Doch dazu müssen Sie sich zuerst selber zuhören und objektiv wahrnehmen, wie Sie sprechen. Das hat den Vorteil, dass Sie sofort die nötigen Schritte unternehmen können, um eine Veränderung herbeizuführen.

Viele Zuhörer zucken auch beim Klang einer nasalen oder schrillen Stimme zusammen. Männer finden es besonders nervtötend, wenn Frauen »kreischen«, sobald sie aufgeregt oder in Rage sind. Wenn Männer in Wut geraten, geht die Stimme auch

nach oben, aber sie erreicht nicht die Tonhöhe, die in den Ohren gellt. Frauenstimmen sind ohnehin um eine Oktave höher,
und unter Stress werden sie noch heller.

Beißen Sie sich auf die Zunge

1. Wenn Sie dazu neigen, andere chronisch zu unterbrechen, halten Sie mitten im Satz inne und sagen: »Entschuldigung.
   Bitte fahren Sie fort.« Im Laufe der Zeit werden Sie sich auf
   die Zunge beißen, *bevor* Sie zum Störmanöver ansetzen. Wenn
   Sie sich von Anfang an in den Film Ihres Gesprächspartners
   einblenden, ist Ihre Aufmerksamkeit ohnehin nicht auf Ihre eigene Agenda gerichtet. Sie sind voll damit beschäftigt, ihn zu
   verstehen, und weniger geneigt, ihm ins Wort zu fallen.

2. Es gibt akzeptable Möglichkeiten, einen Unterbrecher zu stop-
   pen. Solche Techniken lassen sich gut bei politischen Diskussionen im Fernsehen beobachten. Wenn jemand Sie unterbricht oder das Gespräch an sich reißen will, heben Sie den
   Zeigefinger, womit Sie »Moment« signalisieren, und reden un-
   beirrt weiter. Sollte der Störenfried keine Ruhe geben, halten
   Sie inne und sagen: »Lassen Sie mich bitte ausreden, dann
   höre ich Ihnen gerne zu.« Knüpfen Sie dort wieder an, wo
   Sie aufgehört haben. Vergessen Sie nicht, dass die Unterbrechung aus gutem Grund erfolgt sein kann (Sie haben beispielsweise die Redezeit überschritten, ein wichtiger Anruf
   wartet auf Sie usw.).

3. Wenn *Sie* jemanden aus gutem Grund unterbrechen müssen,
   geben Sie ein Handzeichen, und reden Sie den Sprecher mit
   Namen an: »Herr X, ich fürchte, die Zeit wird knapp, wir sollten wieder zum Thema kommen« oder: »Frau Y, wir sind unter
   Zeitdruck.« Mit dem Namen wecken Sie die Aufmerksamkeit
   des Angesprochenen.

4. Wenn Sie das nächste Mal einen Vortrag halten oder ein Thema präsentieren müssen, suchen Sie sich vorab ein ruhiges Plätzchen und nehmen Ihren Text auf Video- oder Audiokassette auf. Es ist erstaunlich, was Ihnen plötzlich auffällt, wenn Sie sich so hören wie Ihr Zuhörer. Denken Sie über Ihre Wortwahl, den Tonfall und andere Aspekte der Präsentation nach. Noch haben Sie die Chance, das eine oder andere zu ändern. (Ihre Stimme könnte Ihnen beim Abhören fremd vorkommen. Die meisten von uns sind mit dem Klang vertraut, der durch die Schädeldecke zurückgeworfen wird. Die aufgezeichnete Stimme kommt sehr nahe an diejenige heran, die andere hören.)

5. Auf unserem Weg, einfühlsame Zuhörer zu werden, ist »Freundlichkeit« ein guter Ausgangspunkt. Sprechen Sie eine neue, freundlichere Ansage auf Ihren Anrufbeantworter auf. Vermeiden Sie Nullachtfünfzehn-Phrasen wie »Wenn ich nicht an den Apparat gehe, bin ich gerade mit etwas Besserem beschäftigt, Sie wissen schon!« Über solche Scherze kann niemand lachen! Lächeln Sie beim Aufsprechen, als hätten Sie von Ihrem Chef gerade ein großes Lob erhalten. Anschließend hören Sie den Text mit den Ohren eines Fremden an. Fühlen Sie sich gut angesprochen? Um es mit den Worten von Jeffrey Gitomer zu sagen, der in seinem Buch *Customer Satisfaction Is Worthless, Customer Loyalty Is Priceless* über den Wert der Kundenzufriedenheit und Kundentreue nachdenkt: »Freundlichkeit macht Umsatz, und Freundlichkeit schafft langjährige Kunden.«

6. Um häufiges Fluchen zu umgehen, üben Sie annehmbare Formulierungen als Ersatz ein. Schreiben Sie ohne Wertung alles auf, was Ihnen in den Sinn kommt, um Personen, Situationen oder alle Aktivitäten zu beschreiben, die Sie aus einem Reflex heraus mit einem Schimpfwort belegen. Statt »Der Käsekuchen schmeckt Sch ... « zu sagen, beißen Sie sich auf die Zunge und fügen »schrecklich« oder »scheußlich« ein.

7. Damit Sie lernen, Ihre Worte sorgfältig zu wählen, zeichnen Sie ein abstraktes »Gemälde« auf ein Blatt Papier. Suchen Sie sich einen Partner, und geben Sie ihm ebenfalls Papier und Bleistift. Verdecken Sie ihm die Sicht auf Ihr Kunstwerk, und beschreiben Sie die Formen und Markierungen so präzise wie möglich. Prüfen Sie anschließend, ob Ihr Partner Ihre Worte so verstanden hat, wie von Ihnen beabsichtigt, und eine originalgetreue Kopie des Gemäldes zeichnen kann.

8. Achten Sie auf unterschwellige negative Formulierungen in Ihren Standardantworten, und verwandeln Sie diese in positive Reaktionen. Bei einem Blick in den Terminkalender kann es vorkommen, dass Sie aus reiner Gewohnheit antworten: »Tut mir Leid. Es geht erst nächste Woche wieder!« Dadurch fühlt sich der Anrufer unerwünscht und frustriert. Wenn keine Möglichkeit besteht, ihm den gewünschten Termin zu verschaffen, versuchen Sie, dieselbe Botschaft positiv zu formulieren: »Herr X, Sie haben Glück! Dr. Y hätte am nächsten Freitag Zeit für Sie!«

9. Nachfolgend finden Sie eine Liste mit negativen Antworten. Formulieren Sie dieselbe Botschaft so um, dass der Zuhörer ein gutes Gefühl hat.

- Wir haben keine Schuhe mehr in Größe 46; da müssen Sie schon Montag wiederkommen, wenn die neue Lieferung eintrifft.
- Stellen Sie sich gefälligst an wie alle anderen.
- Was? Sie wissen nicht, wo Sie sind? Haben Sie schon mal was von Stadtplänen gehört?
- *Die* alte Schrottkiste wollen Sie reparieren lassen? Das ist nicht Ihr Ernst!
- Herr Reger wartet auf einen wichtigen Anruf. Rufen Sie später wieder an.
- Wir haben ein neues Computerprogramm und kommen nicht an Ihre Daten heran. Versuchen Sie morgen Ihr Glück.

Hier einige Korrekturvorschläge:

- Montag erwarten wir eine große Lieferung, einschließlich Größe 46. Ich lege Ihnen gerne das gewünschte Modell zur Seite.
- Aus Fairness gegenüber den anderen, die schon länger warten, möchte ich Sie bitten, sich anzustellen.
- Ich helfe Ihnen gerne, wenn ich kann. Haben Sie vielleicht einen Stadtplan zur Hand?
- Es tut mir wirklich Leid, aber dieses Motorrad lässt sich nicht mehr reparieren.
- Herr Reger spricht gerade mit einem Kunden auf der anderen Leitung. Darf er Sie in ein paar Minuten zurückrufen?
- Wir hatten heute Probleme mit dem Rechner. Bitte entschuldigen Sie die Panne.

9

UNTER STRESS ZUHÖREN

Das Festhalten an einer erstarrten
Denkweise hat nie eine Kette gebrochen oder
eine menschliche Seele befreit

MARK TWAIN

Bisher haben wir das Zuhören unter relativ friedvollen Umständen beschrieben – im Rahmen von Vorträgen, Unterhaltungen, Vorstellungsgesprächen usw. – wo Fakten und Daten ohne große emotionale Turbulenzen aufgenommen werden. Wenn zwischen Ihnen und dem Sprecher gute oder neutrale Beziehungen bestehen, ist es leichter, aufmerksam zuzuhören.

Wenn wir uns jedoch in einer Situation unwohl fühlen, lässt unser Zuhörvermögen schlagartig nach. Diese Stresssituationen sind sehr vielfältig. Abgesehen von hitzigen Debatten und Disziplinarmaßnahmen gehören auch Vorstellungsgespräche, Therapiesitzungen, Gespräche mit einem Vorgesetzten und Verhandlungen dazu; es kann sogar Stress auslösen, wenn wir uns eine Wegbeschreibung einprägen müssen oder neue Leute kennen lernen. Dank der Übungen, die Sie bereits gemacht haben, sind Sie auf die letztgenannten Situationen vorbereitet. Ihre Fähigkeit, die eigenen Interessen hintanzustellen, Informationen präzise zu verarbeiten und sich in den Film des Sprechers einzublenden, hat sich beträchtlich verbessert und die Nervosität weitgehend beseitigt, die mit solchen Situationen verbunden ist. Durch stetige Übung wird es zudem immer leichter.

In hitzigen Debatten und Konfrontationen sind die Anforderungen, denen sich der Hörer gegenübersieht, wesentlich größer. Die Herausforderung besteht darin, dass er nicht nur die Worte und dahinter verborgenen Gefühle verarbeiten, sondern auch vermeiden muss, in die Defensive und/oder schließlich in die Offensive zu gehen. Um das zu meistern, gilt es, die Realität der anderen Person *bedingungslos zu akzeptieren*. Sie müssen Ruhe und Aufmerksamkeit bewahren, um Ihre Worte umsichtig zu wählen. Zuhören unter Stress ist die ultimative Feuertaufe, die zeigt, wie fest das Fundament ist, auf dem Ihre Achtsamkeit ruht.

Interessanterweise ist das Zuhören unter Stress ein überaus beliebtes Lernziel in meinen Kursen. Stressreiche Situationen sind in unserer heutigen Gesellschaft gang und gäbe. Die Belastungen in der Schule und am Arbeitsplatz werden in die häusliche Sphäre getragen und vergrößern noch das Sammelsurium der familiären Probleme. In den Forumsdiskussionen gestehen meine Kursteilnehmer offen, dass Ihre Aufmerksamkeit beim Zuhören schlagartig nachlässt, sobald Konflikte entstehen. Viele von uns fühlen sich unbehaglich, unverblümt zu widersprechen oder kritische Beobachtungen zu äußern – aus Angst davor, wie der andere reagieren könnte.

Vielleicht haben Sie früher die Erfahrung gemacht, dass Meinungsverschiedenheiten nicht willkommen waren oder haben sie als Bedrohung für Ihre Person oder die Beziehung empfunden. Deshalb ziehen Sie es vor zu nicken, nett zu sein und um des lieben Friedens willen einer konträren Sichtweise zuzustimmen, während es in Ihrem Innern gärt. Zu diesem Zeitpunkt rennen Sie gegen eine Mauer von Selbstvorwürfen, die Ihre negativen Selbstgespräche zementieren.

Wie gelingt es Ihnen, in einer Stresssituation aufmerksamer zu-zuhören, sich besser zu fühlen und den Teufelskreis der Frustration zu durchbrechen? Sie müssen

- Ihre mentalen Barrieren erkennen und an denjenigen arbeiten, die Sie beseitigen können (»Aha, da kommt George. Wenn ich an seine fiesen Kommentare bei der Mitarbeiterbesprechung letzte Woche denke, wird mir jetzt noch ganz anders. Aber Schwamm drüber; ich werde mich nicht davon unterkriegen lassen!«);
- Ihre eigenen Ziele für den Augenblick vergessen und sich in den Film des anderen einblenden, damit Sie verstehen, was in ihm vorgeht;
- sich entspannen, indem Sie Ihre Atmung kontrollieren;
- aufrichtiges Interesse am Aufbau einer positiven Beziehung entwickeln.

Seit Jahrhunderten weisen die mit Waffen und/oder tödlichen Kampftechniken ausgerüsteten Meister der fernöstlichen Kriegs- und Kampfkünste darauf hin, dass man Konflikten schon im Vorfeld aus dem Weg gehen sollte. Manchmal sind Konflikte jedoch unvermeidbar, zum Beispiel wenn es gilt, sich selbst zu verteidigen. Im Budo besteht das Ziel nicht darin, einen Angreifer zu töten, sondern ihn schachmatt zu setzen, so dass er keine Bedrohung mehr darstellt. Effektive Selbstverteidigungsma-növer erfordern ein hohes Maß an Konzentration; die physische Stärke ist dabei zweitrangig. Unabdingbar ist auch die Atemkon-trolle, denn ohne sie tritt das genaue Gegenteil ein: Die Konzen-tration bricht zusammen und die körperliche Anspannung wächst.

In Stresssituationen erleben wir in Folge eines starken Adre-nalinstoßes einen Kräftezuwachs von mindestens zwanzig Pro-zent. Grundumsatz und Blutzuckerspiegel steigen. Da das Blut vermehrt in die Extremitäten abgeleitet wird (Kampf-oder-Flucht-Reflex), ist die Blutzufuhr zum problemlösenden Teil des Gehirns erheblich verringert. Wir müssen uns – wie Budo-Sportler – mental hundertprozentig konzentrieren, um nicht in die Defensive zu gehen oder den Kontrahenten mit Worten zu provozieren. Was würde die Emotionen nur hochschaukeln. Deshalb sind die Atemübungen ein unabdingbarer Bestandteil des Budo-Trainings und eine grundlegende Voraussetzung für gutes Zuhören.

Wenn stressreiche Interaktionen in Ihrem Berufs- und Privatleben an der Tagesordnung sind, sollten Sie versuchen, die auslösenden Verhaltensmuster zu ermitteln. Vielleicht benutzt Sie jemand als Blitzableiter für seine Wut, und allein die Tatsache, dass Sie sich im gleichen Raum befinden, reicht aus für die Entladung; oder *Sie* sorgen selbst dafür, dass sich eine Situation zuspitzt und in einem Konflikt endet. Wenn Sie absichtlich den Namen der Ex-Freundin erwähnen, jemandem seine schlechten Gewohnheiten unter die Nase reiben oder an allem etwas auszusetzen haben, bringen Sie den Prozess des Zuhörens zum Stillstand. Je länger wir eine Person kennen, desto besser wissen wir, wie wir ihren wunden Punkt reizen um die gewünschte Reaktion zu erzielen.

Auch wenn wir unsensibel reagieren oder alte Barrieren wieder errichten, schüren wir den Konflikt. Wenn Sie der Schuldige sind, haben Sie diese Verhaltensmuster erkannt und bis zu einem gewissen Grad unter Kontrolle. Menschen, die unter psychologischen Problemen oder Traumata leiden, fällt es jedoch schwer, sie zu unterdrücken oder abzulegen. Falls unbewältigte Themen aus der Vergangenheit Ihr Kommunikationsverhalten immer wieder beeinträchtigen, sollten Sie professionelle Hilfe in Anspruch nehmen. Doch lassen sich viele Unstimmigkeiten beseitigen, die Stress in der Familie oder am Arbeitsplatz herbeiführen, wenn Sie Ihre Barrieren erkennen, Ihren Kontrahenten verstehen und in Kontakt mit Ihrer Atmung treten.

Ich lege großen Wert darauf, in Kontakt mit meinen Kursteilnehmern zu bleiben, vor allem wenn es ihnen schwer fällt, unter Stress zuzuhören. Manche müssen sich mit einer launischen Ehefrau oder einem unberechenbaren Chef auseinander setzen. Andere leben mit emotional gestörten Familienangehörigen unter einem Dach. Nach dem Kurs sind sie im Stande, im Umgang mit solchen schwierigen Personen die eigenen Barrieren auszumachen. Viele sagen sich selbst und anderen: »Er war schon die ganze Woche sauer. Typisch!« oder: »Da kommt Mrs. Hastings, die alte Schreckschraube! Immer hat sie was zu meckern.« Dass die Interaktion aus dem Ruder läuft, ist unvermeidlich, da vom Zuhörer vorprogrammiert. Wenn sich meine Kursteilnehmer in die Lage ihres Gegenübers versetzen (sich in ihren Film einblenden), ändern sich ihre Gefühle grundlegend: Aus Abneigung wird Neugierde auf den Menschen, den sie vor sich haben, und daraus können sich Empathie und Einfühlungsvermögen entwickeln.

Eine solche Perspektive weicht Ihre Reaktion auf und bewahrt Sie davor, in Konfliktsituationen heimlich das Messer zu wetzen. Einfühlungsvermögen bedeutet nicht Mitleid oder Sympathie, sondern die Fähigkeit, die Frustration anderer nachzuempfinden. *Sich einfühlen* heißt, dass wir ein Gefühl nachvollziehen können. Der Dalai Lama definiert Einfühlungsvermögen folgendermaßen: »Einfühlungsvermögen ist Verantwortungsbewusstsein. Der Wunsch, mit anderen zu teilen. Wir alle haben die Verantwortung, die Zukunft der Menschheit mitzugestalten. Bemühen wir uns also (durch Einfühlsamkeit), alles beizutragen, was in unserer Macht steht.«

Der Philosoph Martin Buber hätte ebenfalls von Einfühlungsvermögen reden können, als er empfahl, so lange zuzuhören, bis man ein Gegenargument aus dem entgegengesetzten Blickwinkel betrachten kann. Dr. Richard Cabot beschrieb diese Erfahrung mit den Worten: »Wir verstehen eine konträre Meinung nicht, *bis wir uns ihr in solchem Maß ausgesetzt haben, dass wir den Sog ihrer Überzeugungskraft spüren,* bis wir den Punkt erreichen, wo wir jedes Körnchen Wahrheit, das sie enthält, und seine Macht erkennen.« (Die Betonung wurde von mir hinzugefügt.)

Wo steht geschrieben, dass wir nur mit solchen Menschen harmonisch zusammenarbeiten und zusammenleben können, die uns ähnlich sind? Wir machen uns das Leben unnötig schwer, wenn wir allen aus dem Weg gehen, die anders sind als wir. In unserer heutigen Gesellschaft mit ihrer kulturellen und religiösen Vielfalt schränken wir durch solche Vermeidungsstrategien unsere Möglichkeiten ein, Probleme aus einer anderen Perspektive zu betrachten und kreativ zu lösen. Wir werden *mental eingleisig,* wenn wir uns nur mit unseresgleichen umgeben. Schlechte Zuhörer sind oft stur in ihrer Denkweise und wehren sich gegen Ideen, die bestehende Regeln beugen oder nicht ins Schema passen. In ihrem Kommunikationsverhalten bevorzugen sie Ratschläge und Leugnen; die eigene Methode gilt als die einzig wahre. Wenn wir anderen unsere Anschauungen aufoktroyieren, eskaliert der Konflikt.

Auch am Arbeitsplatz leidet die Produktivität durch schlechtes Zuhören. Es kann die Weitergabe von Informationen verhindern, die eine Ware oder Dienstleistung attraktiver machen oder Mitarbeitern ermöglicht, in weniger Zeit mehr zu schaffen. Schlechtes Zuhören bewirkt, dass Ideen versanden, die gedeihen könnten. Wenn dieser Ideenfluss blockiert wird, trocknen Energie und Enthusiasmus ein, und das hat wiederum Umsatzeinbußen, Qualitätsmängel und Fehler zur Folge, die ein Unternehmen teuer zu stehen kommen.

Aus der Zen-Perspektive kann der zwischenmenschliche Konflikt ein Weg zu persönlichem Wachstum sein. Natürlich sind uns Friede und Harmonie lieber als Wut und Unzufriedenheit, aber extreme Vorlieben bringen uns bisweilen in die Bredouille, weil sie unsere inneren Barrieren untermauern. Selbst wenn wir wütend sind, sollten wir Augen *und* Ohren aufsperren, um das Gold- oder Samenkorn der Wachstumschance zu entdecken, das sich in jeder stressgeladenen Situation verbirgt.

Professor Richard Walton hat in seinem Buch *Interpersonal Peacemaking: Confrontations and Third-Part Consultation* positive Elemente des Konflikts beschrieben, die man in Vorstandsetagen genauso findet wie im ehelichen Schlaf- oder Klassenzimmer. Walton erklärt, dass der konstruktive Umgang mit

Konflikten den Blick für die eigene Position schärft. Die Notwendigkeit, die eigenen Bedürfnisse anzumelden und gegen die Bedürfnisse anderer abzugrenzen, gestattet uns, die Stichhaltigkeit unserer Argumente zu überprüfen. Danach beurteilen wir vielleicht eine Sache nicht wert, darüber zu streiten. Oder wir entdecken, dass ein Argument auf schwachen Füßen steht oder dass die nötige Unterstützung für unseren Standpunkt fehlt. Oft verbirgt sich unter der Oberfläche des schwelenden Konflikts auch ein tiefer verwurzeltes Problem. Wenn Sie den Streit vom Zaun gebrochen haben, finden Sie durch Achtsamkeit den Mut, die eigenen inneren Konflikte zu erforschen.

Schließlich können Konflikte auch innovative Problemlösungen anregen, vor allem wenn unterschiedliche Bedürfnisse und Standpunkte aufeinander prallen und wenn ein hohes Maß an Dringlichkeit, Motivation und Energie vorhanden ist. Wenn es angesichts dieser hochexplosiven Mischung zum Knall kommt, werden kreative Problemlösungspotenziale freigesetzt. Der Philosoph John Dewey schrieb: »Der Konflikt ist eine unabdingbare Voraussetzung für Reflexion und Findigkeit.« Thoma Crum empfiehlt in seinem Buch *The Magic of Conflict*, den Konflikt als eine positive Situation zu sehen, in der es keinen Verlierer gibt und ein neuer Tanz entsteht. Er weist darauf hin, dass die Natur den Konflikt als primäre Antriebskraft für die Entstehung von Stränden, Canyons, Bergen und Perlen einsetzt. Die Fähigkeit, in Konfliktsituationen aufmerksam zuzuhören, beginnt laut Crum damit, Glaubenssysteme (Barrieren) über Bord zu werfen, weil sie verhindern, dass Menschen ihre Unterschiedlichkeit zu schätzen wissen.

Angenommen, Mona, eine Kollegin, die Sie nicht ausstehen können, wird zur neuen Leiterin Ihrer Abteilung befördert. Sie halten stur an Ihrer Einstellung fest und reagieren mit Leugnen, Wut oder heimlichem Groll auf die veränderte Situation. Sie ziehen sogar einen Firmenwechsel oder die Versetzung in eine andere Abteilung in Betracht – alles ist Ihnen recht, um Mona aus dem Weg zu gehen. Dieser Denkprozess ist eindimensional und oberflächlich auf die konkreten Aspekte der Beziehung fixiert. Er bezieht negative Selbstgespräche ein:

- Mona nimmt meine Kenntnisse und Erfahrungen nicht ernst. *Daran wird sich auch in Zukunft nichts ändern.*
- Mona ist *jünger* als ich. Mit diesen modernen Kommunikationsmethoden *kann ich nicht umgehen.*
- Mona war immer nur im Innendienst; *sie hat keine Ahnung,* wie es im Außendienst zugeht.

Eine andere Möglichkeit wäre, am derzeitigen Arbeitsplatz zu bleiben, um die Herausforderung anzunehmen und Aufschluss darüber zu gewinnen, was Sie und Mona trennt. (Wenn wir solche Konflikte nicht für uns selber auflösen, folgen Sie uns ohnehin auf Schritt und Tritt, auch in andere Abteilungen oder Unternehmen.) Beginnen Sie damit, diese Barrieren zu ermitteln – zum Beispiel Wut, Vorurteile aufgrund ihrer ethnischen Zugehörigkeit oder gegenüber Frauen in Führungspositionen, frühere Erfahrungen mit Ihrer Kollegin und eine Vielzahl anderer innerer Sperren. Und danach werfen Sie einen Blick auf die Wurzel des Problems. Was Sie sehen, wenn Sie ehrlich mit sich selbst sind, könnte überwältigendes Selbstinteresse und mangelndes Interesse an betrieblichen Zusammenhängen sein. Vielleicht haben Sie auch Angst, mit Mona verglichen oder von wichtigen Entscheidungen ausgeschlossen zu werden. Fragen Sie sich: Warum habe ich dieses Selbstgefühl? Gibt es einen konkreten Grund für meine Ängste? Habe ich solche Erfahrungen schon früher gemacht? Und wenn ja, habe ich die nötigen Schritte unternommen, um diese Schwächen in eine persönliche Stärke umzuwandeln?

Die Antworten sind unter Umständen unangenehm, aber wenigstens haben Sie erkannt, dass Ihre verborgenen Ziele und Statusvorstellungen Hürden sind, die einer fruchtbaren Beziehung zu Ihrer neuen Vorgesetzten im Weg stehen. Ob Sie mit dieser Einstellung in eine Sackgasse geraten und sich das Leben zur

Hölle machen oder die Situation aus einer schöpferischen, flexiblen Warte sehen, liegt ganz bei Ihnen.

Gibt es Punkte, in denen Sie und Ihre neue Chefin übereinstimmen? Können Sie ein Gleichgewicht zwischen Ihrer Erfahrung und Monas Fähigkeiten herstellen? Lässt sich die Energie, die bei einem Schlagabtausch vergeudet würde, in eine positive Teamarbeit einbringen? Den Blick von der eigenen Person auf das Gesamtbild zu verlagern ist der nächste Schritt auf dem Weg zu persönlichem Wachstum.

Auch wenn es Ihnen körperlich und geistig gegen den Strich gehen mag, die Herausforderung anzunehmen: Sie selbst, Ihr Unternehmen und Ihre Kollegen und Mitarbeiter werden langfristig davon profitieren. Sie haben sich vorgenommen, flexibel zu denken, und sind bereit, Alternativen in Betracht zu ziehen, um den potenziellen Stress mit Mona zu verringern. Zum Beispiel auf folgende Weise:

- Mona und ich haben früher so manchen Strauß ausgefochten, aber vielleicht können wir vergessen, was war, und uns auf die gemeinsame Bewältigung der augenblicklichen Probleme und Herausforderungen konzentrieren.
- Ein frischer Wind tut oft gut und zwingt die ganze Gruppe, sich aktiv an der Suche nach innovativen Problemlösungen zu beteiligen; mit den alten Methoden sind wir ohnehin keinen Schritt weitergekommen.
- Wenn ich die verwaltungstechnischen Aspekte besser verstehen würde, könnte ich den Kunden unter Umständen mehr Antworten liefern. Außerdem würde ich durch diesen Lernprozess beruflich mehr Selbstvertrauen entwickeln.

Halten Sie nach Synergien zwischen Ihnen und Ihrer neuen Vorgesetzten Ausschau. Möglicherweise ergänzen Sie sich auf der beruflichen Ebene besser, als Sie denken. Vielleicht schätzt Mona Ihre Fähigkeit, selbstständig zu arbeiten; es könnte aber auch nötig sein, dass Sie eine bessere Teamspielerin werden. Welche

Vorteile hätte es, wenn Sie diese Herausforderung annehmen? Können Sie sich vorstellen (zum Beispiel durch Visualisierung einer ähnlichen Situation während der Atemmeditation), ein entspanntes und konstruktives Gespräch mit ihr zu führen, etwa darüber, wie Ihr Team seine Ziele für das kommende Jahr am Besten realisiert oder wie Sie die erforderlichen Mittel für ein Projekt beschaffen? Genauso wie Sie die Gesprächssituation mit Mrs. Hastings beeinflussen und Stress erzeugen können, liegt es in Ihrer Macht, eine stressfreie Situation zu schaffen, die Raum lässt für eine kreative Beziehung zu Ihrer neuen Vorgesetzten.

Versuchen Sie, Konflikten beizeiten auf den Grund zu gehen, solange sie noch schwelen. Warten Sie nicht, bis es zur Kettenreaktion kommt, bei der sich die Gemüter so erhitzen, dass eine Explosion erfolgt. Der Prozess ist in Kapitel 4 beschrieben. Die Meditation ist ein Weg, Konflikte aufzulösen, die mit inneren Barrieren in Verbindung stehen. Matthieu Ricard erklärt, wie man potenzielle Ängste abbaut, die großen Schaden verursachen.

... Wir sollten unsere wahren Gedanken ermitteln und ihnen auf den Grund gehen. Hass kann beispielsweise extrem langlebig und machtvoll erscheinen, wie ein Stein im Magen liegen und unser Verhalten völlig verändern. Doch bei näherer Betrachtung erkennen wir, dass dieses Gefühl keinerlei Anstalten macht, uns mit der Waffe zu bedrohen, wie ein Fels zu zermalmen oder wie Feuer zu verbrennen. Es beginnt friedlich, mit einem flüchtigen Gedanken, der sich festsetzt und immer mehr ausweitet wie eine heraufziehende Gewitterfront. Aus der Ferne können Gewitterwolken sehr beeindruckend und massiv wirken. Man hat das Gefühl, man könnte darauf sitzen. Doch wenn man einen Blick hinein wirft, ist nicht viel Substanz da. Es stellt sich heraus, dass sie überhaupt nicht greifbar sind. Wenn wir unseren Gedanken auf den Grund gehen, finden wir genauso wenig Substanz. Wenn wir daran rühren, lösen sie sich in Luft auf. Das nennt man »Gedanken loslassen, indem man ihnen auf den Grund geht«. Sobald wir einen Gedanken losgelassen haben, setzt er keine Kettenreaktion mehr in Gang. Er verschwindet spurlos wie ein Vogel, der durch die Lüfte fliegt.

Ich habe diese Methode mehrmals mit Erfolg in Situationen ausprobiert, die mir zu schaffen machten, sowohl im Berufs- als auch im Privatleben. Einmal wurde ich zu meinem obersten Chef zitiert, um mein Konzept für ein größeres Projekt in der Klinik zu rechtfertigen. Ich hatte mehrere Tage Zeit, um mich vorzubereiten – und um Stress aufzubauen, der sich wie eine Gewitterfront zusammenballte. Die Konfrontation lag mir wie ein Stein im Magen, seit ich wusste, dass sie mir bevorstand; deshalb versuchte ich, den Druck abzubauen, bevor er noch schlimmer wurde. Ich führte die Nervosität auf meine Angst zurück, 1) den Job zu verlieren, weil sich jemand fand, der mit einem geringeren Gehalt zufrieden war; 2) mir eine neue Stelle suchen zu müssen; 3) meine Familie zu enttäuschen und ihnen Sorgen zu machen; 4) unter Umständen auch noch umziehen zu müssen; und 5) nicht überzeugend zu sein.

Ich entdeckte, dass sich auf dem Grund dieser Ängste ein Ego verbarg, das sich bedroht fühlte. Meine Liste enthielt keine wesentlichen Punkte, wie die Frage, ob ich in der Lage sein würde, meine Rechnungen zu bezahlen. Es ging mir einzig um die drohende Gefahr einer nachhaltigen Veränderung und eines Gesichtsverlusts. Diese Erkenntnis entbehrte nicht der Komik. Der Stein in meinem Magen wurde schlagartig leichter. So schlimm war das Problem letztlich gar nicht. Zugegeben, ich hätte meinen Arbeitsplatz gerne behalten, aber der Aufbruch zu neuen Ufern war schon immer verlockend für mich gewesen. Vielleicht war das sogar *die* Chance meines Lebens! Das bevorstehende Gespräch entpuppte sich womöglich als verkappte Gelegenheit, neue Wege zu gehen. Ich war gerüstet, mein Konzept zu verteidigen. Ich hatte keine Angst mehr vor dem Gespräch, sondern war nur noch neugierig, was sich daraus ergeben würde.

Aufmerksames Zuhören unter Stress ist – zunächst – ein Problem, weil wir unsere Aufmerksamkeit nach innen richten, wenn uns etwas aus der Fassung bringt. Wir konzentrieren uns auf uns selbst und glauben, dass sich der Konflikt nicht von unseren Gefühlen trennen lässt. Wenn wir indes einen Schritt zurücktreten und diese Gefühle aus der emotionalen Distanz heraus anschauen, schwindet der Einfluss, mit dem sie unsere Psyche in Schach halten.

Linda, eine Kursteilnehmerin, hatte Erfolg mit dieser Methode, als ihr Sohn ankündigte, er wolle sein Studium am College abbrechen. Er fühlte sich eingeengt und sah außerhalb der akademischen Welt mehr Chancen. Außerdem konnte er später immer noch studieren. Linda war entgeistert und wütend. Als sie ihrer Reaktion auf den Grund ging, wurde ihr bewusst, in welchem Maß sie gesellschaftlichen Klischees verhaftet war: der Gedanke, wie sie als Mutter dastehen würde, ihr Sohn als Versager stigmatisiert, der Neid auf ihre Freunde, deren Söhne graduieren würden. Linda setzte sich mit ihren mentalen Barrieren auseinander, dem Statusdenken, den negativen Selbstgesprächen und dem Bedürfnis, die Entscheidungen ihres Sohnes zu kontrollieren. Sie erkannte, dass es sich dabei um Ängste handelte, die auf Stolz und einem aufgeblähten Ego basierten. Lindas Enttäuschung löste sich deswegen nicht in Luft auf, aber als sie den Grund ihrer Aufregung entdeckt hatte, konnte sie besser mit der Situation umgehen: Die derzeitige Unzufriedenheit ihres Sohnes und seine optimistische Einstellung zur Zukunft wurden wichtiger. Ohne den eigenen emotionalen Ballast gelang es ihr, sich in den Film ihres Sohnes einzublenden und ihn besser zu verstehen.

Wir können Gefühle wie Wut, Groll oder Angst nicht einfach ignorieren, obwohl wir wissen, dass sie aufmerksames Zuhören verhindern. Aber wir können ihre Ursachen erforschen, und oft ist unser Ego für Neid und Hass auf Personen oder Ideen verantwortlich. Ein Beispiel: Angenommen, Sie sind wütend auf Ihren Bruder, weil er respektlos zu Ihren Eltern war, und beschließen, ihm die Leviten zu lesen. Gehen Sie als Erstes den Gefühlen für Ihren Bruder auf den Grund. Ist es realistisch zu erwarten, dass Sie Ihre Eltern vor Kränkungen und schmerzvollen Situationen schützen können? Wird Ihr Bruder künftig einfühlsamer mit den Eltern umgehen, wenn Sie ihm die Hölle heiß machen? Wenn die Antwort auf beide Fragen »Nein« lautet, haben Sie bereits dem wahren Ursprung Ihrer negativen Gefühle ins Gesicht gesehen. Sie leugnen Ihre Wut nicht; Ihre Eltern tun Ihnen nach wie vor Leid, aber Sie haben eine Situation, die Sie nicht ändern können, aus der emotionalen Distanz heraus betrachtet und können folglich besser damit umgehen. Versuchen Sie, dem negativen inneren Dialog beizukommen, indem Sie jeden negativen Gedanken durch einen positiven ersetzen. Neutralisieren Sie Ihre Wut: Denken Sie an eine gute Eigenschaft Ihres Bruders oder an Situationen, in denen Sie sein Verhalten bewundernswert fanden. Wünschen Sie ihm nichts Böses, sondern Gutes. Falls Ihnen diese Übung schwer fällt, haben Sie immer noch mit ihren negativen inneren Dialogen zu kämpfen. Bevor Sie sich in andere einfühlen können, müssen Sie lernen, einfühlsam mit sich selbst umzugehen. Achtsames Zuhören unter Stress beginnt bei uns selbst und wirkt von innen nach außen.

Karen, Vertriebsleiterin bei einem großen Arzneimittelkonzern, besuchte meinen Kurs, weil sie Schwierigkeiten hatte, ein Kontaktnetz zu Kunden aufzubauen. Sie stand unter Druck: Ihr Vorgesetzter hatte sie mehrfach ermahnt, sich an verkaufsfördernden Aktivitäten zu beteiligen. Trotz der Chancen, die sie bei solchen Anlässen verpasste, empfand sie schon den Gedanken, jemandem »um den Bart gehen« zu müssen, als Belastung. Sie hatte sogar in Betracht gezogen, beruflich umzusatteln.

Karen glaubte, sich verbiegen zu müssen, um ein Kontaktnetz aufzubauen, dass sie sich »einschleimen« und immer geistreich und spritzig sein müsse. Die innere Anspannung – eine Folge des selbst auferlegten Leistungsdrucks – verhinderte, dass sie bei solchen Anlässen nützliche Informationen sammelte, und im *Networking* mehr als reine Zeitverschwendung sah. Karen gestand,

217

dass sie fortwährend negative Selbstgespräche führte, und nahm sich vor, an ihrem Problem zu arbeiten. Kurz nach dem Kursende begann sie mit der Meditation. Sie fühlte sich zunehmend wohler in der Stille, und das Stimmengewirr in ihrem Kopf ließ nach. Sie lernte, sich in den Film von Freunden und Familienangehörigen einzublenden. Sie befreite sich von dem inneren Zwang, sich fortwährend auf die eigene Person zu beziehen. Sie lernte, anderen achtsam zuzuhören und die eigenen Gedanken, die ihr dabei durch den Kopf gingen, immer länger in den Hintergrund zu rücken.

Zum ersten Mal empfand sie Zuhören als Abenteuer. Sie sagte: »Je mehr ich meine eigenen Ziele hintanstelle, desto besser kann ich mich auf den Empfang der ganzen Botschaft konzentrieren.« Der nächsten Einladung zum Networking sah Karen mit Enthusiasmus entgegen. Anschließend berichtete sie, dass die Zeit »wie im Flug« vergangen sei. Sie empfand keinen Druck, weil sie die Scheinwerfer auf den Sprecher statt auf sich selbst gerichtet hatte. Durch diese Bereitschaft zu geben erhielt Karen mehr, als sie erhofft hatte: Wiederholungskäufe und Mund-zu-Mund-Propaganda, zur großen Freude ihres Vorgesetzten. Sie knüpfte neue Kontakte, erhielt mehr Einblick in das Treiben der Konkurrenz und entwickelte Kundenbeziehungen mit einem langfristigen Potenzial. Nun bringt Karen ihrer Außendienstmannschaft bei, wie man mehr Achtsamkeit entwickelt und Kontaktnetze aufbaut.

Die besten Zuhörer sind solche, die flexibel an Menschen und Situationen herangehen: Für sie sind sämtliche Wege zulässig, die ein Gleichgewicht zum Wohl aller Betroffenen schaffen. Für manche Menschen reicht eine Veränderung ihrer Denkweise aus, aber die meisten müssen Körper, Seele und Geist in Harmonie bringen, um diese Herausforderung zu meistern. Nie zuvor war der Alltagsstress so groß wie heute. Die weltweite Angst vor Aids und anderen unergründlichen Viruserkrankungen, Drogenabhängigkeit, spektakulären Konjunkturschwankungen und Bedrohung durch terroristische Anschläge stehen ganz oben auf der Liste. Dazu kommt die blühende Vielfalt hausgemachter Stresssituationen – extremes Klammern an materiellem Besitz, Schlankheitswahn und Diäten, Zaudern, Streben nach unmittelbarer Bedürfnisbefriedigung –, sie alle haben unser Bewusstsein in neue Bahnen gelenkt. Die Entfremdung – entstanden durch die aktuelle Wirtschaftsentwicklung, den boomenden Aktienmarkt, rasante technische Innovationen und die Suche nach der »schnellen Mark« – schafft ein beispielloses Ausmaß an Stress. Der Philosoph Peter Köstenbaum spricht von der »Pathologie der Neuen Ökonomie«, den Malaisen unserer modernen Wirtschaft, verursacht durch den Zwang, die Messlatte in allen Bereichen des Arbeits-, Finanz- und Privatlebens ständig höher zu legen. Die erschreckende Gleichgültigkeit gegenüber grundlegenden menschlichen Werten, warnt Köstenbaum, sei die Folge der Bereitschaft, Aktien wichtiger zu nehmen als die Bedeutung des wahren menschlichen Seins.

Wenn wir diese vielschichtigen Stressfaktoren und Ängste verstehen, erkennen wir, ob sie für unser persönliches Wachstum hinderlich oder förderlich sind. Welche wir in den Griff bekommen müssen, lässt sich nicht verallgemeinern, da jeder Mensch den Stress in einem anderen Maß empfindet, je nach Situation und genetischer Veranlagung.

Robert Gerzon beschreibt in seinem Buch *Finding Serenity in the Age of Anxiety* drei verschiedene Arten von Angst und Stress:

- *Natürliche Angst* (positiver Stress) ist ein Warnsignal, macht uns aber auch auf Chancen aufmerksam. Das Motto der natürlichen Angst lautet: »Trau dich!« Die natürliche Angst lässt sich mit der mentalen Energie vergleichen, die wir für eine anspruchsvolle, schöne Aufgabe beanspruchen.
- *Ontologische* oder existenzielle *Angst* entsteht durch die Auseinandersetzung mit Themen, die den Sinn des Lebens und das Leben nach dem Tod betreffen; sie ist mit dem starken Bedürfnis verbunden, Antworten auf Frage zu finden, die unsere menschliche Existenz betreffen.

• *Toxische Angst* wird durch die Unfähigkeit verursacht, den beiden anderen Ängsten ins Gesicht zu sehen. Anstatt die natürlichen und existenziellen Ängste als notwendig oder angemessen zu betrachten, ignorieren wir sie – mit dem Ergebnis, dass sie sich verfestigen und unser Denken vergiften. Freud sprach von neurotischen Ängsten, einer mentalen Funktionsstörung, die sich in Form von Depressionen, Abhängigkeiten oder Gemütskrankheiten manifestieren kann. Wenn sie extreme Ausmaße annimmt, beeinträchtigt sie unsere Fähigkeit, zuzuhören und klar zu denken. Bleibt dieses Problem ungelöst, führt die toxische Angst zu Gewalttätigkeit, Entfremdung und schließlich zu einer physischen Erkrankung.

Die natürliche und die existenzielle Angst kommen dem achtsamen Zuhören entgegen. Sie fördern die Lernbereitschaft und den Wissensdurst – optimale Voraussetzungen, um eine Botschaft aufmerksam zu verfolgen und aufzunehmen. Erst im Übermaß können sie einen krankhaften Verlauf nehmen und in den toxischen Zustand übergehen. Menschen, die zu Zwangsneurosen und Hektik neigen, oder religiöse Eiferer sind bekannte Beispiele. Wenn sie nicht lernen, ihre Ängste zu kanalisieren, sie also für positive Ziele und spirituelles Wachstum dienstbar zu machen, kann der Höhenflug mit einem tiefen Fall enden, zum Beispiel Frustration und Paranoia.

Das negative Selbstgespräch ist nicht nur eine massive Barriere für das Zuhören, sondern auch ein »hausgemachter« Stressfaktor. Es löst einen inneren Tumult aus, der unsere Bemühungen, aufmerksam zuzuhören, im Keim erstickt. Diese selbstabwertenden Gedanken, eingebildet oder real, führen zu einer Überreaktion des Körpers: Der Blutdruck steigt, und natürliche Körperfunktionen wie Atmen, Verdauung und Sprechen werden in Mitleidenschaft gezogen. Sie stören das harmonische Gleichgewicht von Körper, Seele und Geist, das erforderlich ist, um klar zu denken und wirksam zu handeln, vor allem in Stresssituationen.

Überlegen Sie, wann Sie zum letzten Mal verbal angegriffen wurden, vielleicht von Ihrem Chef, Ehemann/Partner oder Kind. Wie haben Sie darauf reagiert? Wahrscheinlich war Ihr Körper angespannt, Ihr Mund trocken und Ihr Gesicht hochrot. Vielleicht haben Sie schlecht von sich selbst und noch schlechter über die Person gedacht, mit der Sie aneinander geraten sind. Oder Sie haben an die Folgen gedacht – Entlassung, Scheidung, Missachtung? Das Tohuwabohu in Ihrem Kopf hat den ersten positiven Schritt zu einer erfolgreichen Konfliktbewältigung verhindert: die Konzentration auf das eigentliche Problem. Angenommen, man hat Ihnen vorgehalten: »Sie kommen ständig eine Viertelstunde zu spät!« In Wirklichkeit geht es darum, dass Sie während dieser Zeit Kunden anrufen und Umsatz machen können. Es liegt bei Ihnen, einen persönlichen Angriff oder einen Systemfehler darin zu sehen: *Ich hätte in dieser Zeit Kunden anrufen können; von der Umsatzeinbuße sind letztendlich alle Kollegen und das Unternehmen als Ganzes betroffen. Ich muss besser vorausplanen, damit ich pünktlich um acht an meinem Schreibtisch sitze.* Die erste Reaktion – persönlicher Angriff – erzeugt Stress; sie ist mit Barrieren befrachtet, die Selbstverständnis und Wachstum unterbinden. Die zweite Reaktion konzentriert sich auf das Problem im Gesamtzusammenhang (die nicht getätigten Anrufe bei Kunden und Interessenten) und schließt den ersten Schritt zur Problemlösung ein. Es ist unrealistisch zu erwarten, dass wir Gefühle wie Wut und Groll ausklammern können, wenn jemand uns angreift, aber wir können das eigentliche Thema in den Vordergrund und den inneren Tumult in den Hintergrund rücken. Auf diese Weise kommen wir der *Problemlösung* ein Stück näher, ein Ergebnis, das sich beide Seiten wünschen.

In dem Buch *The Art of Happiness* beschreibt der Dalai Lama, dass wir oft zu Überreaktion neigen und aus einer Mücke einen Elefanten machen, indem wir eine Stresssituation immer wieder schildern und durchleben, so dass Wut und Abneigung ständig geschürt werden. Auf diese Weise schaffen wir unsere eigenen Ängste und Kümmernisse.

Angenommen, wir finden heraus, dass jemand hinter unseren Rücken schlecht über uns redet. Wenn wir auf das Wissen, dass jemand uns verunglimpft, gekränkt oder wütend reagieren, zerstören wir unseren eigenen Seelenfrieden. Diesen Schmerz schaffen wir selbst. Wenn wir den Rufmord dagegen abprallen lassen, wie der Wind, der an unseren Ohren vorbeistreicht, schützen wir uns vor Kränkung und Kummer. Es gelingt uns zwar nicht immer, schwierige Situation zu vermeiden, doch können wir das Ausmaß des Leidens durch unsere Entscheidung bestimmen, wie wir auf eine Situation reagieren.

Eine ähnlich wirksame Abwehrstrategie gibt es im *Jiujitsu* (der Kunst des »sanften Nachgebens«): Man weicht der vollen Wucht des Angriffs aus, indem man sich in die entgegengesetzte Richtung dreht; diese Technik gilt als Notwehr. Die Meister der fernöstlichen Kampfkünste sind zudem in der Lage, diese negative Energie mit ruhigem, konzentriertem Blick und einer kaum merklichen Bewegung des Handgelenks auf den Angreifer zurückzulenken. Man braucht kein jahrelanges Budo-Training, um zu bestimmen, wie groß oder klein ein Problem ist. Das Fundament der Achtsamkeit reicht aus, um eine Situation ruhig einzuschätzen und zu entscheiden, welches Ausmaß an Stress Sie sich zumuten wollen.

Man braucht innere Ruhe und Gelassenheit, um dem Ansturm eines verbalen Konflikts rational zu begegnen. Wie Ernest Hemingway in seinem Buch *Tod am Nachmittag* schrieb, bestand die wichtigste und schwierigste Aufgabe eines Matadors in der Arena darin, den sich nähernden Stier ruhig und gesammelt zu beobachten. Wenn der Stier oder verbale Angreifer auf uns losgeht, neigen wir dazu, ihn zu unterbrechen, Gegenargumente vorzubringen oder uns der Auseinandersetzung zu entziehen. Das bringt den Angreifer noch mehr in Rage, trägt zur Eskalation des Konflikts bei und verzögert den ersten Schritt zu einem positiven Ergebnis. Falls Ihnen schwant, dass eine Konfrontation bevorsteht, holen Sie ein paarmal tief Luft und atmen tief und gleichmäßig weiter, während Sie zuhören.

Wenn wir erfolglos versuchen, die Kommunikation unter Stress aufrechtzuerhalten, haben wir das Gefühl, als ob Körper und Geist getrennt voneinander agieren. Die Atmung gerät außer Kontrolle, die Herzfrequenz beschleunigt sich. Der Atem wird flach, Schultern und Nacken sind verspannt. Unser Verstand geht in die Defensive, errichtet Barrieren und bombardiert den Kontrahenten mit Worten. Dieser Stresszustand könnte der Grund dafür sein, dass wir Konflikte hassen und um jeden Preis vermeiden wollen.

Die *tägliche Atemmeditation* ist eine Übung, die dazu beiträgt, das Gleichgewicht und den Kontakt zwischen Körper und Geist wiederherzustellen. Jeder kann lernen, von der verkrampften, flachen Atmung zur Bauch- oder Zwerchfellatmung überzuwechseln, die tiefer ist und Nacken und Schulterbereich lockert. Die Ergebnisse sind vielleicht nicht sofort sichtbar, aber schon nach wenigen Tagen oder Wochen stellen Sie eine Veränderung fest.

Die Meditation erhöht die Anzahl der Alphawellen im Gehirn, die das Wohlgefühl steigern. In den fernöstlichen Kulturen gilt die Meditation seit Jahrhunderten als ein Mittel, inneren Frieden zu finden. Sie fördert eine Tiefenentspannung, die uns gestattet, in die innere Stille zu gehen und eine Situation aus der emotionalen Distanz heraus zu betrachten, unbehindert von Barrieren und mentalem Chaos. Dieser Zustand der Ruhe und Achtsamkeit, den man durch regelmäßige Übung erlangt, kommt nach und nach in jeder Interaktion zum Tragen. In der Lern- oder Beratungssituation, im Gespräch oder bei gleich welcher Tätigkeit erhält jeder Augenblick durch diese Tiefenentspannung eine ganz neue Qualität. Konflikte, die eine emotionale Überreaktion auszulösen pflegten, werden nun entspannter und produktiver gelöst.

Lassen Sie sich nicht entmutigen, wenn Sie einige der Vorschläge, wie Sie unter Stress aufmerksamer zuhören, nicht gleich umsetzen können. Arbeiten Sie weiter an den Grundfähigkeiten eines achtsamen Zuhörers, möglichst in friedvolleren Situationen. Das Vertrauen in Ihre Kommunikationsfähigkeit wächst, wenn Sie merken, dass Sie effizienter werden und andere positiver auf Sie reagieren. Selbst die besten Zuhörer streben danach, Informationen unter Stress präzise zu verarbeiten!

Wenn Sie von Anfang an entspannt sind, können Sie sich auf das Problem konzentrieren, statt den negativen Stimmen in Ihrem Inneren Aufmerksamkeit zu schenken. Während Ihr Gesprächspartner seine Beschwerde äußert, atmen Sie gleichmäßig und tief ein und aus – ein Kinderspiel für Sie (wenn Sie die Entspannungsübungen in Kapitel 3 gemacht haben). Widerstehen Sie der Versuchung, ihn zu unterbrechen und sich zu verteidigen. Ermutigen Sie ihn vielmehr weiterzureden. Haken Sie anschließend mit Fragen nach wie »Gibt es sonst noch Dinge, die Sie stören?« oder »Was meinen Sie mit trödeln?« Oft kommt in der »Einleitung« nur die Spitze des Eisbergs zum Vorschein. Der wahre Kern des Problems wird erst nach geraumer Zeit sichtbar.

Sich in den Film Ihres Gesprächspartners einzublenden ist das A und O, wenn *er* unter Stress steht und zu den Menschen gehört, die Ihnen wichtig sind. Die Konzentration richtet sich nicht auf Ihre eigene Person, sondern auf das Bemühen, seinen Standpunkt nachzuvollziehen. »Gibt es da noch etwas, was Sie loswerden möchten?« ist das *Letzte*, was er zu hören erwartet; die Frage signalisiert, dass Sie empfänglich für eine Lösung des Problems sind. In vielen Fällen glättet sie die Wogen. Ihr Gesprächspartner merkt, dass er nicht unterbrochen wird und gegen die Uhr kämpfen muss. Sein Körper entspannt sich, und der Blutdruck sinkt. Wenn Sie ihm diese Extraminuten zubilligen, ist es unwahrscheinlich, dass es ein paar Wochen später zu einer weiteren stressreichen Auseinandersetzung über dasselbe Thema kommt. Es gibt jedoch Situationen, in denen Ihr Gesprächspartner nach der Aufforderung, Klartext zu reden, die Schleusen öffnet und Themen aufs Tapet bringt, die keinen Bezug zum aktuellen Problem haben. Dadurch erhalten Sie jedoch Einsicht in die wahren Ursachen des Problems, zum Beispiel allgemeine Unzufriedenheit mit dem Leben, zu wenig Freizeit, Probleme am Arbeitsplatz usw. Durch Ihr Schweigen geben Sie Ihrem Gesprächspartner die Chance, das Problem von allen Seiten zu durchleuchten und auch ohne Ihre aktive Mithilfe zu einer Lösung zu gelangen. Falls er zu weitschweifig vom Thema abweicht, sollten Sie ihn allerdings wieder auf Kurs bringen. Wie dem auch sei: Die Erläuterung eines Problems trägt dazu bei, ihm auf den Grund zu gehen.

Erinnern Sie sich an die Macht des Schweigens? Manchmal fängt es mit einem scheinbar nebensächlichen Problem an. Sie fragen sich beispielsweise: »Wieso ist sie so wütend, nur weil ich den Abfall nicht rausgebracht habe?« Aber das ist oft nur der Aufhänger für eine Kontroverse. Suchen Sie Blickkontakt, und lassen Sie Ihre Partnerin ausreden. Achten Sie auf Ihre Atmung – sie sollte langsam und gleichmäßig sein. Halten Sie ein paar Sekunden inne; geben Sie dem *Schweigen* Raum. An diesem Punkt merkt Ihre Partnerin vielleicht, dass Sie ihr die Chance geben, zum Kern des Problems zu kommen. Oder für sie ist das Thema damit wirklich beendet. In beiden Fällen sollten Sie das Gesagte noch einmal mit eigenen Worten zusammenfassen. Vermeiden Sie geschraubte Formulierungen zum Beispiel »Also, du bist, wenn ich dich richtig verstanden habe, der Meinung, dass ...« oder »Um noch einmal zu rekapitulieren: Du behauptest, dass ...« Fassen Sie sich kurz, und denken Sie daran, wozu die Zusammenfassung dient – Sie wollen den Standpunkt Ihrer Gesprächspartnerin besser verstehen. Sagen Sie einfach: »Nur um sicherzugehen, dass ich dich richtig verstanden habe: ...« Lassen Sie dabei Beleidigungen und dramatische Inszenierungen aus dem Spiel. Sie wollen Ihrer Gesprächspartnerin nur klarmachen, dass Sie zugehört haben, und ihr die Gelegenheit geben, Sie zu korrigieren. Nach der Zusammenfassung bitten Sie um eine Klärung: »Habe ich das Problem richtig verstanden?« Sie können auch gezielte Fragen stellen, um noch verbliebene Unklarheiten zu beseitigen. Dann schildern Sie Ihre Sichtweise kurz und prägnant, und im Anschluss suchen Sie gemeinsam (und wertungsfrei) nach möglichen Problemlösungen. In stressreichen Gesprächen sich selbst zuzuhören ist ungemein wichtig, um den Konflikt nicht noch mehr anzuheizen.

Wenn Menschen, die uns nahe stehen, wütend oder gestresst sind, sollten wir ihnen das Gefühl vermitteln, dass sie verstanden und nicht »niedergemacht« werden. Blenden Sie sich in ihren Film ein. Schweigend und aufmerksam zuhören ist vor allem dann hilfreich, wenn Kinder »Dampf ablassen« wollen. Wenn Ihr Sohn nach Hause kommt und sich über eine Rüge seiner Lehrerin beschwert, reden Sie ihm seine Wut nicht aus, denn dann hat er das Gefühl, dass Sie ihn nicht ernst nehmen. Verzichten Sie auf Vorhaltungen, Kreuzverhöre und gute Ratschläge; hören Sie schweigend und aufmerksam zu, dann fühlt sich Ihr Sohn sicher und wird keinen Hehl aus seinen Gefühlen machen. Wenn Sie dann immer noch meinen, Sie müssten ihm Ratschläge erteilen, warten Sie damit, bis er ausgeredet hat. Dann sagen Sie: »Möchtest du wissen, was ich an deiner Stelle getan hätte?« Wenn ja, lassen Sie ihn fragen.

Versuchen Sie, Aufrechnen zu vermeiden (»Du beschwerst dich, weil *ich* nie den Abfall raustrage? Und *du* machst nie die Wäsche!«). Kategorische Formulierungen wie *nie, immer, jeder* und Sätze mit einem »sollte« beinhalten verbalen Sprengstoff, der bewirkt, dass Ihr Gesprächspartner die Ohren verschließt.

Wenn jemand Sie anschreit, achten Sie darauf, dass Ihre Stimme leise und ruhig bleibt, genau wie Ihr Atem. Diese Reaktion kann sich beschwichtigend auf die Tonlage Ihres Gesprächspartners auswirken. Es fällt uns oft schwer zuzuhören, wenn andere fluchen oder Verwünschungen in lautem, feindseligem Ton aussprechen. Unser Körper spannt sich unwillkürlich an angesichts eines Verhaltens, das wir als bedrohlich empfinden. Aber wie der Matador werden wir die Auseinandersetzung mit Sicherheit verlieren, wenn der Kampf-oder-Flucht-Reflex die Oberhand gewinnt.

Stimmen Sie zu, so weit es Ihnen möglich ist. Es gibt vielleicht etwas, auf das Sie sich beide verständigen können, etwa: »Du hast recht. Meistens vergesse ich es, den Abfall rauszubringen. Ich werde mich bemühen, in Zukunft daran zu denken.« Das grundlegende Problem könnte darin bestehen, dass Sie es mit Ihren häuslichen Pflichten nicht so genau nehmen. Wenn das der Fall ist, sollten Sie Ihre Aufmerksamkeit nicht auf den Angriff, sondern auf das Problem richten. Mittlerweile hat sich Ihre Gesprächspartnerin vielleicht auch schon wieder beruhigt. Sie hatte Gelegenheit, alles zu sagen, was sie gewurmt hat. Sie sieht, dass keine Notwendigkeit mehr besteht, laut zu werden, denn durch die Zusammenfassung haben Sie gezeigt, dass Sie aufmerksam zugehört haben (interessiert sind). Nun ist sie Ihnen im Gegenzug etwas schuldig, nämlich genauso aufmerksam zuzuhören. Und damit sind die Voraussetzungen für eine gemeinsame erfolgreiche Lösung des Problems geschaffen.

In bestimmten Situationen ist es besser, das Gespräch nicht fortzusetzen: Sie sind nicht in der richtigen Stimmung, die Atmosphäre ist denkbar ungeeignet für die friedliche Beilegung des Konflikts, oder Sie stehen unter Zeitdruck. Vertagen Sie die Diskussion, vorzugsweise auf einen späteren Zeitpunkt am selben Tag. Damit zeigen Sie Ihre Gesprächsbereitschaft an und haben die Möglichkeit, die Bedingungen für ein positiveres Ergebnis zu schaffen.

Bei Menschen, die sich emotional oder physisch nicht unter Kontrolle haben, ist es weder sicher noch vernünftig, sich in deren Film einzublenden. Wenn jemand eine Gefahr für Sie darstellt, emotional oder physisch, ist es am besten, den Raum zu verlassen oder zu schweigen. Das Letzte, was Sie durch solche Leute haben wollen, ist noch mehr Ärger. Sie brauchen eine Mischung aus psychologischer Beratung/Therapie und Selbstbeherrschung. Nehmen auch Sie eine professionelle Beratung in Anspruch, damit Sie wissen, wie Sie sich gegenüber gewalttätigen Menschen verhalten.

Für einen achtsamen Zuhörer sind alle Interaktionen gleichermaßen wichtig. Eine erfreuliche Unterhaltung festigt eine positive Beziehung und birgt das Versprechen künftiger Begegnungen der angenehmen Art. Konflikte stellen Chancen dar; der

Prozess der gemeinsamen Konfliktbewältigung trägt mehr noch als die Problemlösung selbst zu persönlichem Wachstum bei. Wenn Sie die schwierigeren Beziehungen in Ihrem Leben als eine Gelegenheit betrachten, ein ausgewogenes Verhältnis zwischen Körper, Seele und Geist zu schaffen, werden Sie nicht den Kopf in den Sand stecken, wenn sich ein Konflikt abzeichnet. Durch diese Einstellung verliert die Diskussion an Stress. Wenn Sie sich bemühen, das Problem auf eine Weise zu lösen, mit der alle Beteiligten zufrieden sind, statt danach zu streben, als Sieger aus dem Kräftemessen hervorzugehen, haben Sie weniger Angst vor Meinungsverschiedenheiten. Wenn die Betonung auf dem Prozess des Zuhörens und weniger auf dem Ergebnis liegt, kann sich eine positive Beziehung entwickeln.

Haben Sie, wenn sich ein Kunde beschwert hat oder ärgerlich war, den Vorgang jemals unter dem Aspekt gesehen »Ich würde die Beziehung zu Ihnen/Ihrer Firma ja gerne fortsetzen, wenn da nicht ...!« Sagen Sie sich: Diese Beschwerde kommt von einem Kunden, der an einem reibungslosen Ablauf der Geschäftsbeziehung interessiert ist. Wenn ihm die Fortsetzung des Kontakts nicht wichtig wäre, hätte er ihn bereits abgebrochen. Eine Beschwerde ist eine Gelegenheit, um Kurskorrekturen vorzunehmen.

Schweigen zulassen, sich in den Film des Gesprächspartners einblenden und Beschwerden mit eigenen Worten zusammenfassen werden von dem verdrossenen Gegenüber als Aktionsschritte zur Wiederherstellung der guten Beziehung angesehen; sie sind ein Eckpfeiler für künftige Lösungen. Schalten Sie in schwierigen Situationen den Stress aus, und sehen Sie darin eine persönliches Wachstumschance.

Beharrlichkeit ist ein Begriff, mit dem Salvatore Maddi und Suzanne Kobasa die Fähigkeit bestimmter Menschen beschreiben, bedrohliche Situation in tragbare Herausforderungen umzuwandeln. Thich Nhat Hahn sagt: »Im Zen wird alles, was man tut, zu einem Mittel der Selbstverwirklichung, jede Handlung, jede Bewegung wird aus vollem Herzen verrichtet, sodass nichts anderes übrig ist.«

Noch ein Wort an diejenigen von Ihnen, die Kundenbeschwerden entgegennehmen: Versuchen Sie es mit der nachfolgenden Übung, und Sie werden jeden Abend mit dem Gefühl nach Hause gehen, etwas geleistet zu haben. Probieren Sie die oben beschriebenen Tipps für das Zuhören unter Stress aus, und führen Sie Buch darüber, wie viele unzufriedene Kunden Sie in zufriedene Kunden verwandelt haben. Setzen Sie sich jeden Tag ein persönliches Soll, und halten Sie andere an, Ihrem Beispiel zu folgen. Rufen Sie einen frustrierten Kunden schnellstmöglich zurück, um ihn wissen zu lassen, dass Sie seiner Beschwerde nachgehen oder eine Veränderung im Service eingeleitet haben. Da Sie zugehört und gezeigt haben, dass Ihnen etwas an Ihrem Kunden liegt, wird er Ihrer Firma nicht nur die Treue halten, sondern Sie auch weiter empfehlen.

Durch Stress lernen

1. Entspannte Aufmerksamkeit ist der erste unerlässliche Schritt, um unter Stress zuzuhören. Absolvieren Sie gewissenhaft ihre täglichen Atemübungen. Meditieren Sie eine Woche lang zweimal am Tag rund zwanzig Minuten (wenn es geht). Suchen Sie sich ein stilles Eckchen, setzen Sie sich aufrecht hin, entspannen Sie die Augen (Augen geschlossen oder halb geöffnet), und atmen Sie langsam. Konzentrieren Sie sich ausschließlich auf Ihren ein- und ausströmenden Atem. Wenn andere Gedanken in Ihr Bewusstsein eindringen, lassen Sie diese einfach ziehen und richten Ihre Aufmerksamkeit wieder auf den Atem. Es kann hilfreich sein, die Atemzüge lautlos mitzuzählen, falls die Konzentration auf die Atembewegung allein zu schwierig ist. (Spezielle Anleitungen finden Sie in Büchern zum Thema Meditation.)
Wenn Sie feststellen, dass Gedanken an eine bestimmte Person oder bevorstehende Situation Ihre Übungen beeinträchtigen, nehmen Sie sich ein paar Minuten Zeit, um die Störung in den

Griff zu bekommen: Entspannen Sie sich, und schließen Sie die Augen; atmen Sie ein paarmal tief ein und aus, und versuchen Sie, in die innere Stille zu gehen. Visualisieren Sie eine angenehme, entspannende Erfahrung, z. B. wie Sie am Lagerfeuer sitzen, in einem einsamen See fischen, Tee trinken oder Musik hören. Spüren Sie, wie die Spannung aus jeder Faser Ihres Körpers weicht. Nach ein paar Minuten lassen Sie Gedanken an das bevorstehende Gespräch zu, das Sie verunsichert oder beunruhigt. Denken Sie an die positiven Eigenschaften der Person oder Situation. Stellen Sie sich bildlich vor, wie Sie ruhig und gelassen reagieren. Stellen Sie sich vor, wie glatt die Interaktion verläuft: Sie stehen mit geradem Rücken und lockeren Armen da, voller Selbstvertrauen und in der Lage, den Redefluss Ihres Gesprächspartners in Gang zu halten. Atmen Sie genauso entspannt wie am Anfang, während Ihnen diese Gedanken durch den Kopf gehen. Stellen Sie sich vor, wie Sie entspannt und ruhig reagieren. Im Gegensatz zu früher tun Sie nichts, um den Konflikt zu verschärfen: Sie verzichten auf Unterbrechungen, kategorische Formulierungen oder Aufrechnungen. Sehen Sie, wie Sie aufmerksam zuhören, während Sie sich voll in den Film des Sprechers eingeblendet haben, mit stetigem Blickkontakt und entspannter Körperhaltung. Verzichten Sie auf Kritik oder Rechtfertigungen. Falls sich negative Gedanken in Ihr Szenario einschleichen und Sie spüren, dass sich Ihr Körper verspannt, kehren Sie einfach wieder auf den richtigen Kurs zurück, indem Sie Ihre Atmung kontrollieren – bis sie wieder langsam und gleichmäßig ist. Dann gehen Sie an den Anfang zurück, bis Sie eine ruhige Antwort finden auf was auch immer gesagt wurde. Sehen Sie den positiven Ausgang des Gesprächs/der Interaktion vor sich, bei dem beide Seiten ein gutes Gefühl haben. Denken Sie daran, was Sie gemeinsam geleistet haben.

Atmen Sie noch ein paar Minuten lang ruhig und tief weiter; genießen Sie den Prozess, mit dem Sie dieses Resultat erzielt haben. Öffnen Sie langsam die Augen – und machen Sie umgehend den Termin für das Gespräch aus!

2. Versuchen Sie, sich während einer Meinungsverschiedenheit in Ihren Kontrahenten hineinzuversetzen. Machen Sie diese Übung mit einem Freund. Wählen Sie ein Thema aus, bei dem Sie verschiedene Positionen vertreten: Verteidigen Sie abwechselnd Ihre Anschauung und die Ihres Freundes; verfechten Sie Ihre Argumente mit Begeisterung. Sind Sie danach immer noch überzeugt, Recht zu haben? Fällt es Ihnen leichter, bei anderen Themen mit Kontroversen umzugehen?

3. Bevor Sie einen persönlichen Konflikt in Angriff nehmen, sollten Sie das Gespräch skizzieren. Notieren Sie die wichtigsten Ideen und Sätze auf einem Blatt Papier, ohne Strukturen oder Formulierungen allzu großen Wert beizumessen. Anschließend lesen Sie die Rohfassung noch einmal durch und glätten inhaltliche Unebenheiten. Wird Ihr Gesprächspartner Ihre Absichten und Ihre Botschaft auf Anhieb verstehen? Bereinigen Sie Ihre Gedanken, überprüfen Sie Ihre Wortwahl, und straffen Sie den Text, damit Ihre Botschaft noch deutlicher und wirksamer ist.

4. Wenn sich ein Kunde beschwert, lassen Sie ihn ausreden und reagieren mit einer positiven Bemerkung, etwa:

- Das ist mein Lieblingsproblem!
- Ich bin sicher, dass wir eine Lösung finden werden.
- Ich werde mich der Sache annehmen, darauf können Sie sich verlassen!
- Ich werde versuchen, das Problem so schnell wie möglich aus der Welt zu schaffen.
- Danke, dass Sie mich darauf aufmerksam gemacht haben!

Fügen Sie eine Frage hinzu, die Ihren Kunden zum Weitersprechen ermuntert: »Gibt es sonst noch etwas, was ich heute für Sie tun kann?«

10

WIE SIE IHR GEDÄCHTNIS BEIM ZUHÖREN TRAINIEREN

Ein guter Zuhörer ist nicht nur überall beliebt,
sondern weiß auch einiges nach geraumer Zeit.
WILSON MIZNER

Fast in jedem meiner Seminare gibt es Menschen, die befürchten, Ihre Merkfähigkeit zu verlieren, weil sie zerstreut oder geistesabwesend sind. Wenn man der Unachtsamkeit nicht Einhalt gebietet, spaltet sie unsere Aufmerksamkeit und lässt viele Minuten und Stunden in unserem Leben unbemerkt vorübergehen. Wenn unsere Gedanken in die Vergangenheit oder Zukunft schweifen, versäumen wir die Gegenwart. Das erzeugt unnötige Turbulenzen und gibt uns das Gefühl, unzulänglich und inkompetent zu sein.

Achtsamkeit lässt sich trainieren; sie dient dazu, unsere zerstreuten Gedanken zu sammeln, die Konzentrationsfähigkeit wiederherzustellen und unser Selbstwertgefühl aufzubauen. Achtsamkeit erreicht man durch regelmäßige praktische Übung, aber noch wichtiger ist der feste Vorsatz, der *Achtlosigkeit* den Kampf anzusagen. Oft hilft es, sich den idealen Zuhörer, der Sie gerne wären, bildlich vorzustellen: ruhig, konzentriert und in der Lage, alles, was Sie wollen, zu verarbeiten und zu behalten.

Da Sie gewissenhaft geübt haben, selbstbewusst zu werden und richtig zu atmen, ist es nun an der Zeit, auf Herausforderungen einzugehen, die für das Informationszeitalter typisch sind und sich mit Achtsamkeit besser bewältigen lassen. Dazu gehören:

- Konzentrationsschwäche
- Gedächtnistraining
- Aufmerksamkeit im Konferenz- oder Klassenzimmer
- Namensgedächtnis
- Achtsames Zuhören: physische Voraussetzungen
- Kritisches Zuhören

Wenn Sie jeden Tag gewissenhaft Ihre Atemübungen gemacht haben, können Sie Ihre Aufmerksamkeit jetzt besser steuern und über einen längeren Zeitraum bewahren. Adam, Verkaufsleiter in einer Softwarefirma, litt unter dem inneren Zwang, ständig mehrere Dinge gleichzeitig erledigen. Wenn er der Beschwerde eines Kunden oder Mitarbeiters zuhörte, geriet er in Versuchung, eine Aktennotiz in die Hand zu nehmen, einen Blick auf seine E-Mails zu werfen oder zum Telefonhörer zu greifen. Er hatte Angst, sein Tagespensum nicht zu schaffen und sich eine Verkaufschance entgehen zu lassen.

Adam erkannte schließlich die eigentliche Ursache seiner Nervosität: Zerstreutheit und die Vernachlässigung der Beziehungen zu Kunden und Mitarbeitern. Er verbrachte so viel Zeit damit, den Schaden auf der menschlichen Ebene auszubügeln, den er durch seine Gedankenlosigkeit und Unachtsamkeit angerichtet hatte, dass ihm kaum noch Zeit für seine Schreibarbeit blieb. Adam begann mit der Atemmeditation, und schon nach wenigen Wochen hatte seine innere Unruhe nachgelassen. Er war immer häufiger im Stande, Computer und Telefon zu widerstehen, wenn er mit etwas anderem beschäftigt war. Er konnte sich wieder mit ungeteilter Aufmerksamkeit in den Film seiner Kunden und Mitarbeiter einblenden und Probleme effizienter lösen. Dadurch gewann er Zeit, die er nutzte, um sich auf dem Laufenden zu halten, seine E-Mails zu lesen und Rückrufe zu erledigen. Er sagte:

> Der Zusammenhang wurde mir klar, nachdem ich einige Tage lang meine Atemübungen gemacht hatte. Wenn vorher jemand mit einem Problem zu mir kam, war ich innerlich so unruhig, dass ich mich nicht voll darauf konzentrieren konnte. Andere Dinge erschienen mir viel wichtiger. Meine Aufmerksamkeit wanderte ständig zwischen der Arbeit, die auf meinem Schreibtisch wartete, und meinem Gesprächspartner hin und her; die Rechnung bekam ich am Ende des Tages präsentiert. Nachdem ich mit der Atemmeditation begonnen hatte, ließ ich mich nicht mehr so leicht vom Kurs abbringen. Inzwischen bin ich in der Lage, meine Aufmerksamkeit über längere Zeit auf meinen Atem zu richten; Gedanken, die mir durch den Kopf gehen, gelangen selten in den Vordergrund meines Bewusstseins. Ich nehme sie gelassen zur Kenntnis, dann kehre ich zur Atmung zurück. Diese Erfahrung war für mich der Wendepunkt. Heute bin ich geduldiger und habe gelernt, mich in den Film meines Gesprächspartners einzublenden. Und das Gute daran ist: Selbst an einem Tag, an dem sich die Leute die Klinke in die Hand geben, bleibt mir mehr Zeit für die Schreibarbeit.

Konzentrationsschwäche

Einige meiner Kursteilnehmer sind überzeugt, dass ihre Probleme mit dem Zuhören Folge einer degenerativen Erkrankung sind. Auch ohne ärztliche Diagnose reden sie sich ein, dass sie unter einer chronischen Konzentrationsschwäche leiden. Schon der Name deutet darauf hin, woran unsere Gesellschaft heute krankt: an der Unfähigkeit, die Aufmerksamkeit über einen längeren Zeitraum zu *binden.* Die Konzentrationsschwäche ist wie maßgeschneidert für unsere schnelllebige Hightech-Kultur. Von allen Seiten stürmen so viele auditive und visuelle Reize auf uns ein, und wir haben so wenig Zeit, sie zu verarbeiten, dass wir kämpfen müssen, um nicht in der Informationsflut zu ertrinken. 1995 stellten Forscher der Washington State University fest, dass sich die Anzahl der Patienten mit ärztlich behandelter, chronischer Konzentrationsschwäche seit 1990 auf mehr als zwei Millionen verdoppelt hatte. Evan I. Schwartz sprach 1994 in der Juni-Ausgabe des Magazins *Wired* von einem »nachweisbaren Gehirnsyndrom des Informationszeitalters«. Konzentrationsschwäche, die nachweisbar auf einer degenerativen Erkrankung beruht, kann sich bei Erwachsenen in verschiedenen Verhaltensweisen und Symptomen äußern, die von milde bis schwer reichen. Zu den häufigsten gehören:

- Die Unfähigkeit, strukturierte Aufgaben über längere Zeit konzentriert zu erledigen
- Schwierigkeiten, sich Anweisungen zu merken
- Schwierigkeiten, Termine einzuhalten
- Motorische Unruhe, Schwierigkeiten, still zu sitzen
- Extensives Unterbrechen
- Impulsives Verhalten

Millionen Menschen leiden unter Konzentrationsschwäche, aber bei weniger als fünf Prozent der Erwachsenen ist sie chronisch; eine gesicherte Diagnose kann letztlich nur ein erfahrener Arzt oder Psychologe stellen. Ob es sich um eine degenerative Erkrankung handelt, lässt sich deshalb so schwer feststellen, weil sie oft von anderen Gesundheitsproblemen überdeckt wird, zum Beispiel Depressionen, Zwangsneurosen, Schilddrüsenerkrankungen oder Stress. Außerdem fehlen Standarduntersuchungen für Erwachsene, um sie eindeutig zu entlarven. Derzeit nimmt man an, dass es sich dabei um eine neurologische Verhaltensstörung handelt, verursacht durch mangelnde Selbstkontrolle, die meistens in der Kindheit beginnt und sich bis ins Erwachsenenalter fortsetzt. Obwohl man früher glaubte, die Konzentrationsschwäche sei genetisch bedingt, sind die Merkmale, die auf eine Verhaltensstörung hindeuten, so weit verbreitet, dass Psychologen von einer Volkskrankheit sprechen (in allen Kindergärten und Schulen bis zur achten Klasse stellen Erzieher und Lehrer jedes Jahr bei mindestens fünf Kindern echte oder vermeintliche Konzentrationsschwächen fest).

Aus allen Ecken werden wir mit Informationen traktiert: Fernsehen, Radio, Internet, Fax, E-Mail, Voice Mail (Sprachpost) und reguläre Post. Wir haben Zugriff auf eine solche Datenfülle, dass es uns schwer fällt auszusondieren, welche relevant und wichtig sind. Seit die Öffentlichkeit in stärkerem Maß auf die Symptome der Konzentrationsschwäche aufmerksam geworden ist, macht man Witze über »Alzheimer«, eine Entschuldigung für achtloses Zuhören, das bei vielen zur Gewohnheit geworden ist. Ein Erwachsener mit chronischer Konzentrationsschwäche zeigt diese Verhaltensweisen *fortlaufend*, nicht nur ein paarmal am Tag.

Es ist bequemer, ein Medikament als Patentlösung für dieses Problem in Betracht zu ziehen, als den Blick in unser Inneres zu richten und dort nach der Antwort zu suchen. Unsere mentalen Barrieren, die ständig wachsende Aufgabenliste und die in Vergessenheit geratene Fähigkeit, Gelassenheit zu üben, verhindern, dass wir unsere ungeteilte Aufmerksamkeit auf eine einzige Tätigkeit richten.

Ob eine chronische Konzentrationsschwäche vorliegt, wird meistens vom Hausarzt abgeklärt. Er schlägt vielleicht vor, einen Psychologen hinzuzuziehen, um Depressionen, Nervosität oder stressbedingte Erkrankungen auszuschließen. Bestätigt sich die Diagnose, ist die übliche und effektivste Therapie die medikamentöse Behandlung. Es ist ratsam, die verschiedenen Therapiemöglichkeiten mit Ihrem Hausarzt zu besprechen, einschließlich der kurz- und langfristigen Nebenwirkungen der verordneten Arznei.

Medikamente lindern lediglich die Symptome und Nebenwirkungen der chronischen Konzentrationsschwäche; was bleibt, sind die alten, eingeschliffenen Programmierungen, die nach und nach abgebaut und neu geschrieben werden müssen. Dr. Kevin Murphy, Chef der ADD-Klinik am Medical Center der University of Massachusetts, ist der Meinung, dass der Patient trotz medikamentöser Behandlung seine alten Kommunikationsgewohnheiten ändern muss. Das gilt auch für Menschen, die erwiesenermaßen unter Depressionen oder nervösen Störungen leiden und Medikamente zur Wiederherstellung des inneren Gleichgewichts erhalten haben. Trotz jahrelanger Einnahme von *Ritalin* oder *Prozac* können alte reflexartige Verhaltensmuster weiterbestehen, zum Beispiel Unaufmerksamkeit, Rückzug auf sich selbst, der Impuls, ständig das Wort zu ergreifen, und negative Selbstgespräche. Erst in einem mental und emotional ausbalancierten Zustand ist der Betroffene, dank der Arznei, in der Lage, alte Beziehung wieder aufleben zu lassen und neue Chancen zu ergreifen. Achtsames Zuhören hilft in solchen Fällen:

- einen nie da Gewesenen Zustand der Entspannung zu erreichen;
- den Horizont zu erweitern, so dass neue Ideen nicht mehr als bedrohlich, sondern als spannend empfunden werden;
- sich bei Vorträgen und Diskussionen besser zu konzentrieren,
- die eigenen Interessen hintanzustellen, um andere zu verstehen.

Gedächtnistraining

Die Experten stimmen weitgehend darin überein, dass ein Nachlassen der Gedächtnisleistung bis zu einem gewissen Grad degenerativen Veränderungen zuzuschreiben ist. Ein Teil des Gedächtnisverlusts könnte aber auch eine Erwartung sein, auf die wir konditioniert sind. Wir haben vielleicht gesehen, wie unsere Großeltern immer vergesslicher wurden, aber nicht darauf geachtet, ob dabei auch andere Faktoren im Spiel waren, beispielsweise Depressionen, eingeschränkte Sozialkontakte, Krankheit oder Schwerhörigkeit. Nur wenige Menschen aus der Generation unserer Großeltern waren mit dem Konzept des lebenslangen Lernens vertraut oder haben im (Vor-)Ruhestand, nach dreißig und mehr Jahren in ein und demselben Beruf, noch einmal eine neue Karriere aufgebaut. Deshalb erwarten wir nachgerade, dass die Merkfähigkeit mit dem Alter nachlässt, und gestatten uns, beim Zuhören faul zu werden. Mein Nachbar, ein echter Gentleman Ende siebzig, erzählte mir von seinem »Gedächtnisschwund«:

Alle Leute in meinem Alter werden ein bisschen langsamer und verändern sich physisch. Warum sollten wir auch Maßstäbe bei uns anlegen, die für Jüngere mit einem guten Gedächtnis gemacht sind? Niemand erwartet, dass wir uns wie früher an alles erinnern. Sogar Menschen, die mich überhaupt nicht kennen, nehmen aufgrund meines Alters automatisch an, mein Gedächtnis sei auch nicht mehr das, was es einmal war. Manchmal reden sie lauter und in der Babysprache mit mir, als wäre ich ein Wickelkind ... vermutlich glauben sie, ich würde ihre Worte dann leichter verstehen und behalten.

Obwohl immer mehr Menschen über sechzig noch einmal die Schulbank drücken oder eine eigene Firma gründen, hat die Mehrheit der Senioren aufgrund dieser Klischeevorstellungen das Gefühl, ihre Lernfähigkeit sei begrenzt.

Untersuchungen über die Hirntätigkeit haben gezeigt, dass mindestens fünf mit dem Gehör und der Assoziation befasste Gehirnfelder beteiligt sind, wenn wir dem gesprochenen Wort lauschen. Beim Zuhören werden sowohl die linke als auch die rechte Hirnhälfte aktiviert. Je komplexer die damit verbundene Informationsverarbeitungsaufgabe ist (zum Beispiel auf Details achten, Visualisierung, Verknüpfung von Daten mit Ereignissen, die ein mentales Nachvollziehen erfordern), desto mehr wird das Gehirn auf Trab gebracht.

Wenn die Anzahl der auditiven Reize überhand nimmt, besteht die Gefahr, auf »Autopilot« umzuschalten: Wir schöpfen den Rahm nur solcher Informationen ab, die unseren Selbstinteressen dienen oder in Einklang mit unserer vorgefertigten Meinung stehen. Analyse und Vergleich sind zu zeitaufwendig und bedrohlich für den Status quo. Schließlich ist es bequemer, geflissentlich zu übersehen, was nicht ins Schema passt ... oder?

Das Langzeitgedächtnis (auch *semantisches* Gedächtnis genannt) wirkt wie ein Filter; es entscheidet, welche Informationen im Ultrakurzzeitgedächtnis (oder Bewusstsein), im Kurzzeit- und im Langzeitgedächtnis aufbewahrt werden. Es bestimmt, welche Eindrücke wichtig und wert sind, gespeichert zu werden, und welche gelöscht werden können. Diese Methode ist sehr effektiv, um der riesigen Informationsmenge Herr zu werden. Stress kann diesen Selektionsprozess vereiteln, entweder kurzfristig in Folge zu vieler Informationen, die gleichzeitig auf das System einstürmen, oder langfristig, so dass der Zugriff auf alle Daten blockiert ist, die für Entscheidungen oder angemessenes Handeln erforderlich sind. Die Ursache der Stresssituation, die ein achtsames Zuhören verhindert, steht häufig in Zusammenhang mit den Barrieren, die in Kapitel 4 beschrieben sind.

Bei normaler Hirntätigkeit sterben jeden Tag Millionen Hirnzellen ab. Es ist wissenschaftlich erwiesen, dass der Erhalt und die Erneuerung der Hirnzellen durch ein aktives Gehirn gefördert werden. Zuhören regt das Gehirn an. Die Aufzeichnungen bei der Positronen-Emissions-Tomographie (PET) zeigen, dass während des Zuhörens viele Bereiche des Gehirns stärker durchblutet werden. Mit zunehmendem Alter erhält unser Leben immer mehr Routine und Vorhersehbarkeit, doch dadurch haben wir weniger Gelegenheit, etwas dazuzulernen und neue Denkweisen in unser Repertoire aufzunehmen. Allem Anschein nach können wir den unvermeidlichen Alterungsprozess des Gehirns hinauszögern, wenn wir es jeden Tag *mehr* statt weniger einspannen.

Die meisten von uns kennen Senioren, die geistig »fit wie ein Turnschuh« sind. Sie widersprechen dem Klischee von der Senilität im Alter durch *Beschleunigung der* Hirnaktivität statt einer *Stagnation.* Trotz aller Bemühungen, das Gehirn in Topform zu halten, können natürlich Alzheimer oder Altersdemenz auftreten, wenn solche Erkrankungen in der Familie vorkommen. Die meisten Menschen können jedoch Gedächtnisstörungen verhindern oder hinauszögern, wenn Sie die kleinen grauen Zellen jeden Tag durch achtsames Zuhören in Bewegung setzen.

In meinen Workshops schockiere ich die Teilnehmer gerne mit den Vorteilen des achtsamen Zuhörens. Bei einer der Übungen hören sie sich fünf Minuten lang einen Ausschnitt aus einer Radio-Talkshow an. Die Hälfte der Gruppe hat die Aufgabe, auf den Namen der Sprecherin, ihren sozialen Hintergrund, ihre Einstellung zum Thema, ihr wichtigstes Argument und mindestens zwei Punkte, die es belegen, zu achten, während die zweite Gruppe lediglich zuhört.

Keine Gruppe weiß von den Anweisungen der anderen. Jedes Mal stellt sich heraus, dass mindestens neunzig Prozent aus der Gruppe, die eine spezifische Aufgabe erhalten hatte, sich an erheblich mehr erinnern können als die Gruppe, die »nur zuhören« sollte. Ein kurzes Quiz am Ende des Workshops enthüllt, dass die achtsamen Zuhörer einige Stunden später noch 75 Prozent der Talkshow behalten haben. Um Informationen wirksam zu speichern, macht es Sinn, Zuhören als Chance zu betrachten und die Eindrücke unter bestimmten Gesichtspunkten zu strukturieren:

- Bringen Sie den Namen und die persönlichen Daten des Sprechers in Erfahrung. Welche Lebenserfahrungen haben ihn zu dieser Schlussfolgerung veranlasst?
- Wie lautet sein Hauptargument? Auf welche Fakten oder Beobachtungen stützt sich seine Position?
- Welche emotionale Einstellung hat er zum Thema?
- Wie erweitert oder verändert seine Sichtweise Ihre eigene Perspektive?

Je nach Art der Unterhaltung wollen Sie mit mehr oder weniger Struktur zuhören. Wenn eine Kundin Ihnen beispielsweise von ihrem neuen Job erzählt oder Ihre Tochter über zu viele Hausaufgaben klagt, interessiert Sie vielleicht nur, wie die Betreffende ihre Situation *empfindet*. Der Grad Ihrer Wachsamkeit beim Zuhören hängt vom Ausmaß der Informationen ab, die der Sprecher preisgibt und wie viel Sie davon behalten wollen oder müssen.

Allein die riesige Informationsmenge, die durch den Äther rauscht, zu fokussieren, zu selektieren und zu verarbeiten ist eine Mammutaufgabe. Versuchen Sie einmal probeweise, die verbalen Informationen von zwei Personen gleichzeitig zu verarbeiten. Zuerst konzentrieren Sie sich auf die Botschaft von A, und während Ihre Aufmerksamkeit zu B überwechselt, könnte A genauso gut eine Fremdsprache sprechen. Vielleicht sind Sie in der Lage, Gesten und Änderungen im Tonfall von A mitzubekommen, um daraus Schlussfolgerungen abzuleiten, aber die verbale Botschaft bleibt Ihnen verschlossen. Das zeigt, dass man beim Zuhören nicht auf mehreren Hochzeiten gleichzeitig tanzen kann.

Um die Merkfähigkeit zu verbessern, sollten Sie üben, sich voll auf den Sprecher und seine Botschaft zu konzentrieren, indem Sie sich in seinen Film einblenden oder achtsam zuhören. Dadurch haben Sie die Gelegenheit, beide Hirnhälften zu aktivieren – die linke, die für die Verarbeitung der logischen Wortbedeutungen zuständig ist, und die rechte, die Tonfall und nonverbale Körpersprache einbezieht.

Wenn Sie also voll konzentriert sind, ist Ihr Gehirn auf mehreren Ebenen gleichzeitig aktiv. Diese Mentalaerobic lässt sich nicht mit der Aufmerksamkeitsspanne eines typischen Zuhörers vergleichen. Bei regelmäßiger Atemmeditation und im Spielfilmmodus können Sie bei der Informationsaufnahme und -verarbeitung einen Gang höher schalten und das Tempo während der gesamten Interaktion beibehalten.

Üben Sie, Ihre Aufmerksamkeit auch in einer geräuschvollen Umgebung voll auf den Film zu konzentrieren. Selbst wenn Bekannte vorbeigehen, sollten Sie dem Drang widerstehen, ihnen zuzunicken oder zu winken. Nichts und niemand auf der Welt ist in diesem Augenblick wichtiger als die Person, der Sie zuhören. Stellen Sie sich vor, wie leicht es Ihnen nach solchen Übungen fällt, in einem geräusch*armen* Umfeld ganz Ohr zu sein.

Wenn Sie Ihre Fähigkeit zuzuhören immer wieder auf die Probe stellen, werden immer mehr Bereiche Ihres Gehirns in das Trainung einbezogen. Die meisten Menschen nutzen täglich nicht mehr als sieben bis acht Prozent ihrer Hirnkapazität. Dr. Patrick Turski vom *University of Wisconsin Hospital* bittet seine Patienten, sich Passagen aus den Werken von Nietzsche anzuhören, vorgelesen von dem Schauspieler Charlton Heston. Er möchte mit dieser Methode systematisch Hirnfelder »kartografieren«, die an der Verarbeitung verbaler Äußerungen beteiligt sind. 1997 hatte er eine 31-jährige Frau mit angeborener Fehlbildung des Gehirns operiert; wichtig war dabei vor allem, vor dem chirurgischen Eingriff die Hirnzentren für die Sprache und Sprachverarbeitung zu ermitteln, um eine Schädigung zu vermeiden. Nietzsche wurde deshalb ausgewählt, so Dr. Turski, weil der schwierige philosophische Text die Hirnaktivität und Konzentration verstärkt und die Verarbeitung verbaler Informationen auf einer höheren Ebene erfordert. Dabei werden nicht nur die primären Hörzentren aktiviert, sondern auch die Assoziationsfelder des Gehirns. Vergleichen Sie die Vielschichtigkeit eines philosophischen Gesprächs mit der Vielschichtigkeit einer Sitcom oder Seifenoper im Fernsehen. Da viele von uns mehr Zeit vor dem Fernseher als mit philosophischen Diskussionen verbringen, ist es kein Wunder, dass unsere Aufmerksamkeit und Konzentrationsfähigkeit verkümmern.

Wie lässt sich unser Gehirn sonst noch trainieren? Talkshows im Radio, Literatur auf Kassette und ständige Erweiterung des Wissens durch Fortbildungskurse gehören zu den kostengünstigen Möglichkeiten, Aufmerksamkeit und Verständnis durch Zuhören zu verbessern. Fassen Sie die Informationen mit eigenen Worten laut zusammen. Damit verbessern Sie Ihre Fähigkeit, neue Ideen auf Herz und Nieren zu prüfen und in Ihrer mentalen Datenbank, dem Gedächtnis, zu speichern.

Um Verarbeitung und Abruf von Fakten oder fachspezifischen Informationen zu trainieren, die in Ihrem Gedächtnis gespeichert sind, nehmen Sie sich jeden Tag zehn bis zwanzig Minuten Zeit, um sich ein Interview im Radio, eine Selbsthilfekassette oder einen Vortrag anzuhören. In der Mitte und am Ende *wiederholen Sie* einige der wichtigen Punkte, und zwar *laut.* Gehen Sie auf den einen oder anderen Punkt ausführlicher ein. Sie wissen erst dann sicher, dass Sie die Information richtig verarbeitet haben, wenn Sie die wichtigsten Punkte mit eigenen Worten zusammenfassen können. Sie werden sehen: Mit entsprechender Übung wächst auch das Vertrauen in Ihre Merkfähigkeit! Gedächtnisexperten bestätigen das alte Sprichwort: *Wer rastet, der rostet!*

Werbespots bieten uns hinlänglich Gelegenheit, unser Gedächtnis auf die Schnelle zu trainieren. Nachdem Sie sich beispielsweise eine Fernseh- oder Rundfunksendung angehört haben, können Sie die Werbepausen nutzen, um sich die Themen und wichtigsten Punkte ins Gedächtnis zurückzurufen. Rekapitulieren Sie laut, damit Sie hören, ob Sie alles richtig erfasst haben. Bei einem besonders interessanten Thema können Sie noch einen Schritt weitergehen und die wichtigsten Ideen auf einem Blatt Papier skizzieren. Wenn Sie das Material gelegentlich wieder durchlesen, bleibt es für die künftige Verwendung abrufbar. Sie werden überrascht sein, wie viel Sie anderen zu einem späteren Zeitpunkt des Tages darüber erzählen können.

Eine weitere Möglichkeit, die Konzentrationsfähigkeit zu verbessern, vor allem bei fachspezifischen oder komplexen Informationen, besteht darin, sich die Worte *bildlich vorzustellen,* während sie gesprochen werden, wie bei einem Fernschreiber, der vor Ihrem inneren Auge ein Telex übermittelt. Das bedarf der Übung, kann aber hilfreich sein, wenn es um ein trockenes Thema oder fachspezifische Erläuterungen geht. Einige Menschen lernen besser, wenn die Informationen visuell dargeboten werden, während andere die visuellen *und* auditiven

Eindrücke für eine optimale Verarbeitung brauchen. Der Vorteil bei dieser Methode ist, dass äußere Ablenkungen so gut wie ausgeschlossen sind, weil man vollauf damit beschäftigt ist, zuzuhören und sich jedes Wort bildlich vorzustellen.

Viele Leute sind der Meinung, dass schriftliche Aufzeichnungen ins Klassenzimmer gehören oder dass es auf ein schlechtes Gedächtnis schließen lässt, wenn man sich einen Notizblock herausholt und Stichpunkte aufschreibt. Trotzdem würden die meisten Sprecher jedes Zeichen, das achtsames Zuhören signalisiert, begrüßen. Zumindest kann man sicher sein, dass die Botschaft angekommen ist. Darüber hinaus ist die Wahrscheinlichkeit größer, dass Sie die Informationen behalten, wenn Sie diese notiert und schwarz auf weiß vor sich gesehen haben, selbst wenn sie kurz danach im Papierkorb landen.

Sobald Sie beschließen, sich eine Information zu merken, sollten Sie *mindestens eine Minute lang* Ihre ungeteilte Aufmerksamkeit darauf richten. Damit ermöglichen Sie den Assoziationszentren im Gehirn, sich einzuschalten und die Information auf eine tiefere Ebene weiterzuleiten. Douglas J. Herrman, Autor von *Supermemory*, behauptet, dass alles, woran wir weniger als eine Minute denken, in unserer Erinnerung verblasst. Sobald wir die Information aufgenommen und beschlossen haben, sie nicht zu vergessen, muss sie mehrere Sekunden lang rekapituliert oder repetiert werden, um ins Kurzzeitgedächtnis zu gelangen. Wenn Sie sich zum Beispiel eine Telefonnummer einprägen wollen, wiederholen Sie diese in aller Regel mehrmals, bevor Sie zum Hörer greifen. Trotzdem können Sie sich oft nicht mehr daran erinnern, sobald der Anruf beendet ist. Gelegentliches »Proben« der neuen Assoziationen bewirkt, dass die Information langfristig gespeichert bleibt. (Spezielle Hilfen zur Verbesserung der Gedächtnisleistung finden Sie in der Bibliografie am Ende des Buches.)

Dr. Tony Buzan entwickelte ein effektives Mittel, um sich Notizen zu machen, das so genannte *Mind-Mapping*. Diese Technik ist das genaue Gegenteil vom üblichen System, vollständige Sätze oder Stichpunkte aufzuschreiben. Dr. Buzan erklärt, dass bei der traditionellen Methode weniger als die Hälfte der Gehirnkapazität zum Einprägen neuer Informationen genutzt wird. Sie wirkt sogar der natürlichen Neigung des Gehirns entgegen, durch Assoziationen zu lernen und nach Mustern Ausschau zu halten. Sie verschleiert wichtige Ideen, ist monoton, macht unwirksam Gebrauch von der Zeit, in der jemand zuhört, und stellt keinen Anreiz für das Gehirn dar, eine Information zu erinnern. Folglich mindern wir unsere Konzentrationsstärke, betrachten Lernen als zeitraubend und unproduktiv, verlieren das Vertrauen in unsere Lernfähigkeit und die Lust am Lernen, da wir gegen die natürlichen Funktionsweise des Gehirns arbeiten. Die *Mind-Mapping*-Methode stützt sich dagegen auf Vorstellungen und Bilder von gedruckten Worten. Die abstrakten Begriffe gruppieren sich um ein zentrales Thema. Verschiedene Druckverfahren und der gezielte Einsatz von Leerräumen und symmetrischen Formen helfen dem Gehirn, sich an Begriffe zu erinnern, die mit dem zentralen Thema in Zusammenhang stehen.

Sie fragen sich nun vielleicht, was Zen mit *Mind-Mapping* zu tun hat? *Mind-Mapping* legt uns nicht auf die Worte der Botschaft fest. Unsere mentale Landkarte kann, anders als flache, eindimensionale Worte und Sätze, Hervorhebungen, Gegensätze, Gefühle und Komplexität einbeziehen. *Mind-Mapping* wirkt befreiend. Es befreit unser Gehirn von Barrieren, die ein effektives Lernen verhindern: Monotonie, Frustration und mangelhaftes Selbstwertgefühl. Es fördert außerdem Achtsamkeit, Konzentration und Kreativität.

Aufmerksamkeit im Konferenz – oder Klassenzimmer

Wenn wir uns nicht voll auf den Sprecher konzentrieren, hat die Information keine Chance, in unser Gedächtnis zu gelangen. Ich werde oft gefragt, wie man bei Marathonbesprechungen, vor allem langweiligen, die Aufmerksamkeit bewahrt. Der US-Kabel-fernsehsender CNN berichtete, dass laut einer demoskopischen Umfrage mindestens 38 Prozent der Befragten Schwierigkeiten hätten, sich in Meetings zu konzentrieren.

Warum sind einige dieser Besprechungen langweiliger als andere? Diese Frage stellte ich dreißig, nach dem Zufallsprinzip ausgewählten Teilnehmern in meinen Kursen. Sie wurden gebeten, die Aussage »Meetings sind langweilig oder reine Zeitverschwendung, weil _____. zu vervollständigen. Die meisten nannten einen der nachfolgenden vier Gründe: 1) weil sie keine aktive Beteiligung von mir oder meinem Team fordern; 2) weil eine klare Tagesordnung fehlt oder nicht eingehalten wird; 3) weil man damit sowieso nichts erreicht; und 4) weil jemand den Vorsitz führt, dessen Kommunikationsfähigkeit zu wünschen übrig lässt.

Die Kursteilnehmer empfanden nach eigener Aussage außerdem einen heimlichen Groll, weil sie gezwungen waren zuzuhören; folglich fiel es ihnen schwer, sich wieder »einzublenden«, wenn die Gedanken abschweiften. Im nächsten Kapitel werden Sie sehen, wie Sie als Moderator einer Mitarbeiterbesprechung die Anzahl der Zuhörer, die anderweitig beschäftigt ist, auf ein Mindestmaß reduzieren. Im Augenblick geht es jedoch um die Frage, wie Sie in Meetings achtsam werden und das Beste herausholen.

Allein die Bezeichnung »langweilig« deutet darauf hin, dass solche Aktivitäten nach Ihrer Auffassung kein klares Ziel haben und Zeitverschwendung sind. Wenn Sie gleichwohl Ihre innere Einstellung grundlegend ändern und eine Herausforderung oder »archäologische Fundstelle« darin sehen, um Ideen auf die Spur zu kommen, auf die Sie von alleine nicht gekommen wären, profitieren Sie davon. Einige der findigsten Unternehmer unserer Zeit sagen, dass sie ihre besten Ideen in völlig unerwarteten Situationen hatten. Ein Wort oder ein Satz kann eine Reihe von Assoziationen auslösen, die zu einer innovativen Erfindung oder Problemlösung führen. Nutzen Sie die *downtime* (die Leerzeit zwischen der Fähigkeit des Gehirns, eine Information zu verarbeiten, und dem Tempo des Sprechers), um die Informationen und ihre Bedeutung für aktuelle Entwicklungen, Artikel, die Sie darüber gelesen haben, oder Auswirkungen auf künftige Projekte noch einmal Revue passieren zu lassen. Bleiben Sie mit Ihrer Aufmerksamkeit in der Gegenwart, mit dem Sprecher im Vordergrund. Stellen Sie fest, wie sich ein bestimmtes Informationsbruchstück oder ein bestimmtes Thema in den Gesamtzusammenhang einfügt.

Ich war zum Beispiel aufgefordert, an einer Besprechung auf Führungsebene in unserer Klinik teilzunehmen; es ging um die Parkprobleme der Mitarbeiter, ein Thema, das man durchaus als langweilig bezeichnen könnte. Statt mir diese Einstellung zu Eigen zu machen, trat ich »emotional« einen Schritt zurück und bekam zu meinem Erstaunen eine breit gefächerte Palette von Lösungsmöglichkeiten zu hören. Einige waren praktisch, andere bequem, aber kostspielig, und manche originell. Ein Teilnehmer schlug einen ethischen Ansatz vor. Durch die Kombination verschiedener Ideen schafften wir es per Abstimmung, uns mehrheitlich auf eine Lösung zu einigen. Wenn ich mir zwanzig Minuten Zeit genommen hätte, um im stillen Kämmerlein über die Optionen nachzudenken, wären mir bestenfalls ein paar eingefallen. Zuhören ohne innere Barrieren bedeutet, für unterschiedliche Sichtweisen aufgeschlossen zu sein; durch diese Erfahrung erweiterte sich an jenem Tag der Horizont für die Bewältigung meiner eigenen beruflichen Herausforderungen.

Wenn eine aktivere Methode nötig ist, stellen Sie sich mutig als Protokollführer zur Verfügung. Das setzt voraus, dass Sie ganz Ohr sind. Die Erfahrung hat mich gelehrt, wie wichtig es ist, sich auf diese Weise einzubringen, selbst bei einer Besprechung, die wenig mit meinem Arbeitsgebiet zu tun hatte. Als mir die Aufgabe überantwortet wurde, Protokoll zu führen (die Sekretärin befand sich im Krankenstand), verließen sich andere darauf, dass ich mich in die Themen vertiefte, die zur Diskussion standen.

Während ich mitschrieb, merkte ich, dass die Vorschläge einer Kollegin helfen könnten, die Probleme mit einem ihrer Projekte hatte. Ich spürte, wie ich mich immer mehr mit den Belangen dieser Gruppe identifizierte. Am Ende der Besprechung war ich nicht nur in der Lage, dem Teamleiter einen detaillierten Bericht vorzulegen, sondern hatte auch Tipps für meine Freundin parat und das eine oder andere für mich selbst dazugelernt.

Die übliche Denkweise hätte bewirkt, dass ich mich innerlich distanziere, Däumchen drehe und vor Langeweile dauernd auf die Uhr schaue. Nun hatte ich ein schlechtes Gewissen, weil mir Besprechungen früher langweilig vorgekommen waren – lauter verpasste Gelegenheiten! Viele meiner Kursteilnehmer zögern, die Funktion des Protokollführers zu übernehmen, weil sie daran zweifeln, dass sie alles mitbekommen; schließlich waren sie lange Zeit passive Teilnehmer. Doch mit entsprechender Übung wird der Lohn der Mühe umgehend sichtbar, und sie reißen sich um die Chance, der Sekretärin eine Verschnaufpause zu verschaffen.

Protokoll führen ist, wie andere in diesem Buch beschriebene Übungen, für einige eine beängstigende Aufgabe – eine Herausforderung, die an unseren inneren Barrieren rüttelt und unsere Konzentrationsfähigkeit auf eine harte Probe stellt. Aber solche hochgesteckten mentalen Ziele warten jeden Tag auf Sie, direkt vor Ihrer Tür; Sie müssen nur den ersten Schritt tun und sich darauf einlassen.

Namensgedächtnis

Es schmeichelt uns, wenn sich jemand an unseren Namen erinnert. Wir haben ein gutes Gefühl, was unsere Individualität, den Eindruck, den wir gemacht haben oder die Möglichkeit einer künftigen Beziehung betrifft. Wenn jemand gesteht, dass er sich zwar an unser Gesicht erinnert, aber unser Name ihm entfallen sei (leider!), sind wir weniger begeistert.

Ein schlechtes Namensgedächtnis ist eines der häufigsten Kommunikationsprobleme, aber es lässt sich mit der entsprechenden Übung und Denkweise leicht lösen. Der Komiker Paul Rieser hatte für dieses Dilemma eine ideale Lösung gefunden. Er schlug vor, die Namen ganz wegzulassen und sich bei der Anrede auf die charakteristischen physischen Merkmale zu beziehen. Statt zu sagen: »Jim, das ist Mary«, könnte man die beiden mit den Worten bekannt machen: »He, Elefant im Porzellanladen, komm her, ich würde dich gerne mit Essensreste in den Zähnen bekannt machen!« Diese Methode hat etwas für sich.

Denken Sie an die Namen, an die Sie sich erinnern können, und fragen Sie sich nach dem Grund. Natürlich fallen uns die Namen unserer Familienangehörigen auf Anhieb ein, aber können Sie sich erklären, warum Ihnen Harold, eine kurze Bekanntschaft, die zwölf Jahre zurückliegt, noch immer gegenwärtig ist? Erinnert Sie der Name an den Film *Harold and Maude*, den Sie sich damals gemeinsam angeschaut und wo Sie über seinen Vorlieben in puncto Kino gescherzt haben? Oder liegt es daran, dass er eine »Karikatur« Ihres gleichnamigen Onkels war? Irgendeinen Grund muss es geben, denn schließlich sind Ihnen die Namen von Leuten, mit denen Sie vor zwölf Jahren wesentlich mehr Zeit verbracht haben, entfallen. Bestimmt hat die Assoziation mit etwas, das Ihnen bereits vertraut war, den Namen Harold unvergesslich gemacht.

Wie wäre es mit einem kleinen Experiment: Jedes Mal, wenn Sie jemanden kennen lernen, verbinden Sie ein augenfälliges Merkmal mit seinem Namen. Wenn es sich beispielsweise um eine Frau handelt, die nur aus Haut und Knochen besteht und Doro heißt, merken Sie sich: die dürre Doro. Wenn Sie der Dame das nächste Mal über den Weg laufen, wird Ihnen auf Anhieb das charakteristische Merkmal – dürr – wieder einfallen, zusammen mit dem Namen Doro. Vielleicht gab es außerdem einmal eine Namensvetterin in Ihrem Leben, die *dieser* Doro ähnelt.

Um mir einen Namen besser einzuprägen, wiederhole ich ihn mehrmals. Das heißt: 1) bei der Begrüßung; 2) jedes Mal, wenn ich eine Bemerkung einflechte; und 3) am Ende des Gesprächs. Den Leuten gefällt es, mit Namen angesprochen zu werden, aber Sie sollten es nicht übertreiben. Sie befinden sich zu diesem Zeitpunkt bereits in ihrem Film und sammeln Informationen über Ihren Gesprächspartner, eine Mischung, in der das Namenselement fest verankert ist. Die Wiederholung des Namens während der Unterhaltung hilft Ihnen, die mentalen Verbindungen für den späteren Abruf aus dem Gedächtnis herzustellen. Wenn Sie die Absicht haben, eine Arbeitsbeziehung zu dieser Person zu entwickeln, hört es sich natürlich an, wenn Sie den Namen wiederholen. Falls Sie dagegen hoffen, dass Ihr neuer Bekannter Ihnen ein Abendessen mit allen Schikanen spendiert, könnte man die häufige Verwendung des Namens als »faulen Zauber« auslegen.

Als zusätzliche Absicherung können Sie gleich nach dem Gespräch den Namen und einige Stichpunkte zu einem neuen Bekannten notieren. Lesen Sie die Aufzeichnungen hin und wieder nach, und merken Sie sich die Assoziationen, vor allem wenn sich Ihre Wege wieder kreuzen könnten. Diese »Generalprobe« (bei der Sie, während Sie den Namen wiederholen, das Gesicht der Person vor sich sehen und im Ohr haben, worüber gesprochen wurde) ist sehr hilfreich bei ungewöhnlichen Namen.

Da die kulturelle Vielfalt in unserer Gesellschaft immer größer wird, hören wir mehr Namen, die uns nicht vertraut sind. Dadurch wird die Assoziationsmethode praktisch nutzlos. In meiner Klinik arbeiten Ärzte und Krankenschwestern aus aller Herren Länder. Es ist schwer, Namen wie Fanghua, Sangbaek und Thanatip richtig auszusprechen, geschweige denn, sie zu behalten. Die ausländischen Kollegen fühlen sich bereits durch die Sprachbarriere und kulturellen Unterschiede im Abseits, und das Gefühl der Isolation wird noch verstärkt durch die Belegschaftsangehörigen, die in Amerika geboren sind und davor zurückscheuen, eine Unterhaltung mit ihnen zu beginnen, aus Angst, die Namen falsch auszusprechen. Abkürzungen und Spitznamen kommen uns leicht über die Lippen, aber wir können nicht erwarten, dass unsere ausländischen Mitbürger ihren Namen ändern, nur weil es für uns bequemer wäre.

Die meisten Leute wissen es zu schätzen, wenn sie mit ihrem Namen angesprochen werden. In meinen Sprachkursen für Ausländer sehe ich es als persönliche Herausforderung an, die Namen von zwanzig und mehr Teilnehmern innerhalb einer Woche auswendig zu lernen. Dieses Bindeglied in der Kommunikation schafft die Voraussetzungen für Offenheit und Selbstentdeckung. Der erste Schritt besteht darin, sich zu vergewissern, dass Sie den Namen richtig aussprechen. Wenn es sich um ungewohnte Namen handelt, fragen Sie so lange nach, bis die Aussprache stimmt. Wenn buchstabieren nicht hilft, notieren Sie auf einem Blatt Papier die phonetische Schreibweise, die der richtigen so nahe wie möglich kommen sollte. Sich mit dem Namen vertraut zu machen ist ein unerlässlicher erster Schritt, und ich habe noch nie jemanden kennen gelernt, der nicht bereit gewesen wäre, Geduld mit mir zu haben, bis er hundertprozentig »sitzt«. Dann wiederhole ich den Namen mehrere Male während der Unterhaltung. Kurz danach rufe ich mir das Gespräch und den Namen ins Gedächtnis zurück. Das bedarf fortwährender Übung, doch der Erfolg wird Sie darin bestärken, sich diese Technik anzugewöhnen.

Übrigens, falls Sie den Namen vergessen, fragen Sie noch einmal nach und starten einen weiteren Versuch, ihn sich zu merken. Andernfalls wissen Sie ja, was Ihnen blüht: Sie müssen verzweifelt Ihr Gedächtnis durchforsten, so dass Ihnen das meiste entgeht, was Ihr Gesprächspartner sagt. Meine Kursteilnehmer sind zuerst skeptisch, wenn ich behaupte, dass man ihnen die Erinnerungslücke nicht übel nimmt. Im Gegenteil, diejenige Person, deren Name Ihnen partout nicht mehr einfällt, finden Ihr Verhalten bewundernswert (dass Sie das Manko offen eingestehen) und sehen darin ein Zeichen Ihres Selbstvertrauens (dass Sie ihn sich beim zweiten Anlauf einprägen). Außerdem zeigt es, dass Ihnen Ihr Gesprächspartner wichtig genug ist, um über Ihren Schatten zu springen und einen Fauxpas zu bekennen.

Wenn Sie jemandem begegnen, den Sie nur flüchtig kennen, stellen Sie sich zu Beginn noch einmal mit Namen vor. Ihr Gesprächspartner wird Ihnen dankbar sein, dass Sie seine Erinnerung aufgefrischt haben, und Sie können sich beide auf die Botschaft konzentrieren, statt in Gedanken Namen raten zu spielen.

Den Namen der Person während des Gesprächs in regelmäßigen Abständen zu wiederholen mag Ihnen zunächst sonderbar vorkommen, aber nach und nach wird Ihnen diese Technik in Fleisch und Blut übergehen. Wir sind gewöhnt, aus der Distanz heraus, als unbeteiligte Zuschauer, Kontakt zu anderen herzustellen. Wenn Sie die Hauptperson im Film, in den Sie sich einblenden, auch noch mit dem richtigen Namen in Verbindung bringen, können Sie sich einen Schritt näher kommen und einander kennen lernen.

Achtsames Zuhören: physische Voraussetzungen

Vom physischen Standpunkt können Sie einiges tun, um Ihre Fähigkeit, aufmerksam zuzuhören, grundlegend zu verbessern. Als Erstes sollten Sie sich einige Fragen stellen.

Bekommen Sie genügend Schlaf? Wie können Sie ein achtsamer Zuhörer sein, wenn Ihr Verstand nicht richtig wach ist und auf Hochtouren arbeitet? Die meisten Menschen brauchen nachts sieben bis acht Stunden Schlaf, um fit zu sein und sich voll zu konzentrieren. James Maas, Autor des Buches *Power Sleep,* behauptet, dass wir bei Meetings nicht wegen des Inhalts, der Raumtemperatur oder des schweren Mittagessens einschlafen, sondern weil unser Schlafmangel auch auf der physischen Ebene sichtbar wird. Da unser Bewusstsein im Schlaf nicht die gleiche Kontinuität und Konzentrationsstärke besitzt wie das Wachbewusstsein glauben die meisten, unsere Gehirn sei im Schlaf ausgeschaltet. Das genaue Gegenteil ist der Fall. Die REM-Phase des Schlafes, durch rasche Augenbewegungen und lebhafte Traumtätigkeit gekennzeichnet, wird auch *paradoxer Schlaf* genannt, weil Gehirn und Atemsystem hochgradig aktiv sind, während der Muskeltonus des Körpers völlig entspannt wirkt. Der REM-Schlaf aktiviert die für das Speichern von Ideen und Erinnerungen zuständigen neuralen Schaltkreise. Ohne diese Speicherzyklen, die wir im REM-Schlaf erwerben, würde es uns schwer fallen, uns an das zu erinnern, was wir im Lauf des Tages hören.

Wie entfacht man das innere Feuer, das den aufmerksamen Zuhörer kennzeichnet? Manchmal finden die wichtigsten Besprechungen unmittelbar nach dem Mittagessen statt. Statt uns ganz der Botschaft zu widmen, ist unser Körper mit Verdauen beschäftigt. Völlerei kann zu Schläfrigkeit und somit zu einer Beeinträchtigung unserer Aufmerksamkeit führen. Durch Hunger und zu viel Koffein werden wir nervös und leicht ablenkbar. Einige Leute sind der Meinung, dass sich ihre Kommunikationsfähigkeit nach dem Genuss von Alkohol verbessert. Sie fühlen sich entspannter und weniger gehemmt. Dummerweise ist die Informationsverarbeitung unter Einfluss von Alkohol nicht mehr *präzise*, und oft fällt es schwer, überhaupt wach zu bleiben. Außerdem nimmt das Gedächtnis nachgewiesenermaßen auf lange Sicht Schaden durch Alkohol.

Gingko-Präparate, mit Vorsicht verwendet (sie sollten nicht in Verbindung mit Medikamenten zur Behandlung von Herzerkrankungen genommen werden), werden als gedächtnisfördernd angepriesen. Es scheint gleichwohl noch keine wissenschaftlichen Untersuchungen zu geben, die diese Annahme belegen.

Um die Fähigkeit, achtsam zuzuhören, zu maximieren, sollten Sie Menge und Art der Nahrungsmittel kennen, die Bestleistungen des Gehirns fördern. Wenn Sie beim Essen und Trinken gerne über die Stränge schlagen, kann das schlimme Folgen für Ihre Aufmerksamkeit und Konzentration haben.

Sind Sie nervös oder niedergeschlagen? Nervosität und Niedergeschlagenheit erschweren die Achtsamkeit oder den Einstieg in den Film Ihres Gesprächspartners. Mentale Barrieren (wie in Kapitel 4 beschrieben) sorgen für erhebliche Ablenkungen, genau wie innere Konflikte, die Ihre Aufmerksamkeit in

Anspruch nehmen (siehe Kapitel 5). Achtsames Zuhören kann auch unter physischer Anspannung leiden; Letztere lässt sich durch Meditation erheblich abbauen.

Wann habe Sie das letzte Mal von Ihrem Arzt eine Generaluntersuchung durchführen lassen? Physiologische Störungen können die Gedächtnisleistung schwächen. Über die Auswirkung von Alkohol und Koffein haben wir bereits gesprochen, aber die Fähigkeit, Informationen zu verarbeiten und abzurufen, kann auch durch bestimmte Medikamente beeinträchtigt werden.

Hormonstörungen wurden ebenfalls für Gedächtnis- und Lernprobleme verantwortlich gemacht. Bei Frauen mit Östrogenmangel kommen oft kognitive Störungen hinzu. Laut einer Studie, zitiert im *Journal of the American Medical Association,* erkranken zwei- bis dreimal mehr Frauen an Alzheimer als Männer. Dr. Roberta Diaz Brinton von der University of Southern California erklärt, dass »einige Östrogene die Zellmechanismen aktivieren, die für das Lernen und Behalten zuständig sind, und sie vor einer Schädigung durch Freie Radikale und einigen Beeinträchtigungen schützen, die mit der Alzheimer-Krankheit in Verbindung gebracht werden«. Diabetiker sollten ebenfalls ihren Arzt aufsuchen, wenn die Merkfähigkeit rapide nachlässt.

Kritisches Zuhören

Achtsames Zuhören ist die Grundlage für kritisches oder differenziertes Zuhören. Angesichts der heutigen Informationsflut fehlt uns einfach die Zeit, alles anzuhören; deshalb müssen wir zwischen dem entscheiden, was wir hören *sollten,* und dem, was wir hören *möchten.* In Amerika gibt es ungefähr achtzehnhundert Talksendungen im Rundfunk. Wenn es in einer um das Thema geht, wie man das Herzinfarkt-Risiko verringert, ist der Reiz groß, zur *Jarry Springer Show* zu switchen. Manchmal wollen wir nicht informiert, sondern lediglich unterhalten werden: Wir beobachten, wie außergewöhnliche Menschen außergewöhnliche Leistungen vollbringen, oder wir sind neugierig auf die Motive eines Massenmörders. In solchen Situationen sollten wir uns fragen: »Kann ich irgendeinen Nutzen aus dieser Sendung ziehen? Oder verstärkt sie lediglich den Lärm in meinem Inneren und festigt die mentalen Barrieren, die ich abzubauen versuche?«

Es ist unerlässlich, die Qualität und Integrität von Diskussionen, Werbung und Berichterstattung in den Medien zu prüfen, die in hohem Maß beeinflussen, welches Auto wir uns zulegen, welchem Kandidaten wir bei einer Wahl unsere Stimme geben, welche Vitamine wir zu uns nehmen, wie viel Kaffee wir trinken, welche Aktien wir kaufen und wie viel Sport wir treiben. Da unsere Aufmerksamkeitsspanne kurz ist, fühlen wir uns zu den spektakulären Sprechern und Werbebotschaften hingezogen, die unser Augenmerk fesseln, und sind geneigt, die langatmigen oder weniger attraktiven auszuklammern, die oft besonders informativ sind.

Als achtsame Zuhörer nehmen wir eine objektive Haltung ein und sind an der Wahrheit interessiert. Wir sind uns der Methoden bewusst, die von den Medien eingesetzt werden, um zu überzeugen und zu verkaufen. Eine Werbeagentur entdeckte beispielsweise, dass sich unsere Aufmerksamkeitsspanne trotz der langen schulischen Ausbildung auf ganze zweiundzwanzig Sekunden beläuft. Genauso lange, wie ein durchschnittlicher Werbespot im Fernsehen dauert! Heute hat die informierende Werbung – die so genannten *Infomercials* – diese Spanne auf fünfzehn Minuten und mehr erweitert. Dort bekommt man begeisterte, gut aussehende Berühmtheiten zu Gesicht, die mit der Geschwindigkeit eines Schnellfeuergewehrs die Vorzüge eines Produktes anpreisen.

Als achtsame Zuhörer wissen wir gleichwohl, dass die Augen unseren Ohren häufig voraus sind. Lesley Stahl vom US-Reportage-Magazin *60 Minutes* beschreibt in *Reporting Live*, wie das Fernsehen unser Denkvermögen außer Kraft setzt. Sie wollte in einer Reportage aufdecken, wie Präsident Reagan das Fernsehen als Mittel zur Selbstdarstellung benutzte: Das Bild, das er von sich selbst entwarf, widersprach seiner wirklichen Haltung zu Themen wie Spendensammlungen für Behinderte oder bessere Seniorenheime. Stahl belegte ihre Behauptung mit reichlich Fotomaterial, das Reagan bei der Einweihung eines Pflegeheims und beim Überreichen der Medaillen an Teilnehmer der Behinderten-Olympiade zeigte. Trotz der Stimme aus dem Hintergrund, mit der sie Reagans »ungeschminkten« Standpunkt entlarvte, war das Weiße Haus hocherfreut über die Reportage. Man ließ verlauten, die Kritik sei bei den Fernseh*zuschauern* auf taube Ohren gestoßen, weil sich deren Interesse auf den visuellen Teil des Berichts beschränke. Kurze Zeit später wurde Stahls Beitrag einer Testgruppe gezeigt, die aus hundert Zuschauern bestand, und zwar ohne Tonspur. Auf die Frage, worum es in dem Bericht ging, erklärten sie übereinstimmend, das sei eine politische PR-Sendung. Der Clip wurde erneut vorgeführt, dieses Mal mit Stahls kritischem, hörbarem Kommentar. Trotzdem blieb die Hälfte der Zuschauer bei der Meinung, die Reportage rühre die Werbetrommel für Reagan!

Stahl sagt: »Anders als beim Lesen oder Radiohören ›lernen‹ wir beim Fernsehen mit zwei Sinnen gleichzeitig, und allem Anschein nach dominiert das Auge ... Wir lösen eine emotionale Reaktion aus: Die Information wird nicht immer an den denkenden Teil unseres Gehirns weitergeleitet, sondern an den Instinkt.« Als Wähler und Verbraucher sollten wir uns der Neigung bewusst sein, Informationen unausgewogen aufzunehmen. Wenn wir besser zuhören, können wir kompetentere Entscheidungen treffen.

Nachfolgend finden Sie einige Frage, die Sie sich stellen sollten, wenn Sie sich Sendungen im Fernsehen oder Radio *anhören*: Was spricht für bzw. gegen den Standpunkt, den der Sprecher vertritt? Kritisches Zuhören bedeutet, Zusammenhänge zwischen dem herzustellen, was der Sprecher befürwortet, und dem, was Sie bereits gesichert wissen oder aus eigener Erfahrung kennen.

Wurden die Fakten präsentiert und stichhaltig belegt? Wenn nein, warum nicht? Ist der Sprecher Experte auf diesem Gebiet? Welche kurz- und langfristigen Folgen haben seine Hypothesen? Ist er voreingenommen?

Pharmazeutische Firmen sind sich unserer »Hörschwächen« bewusst, vor allem für Verbraucher, die keine fundierten medizinischen Kenntnisse besitzen. Ein rasant wachsender Teil der Bevölkerung gibt Millionen für Gesundheitsprodukte und kosmetische Erzeugnisse aus, die langes Leben und ewige Jugend versprechen. Selbst wenn sie nur alle paar Monate Vitamin-C-Zusatzpräparate kaufen, nimmt die Pharmaindustrie Sie mit ihrer Werbung gezielt ins Visier. Der Gedanke, mit einer Pille unser Gedächtnis oder unseren Energiespiegel zu verbessern, ist verlockend. Warum auch nicht? Schließlich sind bereits wirksame Medikamente gegen Fettpolster, Depressionen und Übermüdung auf dem Markt! Warum nicht auch auf die Wunderwirkung einer Pille vertrauen, die unsere Intelligenz steigert?

Firmen, die pflanzliche Arzneien verkaufen, müssen in ihren Fernseh-Werbespots glaubhafte Informationsquellen nennen, genau wie die Konzerne, die für Aspirin und säureneutralisierende Mittel werben. Bestenfalls nehmen sie dafür eine Hand voll zufriedener Kunden (oder Leute, die dafür bezahlt werden, zufriedene Kunden zu mimen) und die Referenz einer glaubwürdigen Person. Reicht das aus, um Sie zu überzeugen, dass Sie ein stattliches Sümmchen für eine Pille ausgeben? Manchmal schon. Um auch die Zauderer zu bekehren, zitieren solche Firmen gerne die positiven Ergebnisse wissenschaftlicher Untersuchungen. Was der Durchschnittsverbraucher nicht zu hören bekommt, sind Antworten auf die Fragen, ob die Anzahl der Teilnehmer groß genug und repräsentativ war, ob die Studie streng auf Genauigkeit überprüft oder ob sie von einer namhaften Organisation, zum Beispiel einer bekannten Klinik oder wissenschaftlichen Institution, überwacht wurde.

Darüber hinaus ist es schwierig, wenn nicht gar unmöglich, einen nicht fassbaren Nutzen wie Energie oder Gedächtnisleistung zu quantifizieren. Sich wieder jung und in geistiger Höchstform zu fühlen ist eine subjektive Angelegenheit. Ein unkritischer Zuhörer wird den geforderten Betrag blind auf den Tisch blättern, auch ohne stichhaltige Beweise für die Richtigkeit der Behauptungen. Die Werbung für Gesundheitsprodukte ist ein Schauplatz von vielen, auf denen es gilt, Augen *und* Ohren aufzusperren.

Wie gut sind *Sie* auf die auditiven Herausforderungen des 21sten Jahrhunderts vorbereitet? Wenn Sie das Fundament des achtsamen Zuhörens entwickeln, sind Sie optimal für die wachsende Informationsflut, kulturelle Vielfalt und Werbeorgien der Medien gerüstet, die für das neue Millennium vorhergesagt wurden.

Fragen Sie sich:

- Sind Sie ein guter Zuhörer?
- Hören Sie gesammelt und konzentriert zu, um die Gültigkeit von Argumenten und Beweisen durch Vergleich mit Ihrem vorhandenen Wissen zu überprüfen?
- Können Sie Informationen verarbeiten, die Ihrer Überzeugung widersprechen, ohne sich zu verteidigen oder zu streiten?
- Sind Sie in der Lage, hinter die Fassade der Attraktivität und Sensation zu blicken, um den Nutzen einer Ware oder Dienstleistung objektiv zu beurteilen?
- Haben Sie Ihre negativen inneren Dialoge unter Kontrolle, oder misstrauen Sie Ihrer Intuition?

Kortikales Fitnesstraining

1. Bevor Sie eine Chance wahrnehmen, achtsam zuzuhören, beispielsweise bei einer Diskussion im Rundfunk oder Fersehen, gehen Sie noch einmal die oben genannten Fragen durch. Sprechen Sie mit Freunden über Ihre Antworten, die sich die

Sendung ebenfalls angesehen oder angehört haben. Führen Sie diese Übungen regelmäßig mit einem Partner durch.

2. Melden Sie sich zu einem Fortbildungskurs an, zum Beispiel an der Volkshochschule. Diese kosten nicht die Welt und dauern unterschiedlich lang, je nach Format. Sie können auch Vorträge oder einen Crashkurs besuchen, um Ihr Fähigkeiten und Fertigkeiten zu erweitern.

3. Wenn Sie sich eine Ausstellung in einem Kunstmuseum anschauen, sollten Sie nicht auf den Pfennig achten und sich eine Führung (auf Audiokassette) leisten. Sie ist nicht nur kurzweilig, sondern fördert auch die Wertschätzung und das Verständnis der Kunstwerke: Sie informiert über die Geschichte, die mit den Exponaten verbunden ist, die Stimmung des Künstlers oder Ereignisse, die seine Arbeit beeinflusst haben.

11

WIE SIE ANDEREN HELFEN,
BESSER ZUZUHÖREN

Es macht keinen Sinn, irgendwo hinzugehen,
um zu predigen,
wenn nicht jeder Schritt unsere Predigt ist.

FRANZ VON ASSISI

Warum lernen wir aufmerksames Zuhören nicht in der Schule? Angesichts seiner Bedeutung für das Lernen – Mathematik, Naturwissenschaften und Lesen, ganz zu schweigen von den anderen Fähigkeiten, die wir brauchen, um das Leben zu meistern – sollte man meinen, dass Zuhören im Lehrplan einen hohen Stellenwert hat. In jeder Bibliothek finden wir eine Unzahl von Büchern über kreatives Schreiben oder Rhetorik, während Bücher über das Zuhören – eine der größten Kommunikationsschwächen unserer Gesellschaft – dünn gesät sind.

In der Adoleszenz erhält das Zuhören mehrere negative Nebenbedeutungen. Wenn jemand »Hör zu« sagt, lesen wir aus diesen Worten »Pflichte mir bei« oder »Tu, was ich dir sage« heraus und sehen darin eine stillschweigende Aufforderung, Kontrolle an den Sprecher abzugeben und uns unterzuordnen. Ist es nicht eine Ironie des Schicksals, dass die Mahnung des Lehrers

261

»aufzupassen«, die häufigste ist? In meiner Kindheit hieß das im Klartext: »Schaut zu mir auf, ihr Ungläubigen; hier wird nicht getan, was euch Spaß macht, sondern gelitten, während ich rede.«

Durch solche negativen Assoziationen ist das Zuhören in Verruf geraten. Wenn wir erwachsen sind, haben wir gelernt, Zuhören als passive und Reden als aktive Tätigkeit einzustufen, die Führungsstärke signalisiert. In den Wahlveranstaltungen im Fernsehen werden die Kandidaten selten beim Zuhören gezeigt. Zuhören ist ein innerer, stummer Prozess, ihm fehlt der visuelle Glamour, der nötig ist, um die Aufmerksamkeit der Wähler zu fesseln. Im realen Leben verbringt der Durchschnittspolitiker mindestens siebzig Prozent seiner Arbeitszeit mit Zuhören, heißt es. Macht es da nicht Sinn, den besseren Zuhörer zu wählen?

Im Juli 1999 mischte sich Hillary Rodham Clinton im Rahmen ihrer Kandidatur für den New Yorker Senat unter das Volk, um ihm »aufs Maul zu schauen«. Diese Wahlstrategie, die nicht aus Reden, sondern aus Zuhören bestand, war neu und durchaus sinnvoll. Zum einen kannten die New Yorker Mrs. Clinton besser als die First Lady ihre potenziellen Wähler, zum anderen blieb ihr, verglichen mit der Konkurrenz, wenig Zeit, um sie kennen zu lernen. Sie wählte den direkten Weg, um Kontakt herzustellen: Sie beschloss, sich ihre Sorgen und Nöte *anzuhören*. Der Ausgang des Rennens um den Senatsposten stand zum Zeitpunkt, als das Buch geschrieben wurde, noch nicht fest, aber man darf gespannt darauf sein, wie die Wähler auf diese neuartige Herangehensweise reagieren.

In amerikanischen Schulen konzentriert sich der Unterricht auf Lesen, Schreiben und *Reden*. Wie Madelyn Burley-Allen in ihrem Buch *Listening – the Forgotten Skill* erwähnt, sind für Übungen, die das Zuhören verbessern, zusammengenommen nur sechs Monate im Lehrplan veranschlagt, und sie werden häppchenweise und ohne klar strukturiertes Format dargeboten. Doch in diesen grundlegenden Fächern lassen sich nur dann persönliche Bestleistungen erzielen, wenn man fähig ist, aufmerksam zuzuhören und sich zu konzentrieren. Von Grundschülern wird erwartet, dass sie durchschnittlich 57,5 Prozent der Unterrichtszeit mit Zuhören verbringen; an der Highschool sind es 66 Prozent, und bei College-Studenten zwischen 52 und 90 Prozent.

Vielleicht ist Zuhören eine der »vergessenen« Fähigkeiten, von denen Lehrer annehmen, sie würden bereits im Elternhaus erworben. Wenn Sie das Glück hatten, in einer großen diskussionsfreudigen Familie aufzuwachsen, haben Sie von klein auf gelernt, andere zu Wort kommen zu lassen, zu debattieren und kritisch zuzuhören. Dieses Training noch vor Beginn der Schulzeit bereitet uns auf das logische Argumentieren, die Analyse von Informationen (in verbaler oder schriftlicher Form) und das Geben und Nehmen vor, das unerlässlich ist, um Freundschaften zu schließen.

Sogar Hunde erhalten ein gewisses Grundlagentraining von ihren Müttern, bevor sie in die Obhut des Menschen überwechseln. Bevor ich meinen heiß geliebten Spud aus einem Wurf in der Nachbarschaft mit nach Hause nahm, hatte ich ein Buch mit dem Titel *Mother Knows Best* gelesen. Darin hieß es, dass Hundemütter, ihrem Instinkt folgend, den Welpen beibringen, sich beim Trinken abzuwechseln, sich Stärkeren zu unterwerfen, ihr Fell zu pflegen und ihre Nahrung zu verteidigen. Die Hundemutter schafft bestimmte Grundvoraussetzungen, und es bleibt den zweibeinigen Hundehaltern überlassen, ob sie daran anknüpfend die nächsten Trainingsphasen einleiten.

Der Mangel an vorschulischem Grundlagentraining im Elternhaus erschwert vielen Kindern das Lernen. Wären Konzentration und aufmerksames Zuhören bereits in jungen Jahren gefördert worden, könnten die Lehrer ihrer eigentlichen Funktion nachkommen und Lerninhalte vermitteln, statt ständig Schüler zu maßregeln, die das Lernen nie »gelernt« haben. Wenn mehr Zeit für den Lehrstoff bliebe, wären die Noten vermutlich besser, was letztendlich zu mehr Zufriedenheit und Selbsterfüllung im Erwachsenenalter führen könnte. Ich schlage vor, die moralischen Konflikte im Alltag, Urlaubsplanung, Haushaltspflichten,

Sport usw. als Standardthemen in die tägliche Unterhaltung bei Tisch, während der Autofahrt oder vor dem Zubettgehen aufzunehmen.

Kinder in einen Kurs zu schicken, damit sie aufmerksamer zuhören, ist keine Lösung, vor allem wenn man dieser Fähigkeit nicht den gleichen Stellenwert wie den naturwissenschaftlichen Fächern oder Mathematik beimisst. Kinder lernen am besten durch beobachten und nachahmen des Verhaltens. Deshalb sollten Eltern ein Vorbild sein, wenn es gilt zuzuhören, nicht nur im häuslichen Bereich, sondern auch bei Sozialkontakten außerhalb der eigenen vier Wände. Gehen Sie Ihren und/oder anderen Kindern mit gutem Beispiel voran; leben Sie ihnen vor, dass man kontroverse Diskussionen und Meinungsvielfalt nicht nur zulassen, sondern sogar begrüßen sollte.

Kinder sollten frühzeitig begreifen, dass alternative Handlungsweisen nicht mit einer Wertung einhergehen müssen. Vermeiden Sie abfällige Bemerkungen, wenn Sie sich einen Film anschauen oder Menschen mit ungewohntem Kleidungsstil begegnen. Gleichen Sie die negativen Aspekte einer Erfahrung durch positive Beobachtungen aus. Verharren Sie nicht im Schwarz-Weiß-Denken, sondern geben Sie den Grauzonen Raum, bevor Sie eine endgültige Entscheidung treffen. Zeigen Sie bei Routinetätigkeiten auf, wie man mit anderen Methoden zum selben Ergebnis gelangt: Wählen Sie beispielsweise eine andere Route zu einem bekannten Ziel, und achten Sie auf die Reaktion Ihres Kindes. Erklären Sie ihm, dass es Spaß macht, hin und wieder aus dem alten Trott auszubrechen und neue Wege zu gehen, auch wenn sie anfangs zeitaufwendiger sind. Oder besuchen Sie mit Ihren Kindern ein ausländisches Restaurant. Um die Chancen zu erhöhen, dass sie die Pommes-Pause genießen, erkundigen Sie sich beim Ober, was gleichaltrige Kinder in seiner Heimat mögen. Es ist trotzdem möglich, dass sie der Küche nichts abgewinnen können, aber weisen Sie auf die Gelegenheit hin zu sehen, wie man in anderen Ländern isst. Eine neue Erfahrung muss nicht immer rundum zufrieden stellend sein, um einen Nutzen zu haben.

Kinder lernen zuzuhören, wenn sie merken, dass man ihnen zuhört. Auch sie möchten das gute Gefühl weitervermitteln, das sich dabei einstellt, genau wie Erwachsene. In meinem *Utopia* stelle ich mir Familien vor, die sich jeden Morgen vor Beginn von Arbeit und Spiel zusammensetzen, um zehn bis fünfzehn Minuten gemeinsam zu meditieren. Damit könnte man mentale Turbulenzen glätten und durch ständige Übung die Fähigkeit weiterentwickeln, das aufzunehmen, was der Tag bringt. Dem stillen, friedlichen Gespräch würde mehr Aufmerksamkeit und Gewicht beigemessen als den Fernseh- oder Radiosendungen, die wahllos konsumiert werden. Durch gutes Zuhören würde man in unserer Gesellschaft lernen, Eltern und Lehrern mit mehr Respekt und Loyalität, den schwierigen »Kunden« in unserem Leben mit mehr Einfühlungsvermögen und Menschen aus anderen Kulturen mit mehr Toleranz zu begegnen.

Eine andere bewusstseinsbildende Erfahrung habe ich im Rahmen meiner Arbeit als Stimmtrainerin gemacht. Ich gab damals Kurse zur Verbesserung des »phonetischen Image«, die von Top-Führungskräften, die vor großem Publikum reden mussten, Verkaufspersonal und viel versprechenden politischen Kandidaten besucht wurden. Hauptthema war nicht, *was* man sagt, sondern *wie* man es sagt. Dieser Kurs erfreute sich wachsender Beliebtheit, da die Medien keinen Hehl aus ihrer Meinung über die Kontrahenten in der politischen Arena abgaben, insbesondere vor Wahlen. Ronald Reagan ging als »Der Große Kommunikator« in die Geschichte ein, nicht etwa weil er aufmerksam zuhörte oder seine Worte mit Bedacht wählte, sondern wegen seiner charismatischen Stimme und einer Ausstrahlung, neben der sich alle anderen wie Statisten ausmachten. Außerdem hatte er einen hervorragenden Redenschreiber. George Bush bildete dazu einen auffallenden Kontrapunkt. Seine schwache, weinerliche Stimme und die aufgeregten Reaktionen unter Stress trugen ihm den Ruf einer Memme ein. Die achtziger Jahre haben gezeigt, wie die Image-Macher in der Oberliga von Politik und Wirtschaft arbeiten, und wir können einiges von ihnen lernen.

Mein Kurs konzentrierte sich darauf, physische Präsenz auf gleich welcher Bühne des Lebens zu schaffen; die Techniken, die dabei zur Anwendung kamen, waren den Theater-Workshops und professionellen Image-Schmieden entlehnt und zielten darauf ab, Zuhörer für sich einzunehmen oder Kunden zu gewinnen. Viele erklärten, sie hätten diesem Training ihren Wahlerfolg, Geschäftsabschluss oder beruflichen Aufstieg zu verdanken, obwohl die Präsentation nicht optimal vorbereitet oder das Verkaufsargument nicht schlüssig war.

Bei diesen Geständnissen war mir irgendwie nicht ganz wohl in meiner Haut, trotz der Freude meiner Kursteilnehmer, dass sie der Konkurrenz ein Schnippchen geschlagen hatten. Ich dachte noch einmal gründlich darüber nach, ob ich diese wichtigen Erkenntnisse und Erfahrungen aus meiner eigenen Zeit am Theater wirklich weitergeben sollte. Kurz darauf hatte ich ein Erlebnis, das mein Kommunikationstraining grundlegend verändern sollte.

1992 wurde ich gebeten, Senator Paul Tsongas aufzusuchen und ihn davon zu überzeugen, wie wichtig es sei, sein phonetisches Image zu verbessern. Er war der Präsidentschaftskandidat der Demokratischen Partei, und trotz seiner Kompetenz und persönlichen Integrität wurden die Erfolgsaussichten durch bestimmte Merkmale seiner Stimme und seines Kommunikationsstils beeinträchtigt. Ihm fehlte der »Biss«, den man von einem Staatsmann erwartet, der das mächtigste Land der Welt repräsentiert. Senator Tsonga hörte sich meine Verbesserungsvorschläge geduldig an. Die wenigen Parteigänger, die anwesend waren, um mich in meinen Bemühungen zu unterstützen, redeten ihm ebenfalls zu, ein Sprechtraining in Betracht zu ziehen. Kurz danach erhielt ich die Mitteilung, dass Senator Tsonga bedaure ... Trotz seines Siegeswillens und des Wissens, dass sein glanzloser Sprechstil ihn die Nominierung kosten könnte, wollte der Senator für seine Frau und Kinder nicht anders klingen als sonst. Was ich als kleines Zugeständnis betrachtet hatte, um die Chancen auf den Hauptgewinn zu verbessern, war in den Augen des Senators eine Bedrohung für die Werthaltung, die ihm am meisten bedeutete: Aufrichtigkeit gegenüber sich selbst und anderen.

Von dem Zeitpunkt an änderten sich meine Kurse. Ich vermittelte den Teilnehmern die gleichen Techniken, aber mit dem Ziel, im Gespräch besser zuzuhören und die Botschaft zu verstehen, statt die Zuhörer vor den Karren der eigenen Interesse zu spannen. Dazu müssen wir:

- Kontakt zum Zuhörer herstellen und es ihm leicht machen, sich in unseren Film einzublenden;
- eine vertrauensvolle Beziehung aufbauen (dabei ist zweitrangig, wie viele Produkte Sie nach der Präsentation verkaufen, wie Sie Ihre Kinder dazu bringen, nach dem Essen den Tisch abzuräumen oder wie Sie Ihren Mann motivieren, den Rasen zu mähen);
- die Aufmerksamkeit auf die Informationen richten, die der Zuhörer wünscht und braucht; und
- die mentalen Barrieren kennen, die er errichtet hat.

Wenn Sie möchten, dass andere besser zuhören und Ihre Botschaft verstehen, überlegen Sie, was *Sie* motiviert, ganz Ohr zu sein. Ganz oben auf Ihrer Liste stehen vielleicht Lob, Ermutigung, Unterstützung, Wertschätzung und Liebe, unzweideutige Kommentare und Fragen oder die Aufforderung, etwas zu tun, was Spaß macht. Es ist leicht, Anweisungen zu erteilen, Forderungen zu stellen und Kritik zu üben, damit eine Arbeit erledigt wird, aber wie oft kommt eine anerkennende Bemerkung, ein Kompliment oder ein Lob über Ihre Lippen?

Mein Mann und ich essen beispielsweise gerne in kleinen ausländischen Restaurant und nutzen die Zeit meistens, um über berufliche Projekte, familiäre Belange oder Verbesserungen im Haus zu sprechen. Ich denke oft, wie schön es ist, dass er diese Abende genauso genießt wie ich, aber ich kann mich nicht mehr erinnern, wann ich es ihm zuletzt gesagt habe. Beim nächsten

Mal wartete ich deshalb auf den richtigen Moment, dann streckte ich die Hand über den Tisch, ergriff seine Hand und erklärte ihm, wie viel mir diese Abende bedeuteten. Mein Mann strahlte und erwiderte, er freue sich, das zu hören.

Für den Rest des Abends hörte er mir so aufmerksam zu, selbst bei Themen, die ihn normalerweise nicht besonders interessieren, dass es direkt auffiel.

Eltern und Paare wissen, wie frustrierend es sein kann, bei Angehörigen kein Gehör zu finden. Seit die äußeren Ablenkungen in unserer Umgebung immer größer und vielfältiger werden, ist das eher die Regel als die Ausnahme. Wenn man Teenager fragt (Spezialisten auf dem Gebiet, sich taub zu stellen), warum sie zögern, auf das Kommunikationsangebot zu reagieren, werden folgende Gründe genannt:

- Ich weiß, was kommt ... Abwasch oder irgendwas in der Richtung.
- Meistens geht es um die Hausaufgaben oder irgendeinen Mist, den ich gebaut habe.
- Mein Vater nervt mich mit seinen *Vorschlägen*, was ich beim nächsten Mal besser machen könnte.
- Was ich von denen zu hören bekomme, interessiert mich nicht.
- Ob meine Mutter oder irgendjemand im Fernsehen Vorträge hält ist egal – klingt sowieso alles gleich.

Für viele Heranwachsende ist das Interesse der Eltern nicht relevant. Sie beginnen bereits in jungen Jahren, Barrieren gegen Botschaften mit mahnendem Unterton, etwa Ratschläge, aufzubauen. Die Neigung zu »mauern« bleibt oft bis ins Erwachsenenalter bestehen; sie ist Ursache manch überflüssiger Aufforderung, die Ohren untersuchen zu lassen, und vieler Scheidungen.

Wenn Sie inzwischen entdeckt haben, wie viel Spaß es macht, »ins Kino zu gehen« und sich selbstvergessen in den Film Ihres Gesprächspartners zu vertiefen, fällt es Ihnen leichter, mit dem Reden zu warten, bis ein Familienmitglied das Fußballspiel im

Fernsehen zu Ende angeschaut oder den Computer heruntergefahren hat. Wie bereits mehrfach erwähnt, lernen Sie durch regelmäßige Meditation, großzügiger zu sein. Selbst wenn das, was Sie zu sagen haben, wichtig ist, werden Sie respektieren, was jemand im Moment wichtiger findet.

Damit bezeugen Sie ihm Wertschätzung und Achtung – der erste Schritt, jemanden zu motivieren, Ihnen Aufmerksamkeit zu schenken. Er wird lernen, die gleiche Rücksichtnahme zu üben, wenn *Sie* in einen Film oder ein Buch vertieft sind, Ihnen aber auch *umgehend* zuhören, wenn es wirklich dringend ist.

Kinder zum Zuhören zu bringen ist eine frustrierende Angelegenheit, es sei denn, man betrachtet das Unterfangen aus der Perspektive der Achtsamkeit. Kinder behandeln uns wie Parias, wenn wir aus unserer Warte mit ihnen sprechen. Es ist amüsant zu beobachten, wie typische »Weisheiten« von einer Generation zur nächsten weitergegeben werden, obwohl sie für die Katz sind. Von jungen Eltern zwischen zwanzig und dreißig hört man noch die gleichen Sprüche, mit denen wir schon aufgewachsen sind: »Wehe, wenn du das noch einmal machst ...«, »Schau mich an! *Was* habe ich gerade gesagt?« oder »Könnten wir zur Abwechslung mal den Fernsehen leiser stellen? Man kann ja sein eigenes Wort nicht verstehen!« Und nicht zu vergessen das infame »Wie oft muss ich dir noch sagen ...?«

Ich bezweifle, ob Kinder überhaupt verstehen, was die Eltern mit solchen Drohungen und Forderungen bezwecken. Sie schließen aus Tonfall und Körpersprache, dass Ärger angesagt ist, aber sie haben keine Ahnung, worauf das Ganze hinausläuft. Gute »Pädagogen« verschaffen sich Gehör, indem sie ihre Gedanken klipp und klar auf nichtbedrohliche, kooperative Weise äußern. Sie erklären, warum bestimmte Aktionen notwendig sind, und benutzen Formulierungen, die Kinder und Jugendliche verstehen: »Lass uns heute zusammen die Garage aufräumen« oder »Bitte stell den Fernseher leiser; ich kann nicht hören, was dein Vater sagt.«

Wenn Sie flexibel sind und Alternativen anbieten (sofern es welche gibt), haben die Heranwachsenden ein gewisses Mitspracherecht. »Dein Zimmer muss aufgeräumt werden. Du kannst dir aussuchen, wann – gleich nach dem Mittagessen oder vor dem Zubettgehen.« Kinder und Erwachsene lassen sich von äußeren Ablenkungen wie Fernsehen, CD-Kopfhörer und Internet oft vereinnahmen. Statt sich ständig zu wiederholen und immer lauter zu werden, sollten Sie physisch näher rücken, so dass Sie nicht zu übersehen sind, und in normaler Lautstärke reden. Um ungeteilte Aufmerksamkeit zu gewährleisten, erklären Sie: »Was ich dir zu sagen habe, ist sehr wichtig, bitte höre mir jetzt zehn Minuten zu« oder »Es gibt ein Problem, das mir Sorgen macht, und ich würde gerne deine Meinung hören.« Wenn Sie jemanden um seine Meinung oder Mithilfe bitten, das Wort *wichtig* sparsam verwenden und respektieren, womit er gerade beschäftigt ist, ersparen Sie sich viel Zeit und Verdruss, weil Sie Konflikte *ent*schärfen, statt sie durch Ihre Achtlosigkeit zu *ver*schärfen.

Vielleicht gehören verbale Präsentationen zu Ihren Aufgaben am Arbeitsplatz, in der Gemeinde, in der Supervision oder Mitarbeiterschulung. Erwachsene zum Zuhören und Handeln zu motivieren ist eine Herausforderung, die dem Bemühen, Kinder zur Erledigung der Hausaufgaben anzuhalten, in nichts nachsteht. Erwachsene sind den gleichen äußeren Ablenkungen wie Kinder und Jugendliche ausgesetzt, und unsere inneren Ablenkungen sind noch größer.

Überlegen Sie, welche öffentlichen Redner Sie am meisten beeindruckt haben.

Wahrscheinlich waren es diejenigen, von denen Sie sich nicht belehrt, sondern *an*gesprochen fühlten. Sie zeichneten sich durch Sensibilität für die Bedürfnisse ihrer Zuhörer aus, durch Enthusiasmus und die Fähigkeit, Ihnen ein gutes Gefühl zu vermitteln. Erinnerungswürdige Redner verfügen über *echtes* Kommunikationstalent. Sie legen Wert darauf, eine Beziehung zu ihrem Publikum zu entwickeln. Die nachfolgenden Tipps tragen dazu bei, den Kontakt zu Ihren Zuhörern herzustellen und ihnen dabei zu helfen, Ihre Informationen effektiver zu verarbeiten:

1. **Machen Sie sich mit Ihrem Publikum vertraut.** Bevor Sie eine Rede vor einer großen Gruppe halten, sammeln Sie Informationen über die Mitglieder. In Stegreifsituationen oder Zweiergesprächen blende ich mich zuerst in den Film meiner Gesprächspartner ein, indem ich sie zum Reden motiviere, so dass ich Zeit spare und meine Präsentation auf diejenigen Punkte konzentrieren kann, die in *ihrem* besten Interesse sind. Dadurch gewinne ich außerdem hilfreiche Erkenntnisse über ihre inneren Barrieren. Ich bin in der Lage, das Fundament für eine bessere Beziehung zu legen, wenn ich weiß, welche Art der Informationsübermittlung sie bevorzugen, ob vorgefasste Meinungen hinsichtlich des Themas bestehen oder ob sie sich unwohl fühlen, wenn sie mit mir sprechen.

2. **Sorgen Sie für eine störungsarme Umgebung ohne Lärm und visuelle Ablenkungen.** Vergewissern Sie sich im Vorfeld, dass sie einen ruhigen Raum zur Verfügung haben. Wenn Sie eine Präsentation in einem großen Saal halten, überprüfen Sie das Mikrofon und die Beleuchtung. Sind Ihre audiovisuellen Hilfsmittel funktionstüchtig, richtig positioniert und betriebsbereit? Erkundigen Sie sich, ob es FM-Geräte (z.B. rauscharme Frequenzmodulationsempfänger) für Teilnehmer mit Hörproblemen gibt. Versuchen Sie, ablenkende persönliche Marotten zu vermeiden, z. B. wildes Gestikulieren, Haare zurückwerfen oder mit einem Kugelschreiber oder Schmuckstück spielen.

3. **Hören Sie zuerst aufmerksam zu.** Wenn es um Beschwerden geht, sollten Sie gleich am Anfang zeigen, dass Sie zuhören können. Sobald Sie an der Reihe sind, Ihren Standpunkt darzulegen, wird man eher bereit sein, Sie ausreden zu lassen. Wir begegnen so selten jemandem, der ganz Ohr ist, dass wir uns verpflichtet fühlen, Gleiches mit Gleichem zu vergelten. Vergewissern Sie sich, dass die Beschwerdeführer alles losgeworden sind, was sie auf dem Herzen hatten. Las-

sen Sie genug Raum für Schweigen und Stille. Solange jemand nicht aufgehört hat zu reden, ist er ohnehin nicht bereit, aufmerksam zuzuhören. Ist die Zeit knapp bemessen, teilen Sie Ihren Zuhörern gleich zu Beginn mit, dass Sie so viele Leute wie möglich zu Wort kommen lassen möchten. Dadurch werden die Sprecher eher bereit sein, sich kurz zu fassen. Achten Sie auf einen flexiblen Reaktionsstil.

4. **Lockern Sie die Präsentation mit Humor auf.** Beginnen Sie mit einem Satz, der Aufmerksamkeit weckt. Der Komödienschreiber Gene Perret hat einmal gesagt: »Humor ist nicht das Salz in der Suppe, nicht das Hauptgericht und nicht das schmückende Beiwerk. Er braucht keine Rechtfertigung; er ist lebenswichtig.« Humor spornt zum Zuhören an. Er sorgt für eine entspannte Atmosphäre, eine Grundvoraussetzung für aufmerksames Zuhören. Ein Scherz über allgemein verbreitete menschliche Schwächen und Ärgernisse bewirkt oft mehr als tausend Worte. Humor ist unterhaltsam und verleiht einem trockenen Thema mehr Pep. Humor verbessert den Zugang zu Ihren Zuhörern, weil eine Beziehung entsteht. Testen Sie Ihre Scherze und Anekdoten zuerst im Freundes- und Bekanntenkreis, bevor Sie Ihre Zuhörer damit beglücken. Achten Sie auf Formulierungen, die falsch aufgefasst werden könnten – zum Beispiel *Mädels* statt *Frauen*. Sollte Ihr Witz von schlechtem Geschmack zeugen oder Ihre Vortragsweise einschläfernd sein, erzielen Sie damit unter Umständen die entgegengesetzte Wirkung und veranlassen Ihre Zuhörer zum Abschalten!

5. **Benutzen Sie audivisuelle Hilfsmittel, um wichtige Punkte hervorzuheben.** Zuhörer wissen Farbdias oder Laptop-Präsentationen zu schätzen. Besuchen Sie einen Kurs (zum Beispiel der Volkshochschule), um die rechner- oder dia-gestützte Gestaltung von Präsentationen aus dem Effeff zu lernen.

6. **Zeichnen Sie Diagramme zum besseren Verständnis schwieriger Konzepte.** In Zweiergesprächen oder bei Präsentationen vor einer kleinen Gruppe sind Diagramme oder die *Mind-Mapping*-Techniken eine Merkhilfe und oft anschaulicher als weitschweifige verbale Erläuterungen. Wenn Sie Ihre Worte mit einem einfachen Ablaufdiagramm veranschaulichen, werden sie besser behalten. Diese Methode hat außerdem den Vorteil, dass mehr Zeit zum Zuhören bleibt und weniger für Mitschriften vergeudet wird. Wenn Sie von vornherein wissen, dass Ihr Gesprächspartner kein guter Zuhörer ist, bieten Sie ihm wenigstens Papier und Stift an, um sich Notizen zu machen.

7. **Heben Sie die wichtigsten Sätze durch Veränderung von Stimmlage und Sprechgeschwindigkeit hervor.** Bewusst gesetzte Pausen vor oder nach einem wichtigen Satz tragen ebenfalls dazu bei, die Monotonie und hypnotische Wirkung endloser Monologe zu durchbrechen. Es ist wissenschaftlich erwiesen, dass eine Sprechgeschwindigkeit von 275 bis 300 Worten pro Minute dem Verstehen des Zuhörers förderlich ist. (Sie können anhand der Übungen am Ende des Kapitels Ihr Sprechtempo überprüfen.)

8. **Ermutigen Sie Ihre Zuhörer, ihr visuelles Gedächtnis zu benutzen.** Verwenden Sie bildhafte Formulierungen, um das Gesagte zu veranschaulichen. Wenn Sie zum Beispiel die Einrichtung einer neuen öffentlichen Bibliothek in Ihrer Gemeinde befürworten, könnten Sie sagen: »Stellen Sie sich das Informationsdefizit wie eine Wüste vor, in der es keinerlei natürlichen Ressourcen gibt. Wenn wir eine Bibliothek bauen, können wir zusehen, wie das Land grün und fruchtbar wird.«

9. **Bitten Sie Ihre Zuhörer um Feed-back.** Reden Sie Ihre Zuhörer mit Namen an, sofern Sie diese kennen. Wenn eine Frage gestellt wird, sollten Sie nicht automatisch davon aus-

gehen, dass alle Anwesenden sie gehört haben. Beziehen Sie jeden ein, indem Sie die Frage wiederholen. Dadurch beseitigen Sie außerdem Unklarheiten und können Ihre Antwort zielgerichtet formulieren. Nach der Antwort bitten Sie um *Rückmeldung*: »Ist Ihre Frage damit beantwortet?«

10. **Wecken Sie die Aufmerksamkeit Ihrer Zuhörer, indem Sie zum Dialog einladen.** Zuhörer sind in der Regel engagierter, wenn eine Diskussion stattfindet, an der sie sich aktiv beteiligen können. Wenn Sie einen Vortrag halten und merken, dass die Leute glasige Augen bekommen, rütteln Sie Ihr Publikum wach, indem Sie zu Diskussionen oder Debatten einladen. Vielleicht stellen Sie dabei fest, dass Ihre Zuhörer sich für ganz andere Themenbereiche interessieren, als Sie oder die Veranstaltungsplaner gedacht hatten. Als bei meinem Vater Prostatakrebs diagnostiziert wurde, besuchte ich beispielsweise einen Vortrag, um mich umfassend über das Thema zu informieren. Der Referent, ein Chirurg, der als Koryphäe auf seinem Gebiet galt, verbrachte die erste Dreiviertelstunde damit, die Anatomie der Vorsteherdrüse und die Symptome bei Prostatakrebs zu erklären. Obwohl die Informationen wichtig waren, fing mein Sitznachbar sporadisch an zu schnarchen, während andere unruhig wurden. Schließlich stand ein couragierter Zuhörer auf und fragte höflich, ob der Chirurg nicht zuerst über die Prostata-Operation und *danach* über die Sexualität sprechen könne, vor allem über die Erfahrungen seiner Patienten auf diesem Gebiet. Die übrigen Zuhörer lachten hinter vorgehaltener Hand oder pflichteten ihm durch anerkennende Zurufe bei, während der Chirurg, über seine eigene Weitschweifigkeit schmunzelnd, der Aufforderung nachkam. Er legte seine Aufzeichnungen beiseite, schaltete den Overheadprojektor aus und bezog die Zuhörer ein. Er bestand nicht darauf, die Punkte auf seiner Tagesordnung »abzuhaken«. Stattdessen ging er auf die Interessen seiner Zuhörer ein, die sich die Zeit genommen hat-

ten, seinen Vortrag zu besuchen. Er streute diejenigen Punkte seines ursprünglichen Konzepts ein, die wichtig waren, wenn jemand eine Prostata-Operation in Betracht zog, richtete seine Aufmerksamkeit aber generell auf die Interessen der Gruppe. Die Zuhörer dankten ihm überschwänglich, und einige machten gleich einen Termin für eine Einzelberatung aus. Wäre der Chirurg wie geplant bei seiner Tagesordnung geblieben, hätten sich diese Beziehungen nicht entwickelt.

11. **Ermutigen Sie die Gruppe durch Brainstorming zur aktiven Teilnahme.** Zu den Grundregeln des Brainstorming gehört, dass alle Ideen ungeordnet und ohne Wertung zusammengetragen werden. Höchstwahrscheinlich wird bei einigen gestöhnt oder geschmunzelt, aber diese Reaktionen sollten Sie nicht entmutigen – jeder Teilnehmer verdient Respekt und jede Idee die gleiche Gewichtung.

12. **Stellen Sie Blickkontakt zu einzelnen Zuhörern her.** Dadurch schaffen Sie eine Atmosphäre, die Dialog und Diskussion fördert, Situationen, die ansprechender für die Zuhörer und natürlicher für Sie sind. Erinnerungswürdige Redner geben Ihnen das Gefühl, als wären ihre Worte nur für Sie bestimmt. Ein besonders herausragender Kommunikator sagte einmal zu mir: »Die Leute sollen das Gefühl haben, in meinem Wohnzimmer bei Kaffee und Kuchen zu sitzen und Ideen auszutauschen.«

13. **Unterstreichen Sie den *Nutzen* Ihres Produkts oder Ihrer Dienstleistung statt der technischen Leistungsmerkmale.** Ihre Zuhören achten mehr auf den Nutzen, den Sie sich erhoffen, als auf die technischen Leistungsmerkmale des Produkts oder der Dienstleistung. Betonen Sie mit Stimme und Gestik, wie das Produkt oder die Dienstleistung ihnen hilft, Geld oder Zeit zu sparen (benutzen Sie Statistiken zum Untermauern), und dass sich die Investition auszahlt.

14. **Kommen Sie zur Sache.** Sagen Sie Ihren Zuhörern, was sie wissen müssen. Wenn das Problem bereits bekannt ist, beschreiben Sie als Erstes die Lösungsmöglichkeiten und beziehen es im Anschluss in Ihre Präsentation ein.

15. **Beseitigen Sie ablenkende Sprachbarrieren.** Wenn Sie unter einer Sprachstörung leiden wie Lispeln oder Stottern oder mit starkem ausländischem bzw. regionalem Akzent sprechen, sollten Ihre Fähigkeiten als Redner oder Teamleiter nicht darunter leiden. Solche Barrieren lassen sich in vielen Fällen durch Sprachunterricht oder -therapie beheben.

16. **Fassen Sie die wichtigsten Punkte am Ende der Präsentation zusammen.** Es ist Ihre Aufgabe, sich zu vergewissern, dass Ihre Informationen angekommen sind. Die Botschaft mit eigenen Worten zu wiederholen ist die ultimative Nagelprobe, die zeigt, wie gut sie verarbeitet wurde. Deshalb sollten Sie zwischendurch – und immer am Ende der Präsentation – Ihre Zuhörer bitten, drei der behandelten Punkte zu rekapitulieren. Wenn die Anwesenden von Zeit zu Zeit um Rückmeldungen gebeten werden, hören sie aufmerksamer zu. Dadurch werden die Informationen besser erinnert und Unklarheiten beseitigt. Und Sie haben die Möglichkeit, sich ein Bild über Ihre Kommunikationsfähigkeit zu machen.

Beziehen Sie die Zuhörer in Ihren Film ein

1. Besuchen Sie einen Rhetorikkurs, um Ihre Fähigkeiten als Redner zu verbessern, und nutzen Sie jede Gelegenheit, die oben beschriebenen Techniken in der Praxis anzuwenden. Durch Sprechunterricht bei einem Schauspiellehrer (oder Mitwirkung an einem Laientheater) können Sie Ihre Ausdrucksmöglichkeiten entdecken; seien Sie bereit zu experimentieren.

2. Um Ihre durchschnittliche Sprechgeschwindigkeit zu ermitteln, nehmen Sie einen Zeitungs- oder Zeitschriftenartikel und zählen hundert Wörter aus. Schalten Sie den Kassettenrekorder ein, und stellen Sie einen Zeitmesser auf sechzig Sekunden. Dann lesen Sie die hundert Wörter laut vor, immer wieder von vorne, bis die Zeit um ist. Wiederholen Sie die Übung zwei- oder dreimal, um realistische Durchschnittswerte zu erhalten. Zuhörer verarbeiten eine verbale Information am besten bei einer Geschwindigkeit von 275 bis 300 Wörtern in der Minute.

3. Überprüfen Sie Ihre Präsentation kritisch. So unerfreulich es auch sein mag: Zeichnen Sie einen Teil Ihres Vortrags auf, und achten Sie auf Äußerungen wie »ähm« oder »ah«. Enden Ihre Sätze häufig mit »Nicht wahr?«, »Richtig?« oder »Alles klar?« Solche Formulierungen irritieren und lenken die Aufmerksamkeit von Ihrer Botschaft ab.

12

WIE SIE IHRE GESUNDHEIT DURCH ACHTSAMES ZUHÖREN VERBESSERN

Zuhören ist eine Herzenssache,
der aufrichtige Wunsch, Nähe herzustellen,
anziehend und heilend zugleich.

J. ISHAM

Achtsames Zuhören fördert die physische und psychologische Gesundheit sowohl des Hörers als auch des Sprechers. Edward Hallowell von der *Harvard Medical School* beschrieb im Magazin *Bottom Line* mehrere Studien, die den Zusammenhang zwischen niedriger Sterberate und Sozialkontakten untersuchten. In einer dieser Studien (1997 im *Journal of the American Medical Association* erschienen), an der zwölftausend Heranwachsende teilnahmen, wurde festgestellt, dass der gute Kontakt zu Familienangehörigen, Schulkameraden und Lehrern der beste Schutz vor Gewalttätigkeit, emotionalem Stress, Selbstmord und Drogenmissbrauch ist. Studien in den USA und anderen Ländern bestätigen den Zusammenhang zwischen Wohlbefinden und häufigen positiven Sozialkontakten in allen Altersgruppen. Das persönliche Gespräch verringert nach weislich die Anfälligkeit für verschiedene Virusgrippe-Erkrankungen, stärkt das Immunsystem und mindert die Schmerzempfindlichkeit. Virtuelle Kommunikationsmittel wie E-Mail und die Chat-Ecken im Internet tragen nur dazu bei, die soziale Isolation auf die Spitze zu treiben.

Dr. James Pennebaker fand heraus, dass der Blutdruck sinkt, wenn man ein stressreiches Ereignis mit guten Zuhörern besprechen kann. Er stellte außerdem fest, dass unser Immunsystem gestärkt wird, wenn wir einen Menschen haben, dem wir alles anvertrauen können. Ganz abgesehen davon stärkt es das Selbstbewusstsein: Wir haben das Gefühl, dass wir jemandem wichtig sind, wenn er sich die Zeit nimmt, uns zuzuhören.

Sidney Jourard unterscheidet in seinem Buch *The Transparent Self* zwischen ermutigenden und entmutigenden Transaktionen und ihren dramatischen Auswirkungen auf die Gesundheit. Da Zuhören ein hervorragendes Mittel ist, um Sozialkontakte herzustellen, überrascht es nicht, dass wir eine enge Beziehung zu Psychiatern, Psychotherapeuten und anderen Beratern entwickeln. *Ermutigende* Situationen wie Gehör finden verleihen unserem Leben Wert und Sinn. *Entmutigende* Situationen – wenn wir beispielsweise eine Prüfung nicht bestehen, Streit in der Familie haben oder bei einem Vorstellungsgespräch schlecht abschneiden – führen zu der Überzeugung, unwichtig, wertlos und vom Leben stiefmütterlich behandelt worden zu sein. Laut Jourard erhöhen entmutigende Situationen unsere Anfälligkeit für bestimmte Erkrankungen, während ermutigende das allgemeine Wohlbefinden fördern.

Dr. Joyce Brothers ist der Ansicht (wie er in einem Interview in der *Today*-Show am 22. März 1999 erläuterte), dass Zuhören eines der wichtigsten Mittel ist, auf faire Weise mit dem Partner zu streiten, wenn Meinungsverschiedenheiten auftreten. Der Mangel an Fairness (den Charakter statt ein bestimmtes Verhalten kritisieren, gegenseitiges Aufrechnen, endlose Beschuldigungen usw.) schwächt das eigene Immunsystem.

Dean Ornish, Autor des Buches *Die Ornish-Herz-Diät: Revolution in der Herztherapie* entwickelte ein Rehabilitationsprogramm mit einem zusätzlichen Therapieelement: Gruppengespräche. Diese Gruppen ermöglichen den Herzpatienten, die eine unterschiedliche Biografie haben, einen Erfahrungsaustausch mit anderen Rekonvaleszenten. Ein Teilnehmer berichtete:

> Es war interessant, Leute aus allen möglichen Lebensbereichen mit den gleichen grundlegenden Problemen kennen zu lernen. Wir hatten von Anfang an einen guten Draht zueinander; was uns verband, war der Wunsch, noch eine Weile zu leben. Wir waren über den Punkt hinaus, Werturteile zu fällen. Titel, Einkommen, beruflicher Werdegang, das alles zählte nicht – wir sprachen miteinander wie Menschen mit ähnlichen Problemen. Ich konnte bei den Gruppengesprächen, die Ornish ins Leben gerufen hatte, Dinge loswerden, die ich nicht einmal meiner Frau erzählt hätte. Ich bin überzeugt, dass diese Gelegenheit, angehört und angenommen zu werden, für meine Genesung von entscheidender Bedeutung war.

Wenn wir in der Lage sind, auf psychologischer und spiritueller Ebene etwas zu verändern, so Dr. Ornish, kann der Genesungsprozess auf der physischen Ebene beginnen. In einer Radio-Talkshow erklärte er, dass die gesundheitsfördernden Eigenschaften, die man dem Rotwein zuschreibt, wahrscheinlich das Ergebnis von Aktivitäten sind, die *in Zusammenhang* mit dem Weintrinken stehen, zum Beispiel Gespräche, die Gesellschaft anderer Menschen und die Möglichkeit, über persönliche Dinge zu sprechen.

Unterstützende Gruppen wie die Anonymen Alkoholiker oder die Nachbarschaftshilfe sind ausgezeichnete Foren, die achtsames Zuhören fördern. Die Teilnehmer verbindet ein ähnlicher Film, und oft kennen sie die Probleme aus eigener Erfahrung. Wenn die Gruppe einfühlsam und frei von Werturteilen ist, kann sie mehr bewirken als eine Sitzung beim Therapeuten, der die Problematik nicht aus eigener Anschauung kennt. Ein HIV-

Positiver wird vermutlich eher von jemandem verstanden, der ebenfalls HIV-positiv ist. Unterstützende Gruppen vertreiben die Vorstellung, dass man alleine ist, sich der eigenen Wut schämen muss oder den Schmerz übertreibt. Die Teilnehmer begegnen sich mit Wertschätzung und bringen Zeit mit: Sie sagen, was Ihnen im Kopf herumgeht, und hören, welche Problemlösungen bei anderen funktionieren.

Viele, die abgeschottet leben, leiden an chronischem Stress, Depressionen und Immunschwächen. Ein aufmerksames Ohr bietet einem einsamen Menschen die Chance, sich zu öffnen und eine Entlastung zu erfahren: Geteiltes Leid ist bekanntlich halbes Leid. Das Gefühl, dass die Bürde leichter geworden ist, beugt Autoaggression (selbst beigebrachten Verletzungen) und Selbstmordversuchen vor, wie die Berater, die in der telefonischen Krisenintervention tätig sind, bestätigen können. Familienangehörige und Patienten, die sich unterstützenden Gruppen anschließen, haben insgesamt bessere Überlebenschancen, leiden seltener unter Depressionen und treffen eigenverantwortlich Entscheidungen, die Gesundheitsmaßnahmen betreffen.

Gesundheitsfördernd ist dabei vor allem das Zusammengehörigkeitsgefühl, zu dem jedes Mitglied beiträgt. Die meisten Leute, mit denen ich sprach, hatten anfangs nur Informationen erwartet und waren überrascht über das Gefühl der Verbundenheit oder den Wunsch, regelmäßig an den Gruppenzusammenkünften teilzunehmen. Sie erklärten mehrheitlich, ihre Lebenssicht sei schon nach den ersten Treffen positiver geworden; sie brachten sich aktiver auf kommunaler Ebene und im Freundeskreis ein und hatten mehr Geduld mit Fremden.

Dr. Larry Scherwitz entdeckte, dass ein weiterer Risikofaktor bei Herzkranzgefäß-Erkrankungen die übermäßige Ichbezogenheit ist. Ihm fiel auf, dass Patienten, die besonders häufig die Pronomen *Ich, mir, mich* verwendeten, eine höhere Anfälligkeit für Herzprobleme haben. Menschen, die sich mehr für sich selbst statt für andere interessieren, leiden häufiger unter Unzufriedenheit, schlechter Gesundheit und Stress.

Vielleicht ist es das, was die Zen-Meister mit der Macht der *sangha* oder Gruppe meinen. Zen lehrt uns, dass unser angeborenes Einfühlungsvermögen leichter zum Tragen käme, wenn wir die ganze Menschheit als eine Gemeinschaft sehen würden, als *sangha* mit einem gemeinsamen Ziel – einander zu helfen, unseren Weg zu gehen.

Die Abhängigkeit aller Lebewesen voneinander kann von unterschwellig bis offensichtlich reichen, aber bis zu einem gewissen Grad sind wir alle miteinander vernetzt. Zum Beispiel könnte der Gärtner um die Ecke als Einziger weit und breit eine bestimmte Düngemittelmarke führen, bei der Sie nicht husten oder niesen müssen; vielleicht sorgt der Hund Ihres Nachbarn dafür, dass die Wildkaninchen Ihr Salatbeet verschonen; und die alte Dame, die den Verkehr aufhält, weil sie während der Stoßzeit im Schneckentempo durch die Innenstadt fährt, verhindert unter Umständen, dass sie auf einer Öllache ins Schleudern geraten, die Kontrolle über den Wagen verlieren und ein paar Meter weiter mit Karacho die Absperrung durchbrechen.

Einfache und komplexe wechselseitige Abhängigkeiten gibt es auch heute noch, aber abgeschottete Gesellschaften, exklusive Clubs und maßlose Interaktionen mit Computern statt Menschen tragen zur physischen Isolation und Entmenschlichung bei. Unsere Ur-Urgroßeltern waren Meister der Kunst, Kontakte zu knüpfen. Der Zusammenhalt der Nachbarn und übergeordneter sozialer Gemeinschaften war für eine gedeihliche Entwicklung aller unerlässlich; jeder Mensch steuerte dazu seine persönlichen Ressourcen bei. Einander zuhören war einfacher, weil alle das Gefühl hatten, im selben Boot zu sitzen; es gab nur wenige innere Barrieren und äußere Ablenkungen. Was am meisten zählte, war das Vertrauen zwischen den Nachbarn, das sich durch aufmerksames Zuhören entwickelt hatte. Heute kennen nur wenige mehr als drei Nachbarn mit Namen.

Inzwischen haben Sie gemerkt, dass Sie aufgrund der Übung gelassener geworden sind und Ihre innere Unruhe zügeln können. Sie hören nicht nur besser zu, sondern können sich auch zunehmend besser in den mentalen und emotionalen Zustand versetzen, der Sie befähigt, verbale Informationen optimal zu verarbeiten. Fördert dieses achtsame Zuhören auch ein gesundes Herz-Kreislauf-System?

In *The Language of the Heart* beschreibt der Autor James L. Lynch eine Studie, bei der Patienten mit Bluthochdruck an ein rechnergestütztes Blutdruck-Überwachungssystem angeschlossen wurden, während sie sich mit dem Versuchsleiter unterhielten. Der Blutdruck stieg, wenn die Patienten über sich selbst sprachen, wenn sie beim Zuhören in die Defensive gingen oder sich innerlich abschotteten. Wenn der Versuchsleiter dagegen eine Atmosphäre schuf, die nicht als Bedrohung empfunden wurde – indem er etwas über seine persönlichen Erfahrungen erzählte oder eine Passage vorlas, die den Patienten half, eine andere Perspektive zu gewinnen – fiel der Blutdruck auf Traumwerte, die jahrelang nicht mehr erreicht worden waren. Die Patienten hatten sich in dem Moment auf Dinge konzentriert, die nicht sie selbst betrafen, ähnlich wie das Einblenden in den Film des Gesprächspartners. Das deutet auf einen Zusammenhang zwischen Aufmerksamkeitsmechanismen und Herz-Kreislauf-System hin. Lynch entdeckte den gleichen Zusammenhang zwischen Mensch und Hund. Wenn Sie Ihre Katze oder Ihren Hund streicheln, sinkt der Blutdruck, weil Sie sich selbst eine Zeit lang vergessen und die Aufmerksamkeit auf Ihr Haustier richten.

Die eigenen Zielsetzungen hintanstellen und anderen zur Abwechslung den Vortritt lassen ist auch wichtig, um in Stresssituationen aufmerksam zuzuhören. Durch regelmäßige Meditation können Sie in einen Zustand der inneren Ruhe gelangen, Barrieren und andere Selbstschutzmechanismen beseitigen und ein Problem direkt in Angriff nehmen. Natürlich kann es trotzdem vorkommen, dass die Gefühle beim Zuhören hohe Wellen schlagen, doch sie werden Sie nicht daran hindern, den Sprecher und die Ursache des Konflikts zu verstehen. Statt Zeit mit Zank und Streit zu vergeuden, können Sie dank Ihrer Meditationspraxis den Nebel lichten und sich auf eine Lösung verständigen, bevor der Stress physischen Schaden anrichtet. Epiktet, ein römischer Philosoph aus dem ersten Jahrhundert, beschrieb die Stresswirkung solcher Barrieren, als er sagte: »Der Mensch erregt sich nicht durch eine Angelegenheit, sondern durch seine Meinung über eine Angelegenheit.«

Wenn ich aufmerksam zuhöre, habe ich manchmal das gleiche Gefühl wie beim Meditieren. Meine Augen sind offen, und ich nehme meine Umgebung wahr, aber ich bin innerlich ruhig und auf den Sprecher konzentriert. Es kann vorkommen, dass er Bemerkungen macht, die mich erschrecken, dass er mich mit seiner Einstellung ärgert oder auffallende Kleidung und Schmuckstücke trägt, die mich einen Moment lang ablenken. Doch genau wie bei der Meditation merke ich, dass meine Gedanken abschweifen, und kehre mit meiner Aufmerksamkeit zum Sprecher zurück. Wenn ich mich bei einer solchen »mentalen Entgleisung« ertappe, hilft mir die Konzentration auf den Atem, Körper, Seele und Geist wieder ins Lot zu bringen.

Welche Vorgänge im Körper tragen zur inneren Ruhe und Konzentration während der Meditation bei? Eine Theorie besagt, dass die Meditation die Reaktion des Körpers auf das Stresshormon Noradrenalin abschwächt. Diese wurde von Dr. Robert Benson entwickelt, Leiter des *Mind/Body Medical Institute* am Deaconess Hospital in Boston, Massachusetts, und Autor des Buches *The Relaxation Response*. In einer seiner Studien wurden die Teilnehmer mit einer stressreichen Situation konfrontiert und dabei Herzfrequenz und Blutdruck gemessen. Bei denjenigen, die einen Monat lang zweimal am Tag meditiert hatten, blieben Herzfrequenz und Blutdruck trotz des Adrenalinanstiegs konstant. Bei der Kontrollgruppe trat die übliche Erhöhung von Herzfrequenz und Blutdruck ein. Viele Programme für Menschen mit Übergewicht, Herzerkrankungen, Depressionen und dem Wunsch, das Rauchen aufzugeben, empfehlen die Meditation als Teil der Therapie.

Nach einem anstrengenden Arbeitstag glauben Sie vielleicht, dass es Ihrer Gesundheit förderlich ist, sich abends in den eigenen vier Wänden einzuigeln, um endlich Ruhe zu haben. Sind Sie sicher? 1998 untersuchten Wissenschaftler der *Carnegie Mellon University* die psychosozialen Auswirkungen des Internet-Surfens in Privathaushalten. 169 Internet-Benutzer füllten einen Fragebogen aus, der Aufschluss über ihre psychologische Gesundheit und das Ausmaß ihrer Depression und Einsamkeit gab. Man könnte meinen, dass Internet-Benutzer glücklicher sind als andere, weil sie via Chat-Ecken, MBS (Mailbox-Systeme) und E-Mail kommunizieren. Doch die Forscher stellten fest, dass soziale und psychologische Aspekte dabei zu kurz kamen. Sie stellten die Hypothese auf, dass Cyberspace-Beziehungen nicht die gleiche psychologische Unterstützung und Zufriedenheit bieten wie Kontakte im wirklichen Leben. Professor Robert Kraut erklärte: »Wir gehen davon aus, dass man häufiger oberflächliche Beziehungen entwickelt, die in einem allgemeinen Rückgang der Sozialkontakte zu anderen Menschen resultieren.«

Ein weiteres Problem, das die heutige Zeit mit sich bringt, ist das Verhältnis unserer Kinder zum Computer. Sollten sie die Zeit nicht lieber nutzen, um Sozialkompetenz zu entwickeln, statt schon in jungen Jahren den Umgang mit dem Computer zu lernen? Werden diese Computer-Freaks zu Menschen heranwachsen, die Robotern gleichen und nicht fähig sind, mit ihresgleichen zu kommunizieren? Jane Healy, die in ihrem Buch *Failure to Connect: How Computers Affect Our Children's Minds – for Better and Worse* die Auswirkungen des Computers auf die junge Generation untersucht, erklärt: »Wenn jemand mehr Zeit vor dem Computer verbringt, als sich zu unterhalten, Sozialkontakte zu knüpfen, zu spielen, die Fantasie zu gebrauchen oder zu lernen, sich auf das innere Selbst zu konzentrieren, lässt sich das Versäumte später nur schwer oder unmöglich nachholen.« In der Entwicklung des Kindes scheint es eine kritische Phase zu geben, normalerweise zwischen dem ersten und dem siebten Lebensjahr, in welcher Sprache und soziale Fähigkeiten erlernt werden. Auch die Chance, den Umgang mit dem Computer aus dem Effeff zu lernen, ist in dieser Zeit wesentlich größer, wie viele Computerexperten mittleren Jahrgangs bestätigen können. Wie dem auch sei: In der Zeit zwischen Kindergarten und zweiter Grundschulklasse vertiefen Kinder ihr Sprachverständnis, proben ihr Lautrepertoire, bauen ihren Wortschatz auf und erwerben die Grundlagen einer ausdrucksfähigen Sprache, die von konkreten bis zu abstrakten Begriffen reicht. In dieser Zeit fällt es Kindern leichter, Fremdsprachen zu lernen. Die Sprachübungen in frühem Alter bilden das Fundament für logisches Denken, das Verständnis komplexer Sprachstrukturen, Reflexion, Problemlösen, Ideenaustausch, einfühlsames Zuhören, Toleranz gegenüber unterschiedlichen Kommunikationsstilen und Spiritualität. Als Eltern müssen wir uns fragen, ob der Computer es wert ist, eine solche Vormachtstellung einzunehmen auf Kosten der Sozialkompetenz unserer Kinder.

Wenn Sie sich jeden Tag mehrere Stunden online mit anderen unterhalten, erhalten Sie einen Vorgeschmack auf die elektronische Distanz, die im einundzwanzigsten Jahrhundert ein vorherrschender Entwicklungstrend werden könnte. Dieses Medium ist in der Lage, Botschaften schnell, billig und zuverlässig zu übermitteln. Die Frage ist, *welche* Botschaften. Erinnern Sie sich, dass nur sieben Prozent des Gedankeninhalts verbal übermittelt werden? 93 Prozent dessen, was ein Mensch *zum Ausdruck bringen will*, werden von seinem Gesprächspartner aus Gesten, Tonfall und Mimik abgeleitet. Da durch E-Mail und Chat-Geplauder ein Großteil dieser nonverbalen Kommunikation verloren geht, programmieren wir Missverständnisse und Misstrauen in einem nie gekannten Ausmaß vor. Könnte der Mangel an persönlichen Interaktionen in Echt-Zeit ein emotionales Fall-out erzeugen, das unsere Lebensdauer verkürzt? Laufen wir Gefahr zu vergessen, wie man bedeutungsvolle Beziehungen zu Familienangehörigen herstellt und Freundschaften *außerhalb* des Internet schließt? Wäre es möglich, dass die Fähigkeit, zwischenmenschliche Kontakte herzustellen, zusehends verkümmert oder uns völlig abhanden kommt? Wäre es denkbar, dass Mitgefühl und Fürsorglichkeit eines Tages nur noch wehmütige Kindheitserinnerungen sind? Oder dass unsere Kinder Mitgefühl und Fürsorglichkeit irgendwann einmal als Verhaltensauffälligkeit oder sogar als Verhaltens*störung* betrachten? Und deshalb müssen wir uns fragen: »Ist eine Hightech-Unterhaltung in unserer heutigen Zeit wirklich angemessen und effektiv?«

Meditation ist erwiesenermaßen in der Lage, die Symptome von Stress und Depression zu lindern. Im Gegensatz zur medikamentösen Behandlung hat sie keine schädlichen Nebenwirkungen, sondern ist ein natürliches Mittel, das uns ermöglicht, der Ursache des Problems auf den Grund zu gehen, so dass sich der Einsatz von Arzneimitteln erübrigt. (Bei der Meditation wird die Sauerstoffaufnahme um zwanzig bis dreißig Prozent reduziert; dadurch verringert sich der Milchsäuregehalt im Blut, was wiederum ein Abklingen des Stressgefühls zur Folge hat.)

Physische Probleme, zum Beispiel Schmerzen, behindern das Zuhören. Meditation ist ein Mittel, um Körper, Seele und Geist zu unterschiedlichen Zwecken miteinander zu verbinden; das Zuhören profitiert beträchtlich von diesem Gleichklang. Blutdruck, Herz- und Atemfrequenz verändern sich nachweislich, wenn jemand achtsam zuhört. Die Gesundheit der Sprecher wird durch die Aufmerksamkeit der Zuhörer gleichermaßen positiv beeinflusst. Achtsames Zuhören ist aber nur dann möglich, wenn sich Körper, Seele und Geist im Gleichgewicht befinden. Das Ergebnis ist, dass der Zuhörer die ganze Botschaft aufnimmt (Worte und Inhalt), verarbeitet und auf der gewünschten Gedächtnisebene speichert. Die täglichen Meditationsübungen sind eine optimale Vorbereitung, um diese Einheit Körper-Seele-Geist zu erfahren: Ihre Gedanken kommen zur Ruhe, Sie atmen langsam und gleichmäßig.

Wenn Sie lernen, in Stresssituationen aufmerksam zuzuhören, ersparen Sie sich eine Steigerung des Blutdrucks und der Herzfrequenz, die mit dem Kampf-oder-Flucht-Reflex in Zusammenhang stehen. Die täglichen Atemübungen erhöhen die Stresstoleranz und verringern Überreaktionen auf stressbefrachtete Situationen. In Notfällen sind wir in der Lage, schnell und umsichtig zu handeln, und geraten seltener in Panik. Die Atmung kann bei regelmäßiger Übung durch schiere Willenskraft gesteuert werden; durch gezielte Atemkontrolle lassen sich die Aktivitäten des sympathischen Nervensystems beeinflussen und gesundheitszuträgliche Veränderungen herbeiführen. Bei regelmäßiger Übung wirken die körperlichen und mentalen Veränderungen, die durch tägliche Meditation entstehen, den gesundheitsabträglichen Folgen von Stress entgegen.

Bei den meisten Menschen hat die Gesundheit einen höheren Stellenwert als Auto, Haus oder Arbeitsplatz. Deshalb ist es wichtig, dass Arzt und Patient lernen, achtsam zuzuhören. Norman Cousins, der dem Tod von der Schippe sprang, schrieb einen Artikel mit der Überschrift »Anatomie einer Krankheit«, der 1976 im *New England Journal of Medicine* veröffentlicht wurde. Seine Erfahrung verdeutlicht, dass die aufmerksamen Zuhörer, die er gefunden hatte, bei seiner Genesung eine Schlüsselrolle spielten. »Der wichtigste Beitrag meines Arztes zur Eindämmung und zum möglichen Sieg über die Krankheit war, dass er mich in dem Glauben bestärkt hat, die gesamte Therapie als eigenverantwortlicher Partner mitzutragen.«

Beide Parteien müssen die Verantwortung für das Ergebnis übernehmen. Für Sie, den Patienten, bedeutet das, freimütige Fragen zu stellen, die Symptome und Symptommuster so genau wie möglich zu beschreiben und dem Arzt hilfreiche Informationen zu liefern, damit er die Diagnose stellen kann. Da die meisten Arztbesuche auf eine Viertelstunde oder weniger beschränkt sind, wird eine gute Vorbereitung geschätzt. Um die Zeit optimal zu nutzen, sollte der Arzt dem Patienten mindestens eine Minute lang zuhören, ohne ihn zu unterbrechen.

Achtsames Zuhören ist immer *einfühlsam*, hat aber nichts mit Mitgefühl zu tun. In der Arztpraxis schließt einfühlsames Zuhören wie in jeder Beratersituation die Fähigkeit ein, die Erfahrungen zu verstehen, die ein Mensch macht. Wenn wir mitfühlen, sind wir aufmerksam und beruhigend, können uns aber nicht rational mit der Erfahrung des Sprechers auseinander setzen. Achtsames Zuhören zwischen Arzt und Patient schafft Vertrauen, was erwiesenermaßen die Chancen auf einen Behandlungserfolg verbessert. Dr. Herbert Benson erklärt in seinem Buch *Beyond the Relaxation Response*, dass Vertrauen und der Glaube an die ärztlichen Heilkunst »die Physiologie des Patienten verändern – und die Genesung oder Linderung der physischen Symptome beeinflussen«.

Ich bekomme dieses Phänomen in der Klinik oft zu Gesicht. Ein Patient kommt nach dem Besuch seines Hausarztes zu uns, um zusätzlich die Meinung eines Spezialisten einzuholen. Die zweite Diagnose oder Empfehlung kann die gleiche wie die erste sein, doch wenn der Patient eine *vertrauensvolle* Beziehung zum Spezialisten entwickelt, bessern sich die Symptome erheblich, auch ohne Behandlung.

Benson zitiert eine Studie über zwei Patientengruppen, die sich einem ähnlichen chirurgischen Eingriff unterziehen mussten. Die erste Gruppe erhielt den Besuch des Anästhesisten, der sie kurz über die bevorstehende Operation und mutmaßliche Zeitdauer der Rekonvaleszenz aufklärte. Bei der zweiten Gruppe ging derselbe Anästhesist einfühlsam vor: Er unterhielt sich mit den Patienten, hatte ein offenes Ohr für ihre Ängste und Sorgen und beantwortete ihre Fragen ausführlich. Er klärte sie auch darüber auf, in welchem Ausmaß sie während der Rekonvaleszenz mit Schmerzen und Unbequemlichkeiten rechnen müssten. Nach der Operation zeichneten sich eindeutige Unterschiede ab: Die zweite Gruppe genas schneller und wurde im Schnitt 2,7 Tage früher als die erste aus dem Krankenhaus entlassen. Das übersetzt sich in beträchtliche Einsparungen für die Klinik. Unsere Selbstheilungsfähigkeiten können durch achtsames Zuhören gestärkt werden, wie man sieht. (Es sollte noch erwähnt werden, dass achtsames Zuhören definitionsgemäß positiv ist. Ein Patient oder Kunde erinnert sich vielleicht nicht an alles, was Sie ihm erzählt haben, doch sein seelisches Befinden und das Endergebnis werden durch den Umgang mit einem positiv denkenden Menschen beeinflusst.)

Bei ärztlichen Befunden und Empfehlungen sollten sowohl die medizinischen Fachbegriffe als auch die Nebeneffekte der verordneten Medikamente abgeklärt werden. Ein mündiger Patient fasst zusammen oder wiederholt mit eigenen Worten, wie er die Behandlungsvorschläge verstanden hat. Wenn die Zeit drängt und es noch Fragen oder Probleme gibt, sollte der Patient sie aufschreiben und der Arzt sich zu einem späteren Zeitpunkt telefonisch mit ihm in Verbindung setzen, um darüber zu sprechen. Wenn man diese wichtigen Punkte nicht beachtet, kann eine Kettenreaktion ausgelöst werden: Fehldeutungen, unvollständige Weitergabe von Informationen, missverstandene Anordnungen, mangelnde Bereitschaft, die Behandlungsvorschläge zu befolgen und, noch schwerwiegender, mangelndes Vertrauen.

Es besteht kein Grund, bei einem Arzt zu bleiben, der kein guter Zuhörer ist. Durch den wachsenden Wettbewerb im Gesundheitsbereich entwickeln die Klinikverwaltungen mehr und mehr Gespür für die Notwendigkeit, patientenfreundliche Ärzte zu beschäftigen. Das zunehmende Interesse der Öffentlichkeit an alternativen Behandlungsmethoden und Präventivmaßnahmen, zum Beispiel Akupunktur, Heilmassage, Heilkräutern und Meditation, signalisiert die Forderung der Verbraucher, achtsamer mit der Gesundheit umzugehen. Dr. John Abramson von der *Lahey Clinic* in Hamilton, Massachusetts, der als *family practicioner* auf allgemeine Gesundheitsprobleme und Probleme in Zusammenhang mit Familie und Familienangehörigen aller Altersgruppen spezialisiert ist, glaubt, dass sich die alternative Medizin aus zwei Gründen auf dem Vormarsch befindet: »Die Leute nehmen alternative Gesundheitsdienste aus zwei Gründen in Anspruch: Zum einen sind sie an Behandlungsmethoden oder Arzneien interessiert, die von der Schulmedizin nicht angeboten werden, zum anderen sind sie an einer anders gearteten Beziehung zwischen Arzt und Patient interessiert.«

Das *New England Journal of Medicine* berichtete, dass die Fürsorge und Aufmerksamkeit in den alternativen medizinischen

Einrichtungen zu einem explosiven Wachstum der Branche geführt habe. Die traditionellen, unternehmerisch orientierten Arztpraxen könnten von der Botschaft der Patienten an die etablierten Schulmediziner lernen: Menschen wollen von den Entscheidungsträgern, die über die verordneten Produkte oder Dienstleistungen bestimmen, angehört, als Kunde geschätzt und als gleichwertige Partner behandelt werden. Web-Guru David Siegel, der Unternehmen mit seinem Buch *Futurize Your Enterprise: Business Strategy in the Age of E-Customer* strategisch auf das Zeitalter der Internet-Kunden vorbereitet, erklärt, dass kundenbasierte Unternehmen bis zum Jahr 2005 die Norm sein werden. Um den Wechsel vom führungsbasierten zum kundenbasierten Stil erfolgreich zu bewältigen, muss eine grundlegende Voraussetzung erfüllt sein: »Das Wichtigste ist zuhören, zuhören und nochmals zuhören.« Siegel sagt: »Märkte sind ein Dialog.« Können Sie es sich leisten, sich von diesem Dialog ablenken zu lassen?

Ich möchte das Buch mit der Geschichte von einem jungen Prinzen beenden, der die Begegnung mit Menschen außerhalb seiner erlauchten Kreise suchte. Er verzichtete auf weltlichen Besitz und Luxus, um den Wert des Mitleidens zu entdecken und sein Wissen mit jenen zu teilen, die durch Vorurteile und Unmenschlichkeit daran gehindert wurden, sich selbst aus den Fesseln ihres Elends zu befreien. Er hörte aufmerksam zu und erlebte das Leiden als einen Weg, sich mit seinen Mitmenschen zu solidarisieren. Schließlich gelangte er zu der Erkenntnis, dass alle Menschen ungeachtet ihres Standes voneinander abhängig sind, um Glück und Frieden im Leben zu finden. Dieser Mann, Siddharta, wurde von seinen Schülern »der Erleuchtete« (oder Buddha) genannt. Heute wird der Religionsstifter als Vorbild für Geduld, Aufrichtigkeit und Offenheit verehrt.

Achtsames Zuhören ist im Zeitalter der Ablenkungen wichtiger als je zuvor, wenn wir auf der persönlichen und beruflichen Ebene wachsen und gedeihen wollen. Jeder ist im Stande, unverzüglich die nötigen Schritte einzuleiten, um sich selbst besser kennen zu lernen und die angeborene Intelligenz produktiver zu nutzen. Die in diesem Buch beschriebenen Zen-Prinzipien – Achtsamkeit, Einfühlsamkeit, innere Gelassenheit, die Fähigkeit, sich selbst lange genug zu vergessen, um sich in andere hineinzuversetzen, und Meditation – bilden das Fundament, um uns selbst und andere besser zu verstehen. Auf diesem Weg können wir wie Siddharta unser Wissen weitergeben, nicht durch Zwang, sondern durch unser gutes Beispiel.

Lassen Sie sich von Ihrer Fähigkeit, achtsam zuzuhören, auf Ihrem Weg zu stetiger Selbsterneuerung und Einfühlsamkeit gegenüber sich selbst und anderen leiten.

BIBLIOGRAFIE

Austin, James H.: *Zen and the Brain: Toward an Understanding of Meditation and Consciousness.* Cambridge 1998.

Banville, Thomas C.: *How to Listen – How to be Heard.* Chicago 1978.

Benson, Herbert: *The Relaxation Response.* New York 1975.
– *Beyond the Relaxation Response.* New York 1984.

Bolton, Robert: *People Skill.* New York 1979.

Burley-Allen, Madelyn: *Listening – the Forgotten Skill.* New York 1982.

Buzan, Tony und Barry Buzan: *Das Mind-Map-Buch.* München 1997.

Carew, Jack C.: *The Mentor: 15 Keys to Success in Sales, Business and Life.* New York 1998.

Covey, Stephen: *Die sieben Wege zur Effektivität.* Frankfurt 1997.

Crum, Thomas F.: *The Magic of Conflict.* New York 1987.

Czikszentmihaly, Mihaly: *Flow. Das Geheimnis des Glücks.* München 1996.

Dalai Lama und Howard C. Cutler: *The Art of Happiness.* New York 1998.

Easwaran, Eknath: *Meditation.* Tomales 1991.
– Mantra: *Hilfe durch die Kraft des Wortes.* Freiburg 1995.

Gitomer, Jeffrey: *Customer Satisfaction Is Worthless, Customer Loyalty Is Priceless.* Austin 1998.

Hallowell, Edward M. und John R. Rately: *Zwanghaft zerstreut.* Hamburg 1998.

Hall, Edward T. und Mildred R.: *Understanding Cultural Differences: Keys to Success in West Germany, France and the United States.* Maine 1990.

Healy, Jane M.: *Failure to Connect: How Computers Affect Our Children's Minds – for Better and Worse.* New York 1998.

Herrmann, Douglas J.: *Gedächtnistraining.* Nürnberg 1995.

Kabat-Zinn, Jon: *Heilsame Umwege. Meditative Achtsamkeit und Gesundung.* München 1995.

Kurtz, Howard: *Hot Air: All Talk, All the Time.* New York 1996.

Langer, Ellen J.: *Fit im Kopf.* Hamburg.
– *The Power of Mindvoll Learning.* Reading 1997.

Lown, Bernard: *The Lost Art of Healing.* Boston 1996.

Maas, James B., mit Megan L. Wherry et. al.: *Power Sleep: The Revolutionary Program That Prepares Your Mind for Peak Performance.* New York 1998.

Maslow, A. H.: *Dominance, Self-Esteem, Self-Actualization: Germinal Papers of A. H. Maslow.* Monterey 1973.

Murphy, Kevin R. und Suzanne Levert: *Out of the Fog: Treatment Options and Coping Strategies for Adult Attention Deficit Disorder.* New York 1995.

Nhat Hanh, Thich: *Das Wunder der Achtsamkeit.* Berlin 1997.

Nichols, Michael P.: *The Lost Art of Listening.* New York 1995.

Revel, Jean-François und Matthieu Ricard: *The Monk and the Philosopher.* New York 1998.

Rosenberg, Marshall B.: *Nonviolent Communication: A Reader.* Belmont 1997.

Schafer, Edith Nalle: *Our Remarkable Memory.* Washington 1988.

Shlien, John: »A Criterion of Psychological Health«. *Group Pschotherapy* 1994.

Spence, Gerry: *How to Argue and Win Every Time.* New York 1995.

Stahl, Lesley: *Reporting Life.* New York 1999.

Stone, Douglas et. al.: *Difficult Conversation: How to Discuss What Matters Most.* New York 1999.

Tannen, Deborah: *Job-Talk. Wie Männer und Frauen am Arbeitsplatz miteinander reden.* München 1997.

Watts, Alan W.: *Vom Geist des Zen.* Frankfurt 1980.

– *Weisheit des ungesicherten Weges.* München 1994.

Wolvin, Andrew und Carolyn Coakley: *Listening.* Iowa 1996.

Woodall, Marian K.: *How to Talk So Men Will Listen.* Chicago 1993.

Ziglar, Zig: *Der totale Verkaufserfolg.* München 1996.

Zimmermann, Don H. und Candace West: *Sex Roles, Interruptions and Silences in Conversations in Language and Sex: Difference and Dominance.* Massachusetts 1975.

DANKSAGUNG

Ich möchte allen, die mich die Macht des achtsamen Zuhörens gelehrt und mir bei der Entstehung dieses Buches geholfen haben, meinen tief empfundenen Dank aussprechen: Michelle Lucas, die mir zu der Erkenntnis verhalf, dass eine unterstützende Gruppe dazu da ist, ein offenes Ohr für andere zu haben, statt ihnen die Leviten zu lesen; den Lehrern und Schülern am *Boston Center for Adult Education*, die daran geglaubt haben, dass es eine wirksamere Methode geben muss, andere zum Zuhören zu motivieren; meinen Budo-Meistern, die mir beigebracht haben, dass wahre Stärke in der mentalen Konzentration liegt, ein Weg, der mich viel Schweiß und Tränen kostete; Jane Sokol Shulman und meinen Patienten, die in mir die Achtung vor der Fähigkeit zur Selbsterneuerung des Menschen geweckt haben, die ihre Kraft aus einem Verlust herleitet; den Ärzten der Lahey Clinic, insbesondere Dr. Frank Scholz, Dr. Prather Palmer und Dr. Stephen Kott, die mir auch heute noch ein Vorbild für den Umgang mit Patienten sind; allen, die mich unterstützt und gefördert haben, vor allem Morty und Barbara Eagle, meinen Freunden von den *Greater Lowell Road Runners* und den *Winchester Highlanders*, die Tag für Tag beweisen, dass Zuhören unabdingbarer Bestandteil einer guten Gesundheit ist.

Danken möchte ich auch Marcia Yudkin, Autorin, Marketing-Expertin, Mentorin und Freundin, die meinem Manuskript Form verliehen und mich während des gesamten Entstehungsprozesses enthusiastisch unterstützt hat; Shaneet Thompson, die aus der Warte der Mediatorin wichtige Informationen über das Zuhören beigesteuert hat; und Zen-Meister Bon Hyon, der mein

Manuskript überprüft und mein Verständnis der zen-buddhistischen Philosophie und ihren Bezug zur Kommunikation vertieft hat.

Ich bin sehr dankbar, dass ich durch die Arbeit an diesem Buch viele interessante Leute kennen lernen durfte. Ich danke meiner Agentin Susan Schulman für das Vertrauen, das sie in mich gesetzt hat; Sharron Brown-Dorr, Publishing Manager von Quest Books, die mir half, mein Ziel zu fokussieren und zu verwirklichen; meiner Lektorin und Seelenverwandten Jane Lawrence, deren Geduld und Kompetenz der endgültigen Version des Manuskripts mehr Klarheit und Qualität verlieh.

Ein ganz besonderes liebevolles Dankeschön an meine Mutter, die mich stets angespornt hat, mein Potenzial in allen meinen Aktivitäten auszuschöpfen; und an meinen Vater für seine fortwährende Ermutigung, nach Herausforderungen Ausschau zu halten und mich ihnen zu stellen.

Danken möchte ich auch meinen Schwestern und Brüdern, die mir als Heranwachsende immer Gehör schenkten. Ich hoffe, inzwischen so viel dazugelernt zu haben, dass ich mich revanchieren kann; und meiner Stieftochter Tal, die mich Gelassenheit lehrt.

Meinem Mann Sasha – Seelengefährte, Berater und Experte in technischen Fragen – danke ich für die selbstlose Unterstützung und die vielen guten Tipps bei der Verwirklichung des Buchprojekts; und nicht zu vergessen meinem Hund Spud, treuer Freund und Gefährte. Er hat mich dreizehn Jahre meines Lebens begleitet und war der beste Zuhörer, den sich ein Mensch wünschen kann. Spuddy, dieses Buch ist für dich.

Con Miguel Ruiz

Die vier Versprechen

Dsa Weisheitsbuch der Tolteken
127 Seiten, gebunden mit Schutzumschlag
ISBN 3-7205-2205-4

Über 40 Wochen auf den US-Bestellerlisten!

Die Weisheit de Tolteken ist eine Jahrtausendalte
Weltanschauung. Don Miguel Ruiz hat die Essenz dieser Lehre
die vier Versprechen zusammengefasst. Dieses traditionelle
Wissen gibt einfach Rat, wie man sich trotz aller Vorschriften
und Erwartungen anderer selbst verwirklichen kann.
Ruiz macht Mut, gegen Hektik, Maßlosigkeit und
Ungerechtigkeit zu rebellieren.
Die vier Versprechen sind ein Versprechen an die Freiheit und
Würde des Menschen im Hier und Jetzt.

ARISTON

Weitere Zen-Titel
bei Diederichs

Robert Aitken

Zen als Lebenspraxis

Aus dem Amerikanischen von Christian Quatmann
Vorwort von Gary Snyder
Diederichs Gelbe Reihe Band 78, 192 Seiten, Paperback
ISBN 3-424-01460-5

Robert Aitken, langjähriger Zenmeister, vermittelt lebendig und
anschaulich die tägliche Übungspraxis des Zen: von Fragen der
Atmung und der Organisation einer Sitzung, über die
Lehrer-Schüler-Beziehung bis zu den zehn Geboten der
sittlichen Zucht. Im klaren methodischen Aufbau zeigt
Aitken Roshi den Zusammenhang zwischen der Praxis
des Zazen und der Lehre des Zen.

*"Beim Lesen dieses Buches erfährt man, so unmittelbar,
wie das zwischen zwei Buchdeckeln nur möglich ist, jene
Warmherzigkeit, Weisheit und Furchtlosigkeit großer Lehrer, die
sonst nur in deren Gegenwart spürbar werden."*

The Middle Way

Diederichs

Chang Chung-yuan

Tao, Zen und schöpferische Kraft

Aus dem Englischen von Stephan Schumacher
Mit 9 Tuschezeichnungen, 7 Schaubildern und Kalligraphien
Diederichs Gelbe Reihe Band 30, 224 Seiten, Paperback
ISBN 3-424-00630-0

Eines der wichtigsten und inspirierensten Bücher
über den Taoismus.
Ausgehend vom Tao als dem Grundbegriff des chinesischen
Denkens werden die Gemeinsamkeiten und Divergenzen der
philosophischen Schulen Chinas beschrieben und die
Grunderfahrungen dieses Denkens dargelegt.
TAO und ZEN zeigen sich als Möglichkeiten neuer Kreativität
in Wissenschaft, Philosophie und Kunst.

Diederichs